Gerhard Schneider (Hrsg.)

Meine Quelle

Ein Lesebuch zur deutschen Geschichte
des 19. und 20. Jahrhunderts

Gerhard Schneider (Hrsg.)

Meine Quelle

Ein Lesebuch zur deutschen Geschichte des 19. und 20. Jahrhunderts

[handschriftliche Widmung:] Für Wolfgang mit herzlichen Grüßen 7/12 08 Gerd

b|d edition

Bibliografische Information der Deutschen Bibliothek

Die Deutsche Bibliothek verzeichnet diese Publikation in der Deutschen Nationalbibliografie; detaillierte bibliografische Daten sind im Internet über http://dnb.ddb.de abrufbar.

© by b|d edition
  Schwalbach/Ts. 2008

Titelgestaltung: Ohl Design
Gesamtherstellung: Wochenschau Verlag
Gedruckt auf chlorfreiem Papier
ISBN 978-3-94126404-5

Inhalt

Vorwort

Dieses Buch war fast fertig, die letzten Beiträge gerade eingetrudelt, als mir zwischen Weihnachten und Neujahr das Zeit- Magazin Nr. 52 vom 19. Dezember 2007 in die Hände fiel. Darin stellten ZEIT-Mitarbeiter unter dem Titel „Vorsicht! Diese Bücher können Ihr Leben verändern!" ihre Lieblingslektüre vor. Den Autoren dieser kurzen Artikel ging es nicht in erster Linie um literarisch-ästhetische Qualitäten der von ihnen gewählten Bücher, sondern um das, was diese Bücher mit ihnen als Lesern „gemacht" haben. In unterschiedlicher Form hätte diese Lektüre in ihr Leben eingegriffen. Ähnlich ist es offensichtlich den Autoren dieses Buches mit „ihren" Quellen ergangen.

Die wissenschaftliche Beschäftigung mit der Vergangenheit basiert auf dem Aufspüren und Interpretieren von Quellen. Sie sind die Basis jeglicher Geschichtsdarstellung. Das lernt man im Proseminar und ist eine banale Feststellung. Im Laufe eines Forscherlebens bekommt man zahllose Quellen zu Gesicht, erhebt sie in Archiven selbst und findet sie in Quellensammlungen. Die meisten Quellen, mit denen man es in seinem Berufsleben zu tun hat, hinterlassen im Gedächtnis keinen nachhaltigen Eindruck. Nicht jede Quelle bleibt demjenigen, der sie aufgespürt, ediert, gelesen hat, dauerhaft im Gedächtnis haften. Wie sollte das auch anders sein angesichts des beträchtlichen „Quellenumsatzes", den Historiker im Laufe ihrer Berufstätigkeit haben?!

Es gehört aber zu den Eigentümlichkeiten des Berufslebens von Historikern, dass sie im Zuge ihrer Tätigkeit auf Quellen stoßen, von denen sie auf besondere Art und Weise gepackt werden. Manche Quellen lösen Überraschung, gar Verblüffung aus, weil sie unerwartete, bewegende oder erregende, manchmal auch empörende Informationen transportieren, weil man der Überzeugung ist, sie seien bislang unzureichend oder gar falsch, jedenfalls nicht erschöpfend interpretiert worden, weil man niemals angenommen hätte, dass deren Autor derartiges so schreiben würde, weil sie neue Erkenntnisse liefern und Facetten zu einem bereits bekannten Sachverhalt hinzufügen, die man an diesem Ort oder von diesem Autor so nie erwartet hätte usw. Gleichgültig, ob man diese Quelle in einer Publikation verwendet und sie damit ihrer Außergewöhnlichkeit ein wenig entkleidet oder ob man sie beiläufig und ohne konkrete „Verwertungsabsichten" gefunden hat, wie ein musikalischer Ohrwurm haftet diese Quelle im Gedächtnis. Man wird sie nicht mehr los. Auch bereits bekannte Quellen können eine derartige Wirkung haben.

Ausgehend von meinen eigenen Erfahrungen mit „meiner" Quelle habe ich Kolleginnen und Kollegen nach ihren Erfahrungen gefragt, und, wie von mir vermutet, fiel ihnen sofort eine Quelle ein, die sie schon bei der Erstbegegnung wie ein Coup de foudre getroffen hat und die sie seit dieser Zeit nicht mehr los ließ. Meiner Bitte, sie mögen diese „ihre" Quelle vorstellen und dazu einen Essay schreiben, der auch deutlich macht, wie sie auf diese Quelle gestoßen sind und was sie bei ihnen ausgelöst hat, sind sie auf unterschiedliche Weise nachgekommen. Einige, nicht alle Autoren der Essays lassen den Leser teilhaben an ihrem Erlebnis mit der Quelle, an der erregenden Recherche- und Leseerfahrung und an deren Wirkung bis auf den heutigen Tag.

Die Quellen und Essays dieses Buches richten sich an ein breites Lesepublikum. Wenn sie darüber hinaus auch Eingang in den Geschichtsunterricht finden, wäre dies ein erwünschter Nebeneffekt.

Freiburg, im März 2008   Gerhard Schneider

Hans-Jürgen Pandel

Die Erfindung des Volkstums

oder: Das schlechte Gewissen eines Geschichtslehrers

Um mich zu erinnern, wann ich den Namen „Jahn" zum ersten Mal gehört habe, muss ich das kollektive Gedächtnis zu Hilfe nehmen und mein altes Schulbuch „Grundriß der Geschichte" in der Bearbeitung von Ernst Wilmanns und Gerhard Bonwetsch zu Rate ziehen.[1] An vier Stellen der damals von mir fleißig durchgearbeiteten Seiten, jeder zweite Satz ist unterstrichen oder unterschlängelt, finde ich vier Stellen mit dem Namen Jahn:

- Der Volksgeist wurde in Liedern, Märchen „und Volksbräuchen (Jahn)" geweckt (S. 186)

- Preußen verfolgte die Demagogen: „Arndt wurde gemaßregelt, Jahn verhaftet" (S. 202)

- Friedrich Wilhelm IV. „berief Arndt und Jahn zurück" (S. 217)

- In der Paulskirche saßen viele bekannten Persönlichkeiten unter ihnen „Arndt und Jahn" (S. 221)

Das war offensichtlich alles, was ich über diesen Menschen namens Jahn erfahren habe. Er war verhaftet worden, wurde zurückberufen und saß in der Paulskirche. Ob dieser Mann auch einen Vornamen besaß, habe ich damals vermutlich nicht erfahren. Das Schulbuch erwähnt ihn nicht, und unsre Geschichtslehrer, der in Geschichte promovierte Direktor des Gymnasiums, beschränkte seine didaktischen Künste darauf, uns das Buch zu Haus auswendig lernen zu lassen. In der Stunde mussten wir seinen Inhalt reproduzieren. Wer dem Buchwortlaut besonders nahe kam, erhielt die besten Noten. Da die Seiten des Buches von Namen ohne Vornamen und ohne nähere Charakterisierung wimmeln, ist es

---

1   Grundriss der Geschichte für die Oberstufe der höheren Schulen. Ausgabe B, Band II: Vom späten Mittelalter bis zur Mitte des 19. Jahrhunderts. Bearbeitet von Gerhard Bonwetsch, Ernst Wilmanns und Jochen Dittrich, Stuttgart: Klett Verlag o.J.

unwahrscheinlich, dass unser Lehrer die Angaben des Buches durch zusätzliche Informationen erweitert hat. Wäre ich Chemiker, Ingenieur oder Jurist wie meine Klassenkameraden und nicht Lehrer geworden, wäre mir der vornamens-, berufs- und tatenlose Jahn wohl nie mehr begegnet. Auch auf die Idee, dass die Halle, in der wir als Schüler Turnunterricht hatten, etwas mit dieser verhafteten und wieder eingesetzten Person zu tun hatte, bin ich damals nicht gekommen. Sie hieß nämlich „Jahnhalle". Das vierfache kunstvoll arrangierte „F" über dem Eingang wusste ich auch nicht zu deuten. Erst später erfuhr ich den Sinn dieses Monogramms: „Frisch, frei, fröhlich, fromm ist der Turngemein Willkomm".

I.

1965 erhielt ich als Junglehrer meine erste Anstellung, und nun musste ich mich selbst mit Jahn auseinandersetzen. Da ich durch die Gießener Schule der Geschichtsdidaktik gegangen war, kam ein Auswendiglernen des Schulbuchtextes, wie ich es als Schüler erlebt hatte, nicht in Frage. Mein Hilfsmittel wurde jetzt das „Handbuch für den Geschichtsunterricht an Volks- und Realschulen" von Wolfgang Schlegel, der 1961 „Dozent für Geschichte, politische Gemeinsaftskunde und Ostkunde an der Pädagogischen Hochschule Kaiserslautern" war.[2] Jetzt bekam Jahn nicht nur seinen Vornamen „Friedrich Ludwig", sondern auch seinen Ehrennamen „Turnvater". Anlass, in Jahns Schriften zu schauen, hatte ich auch jetzt nicht. Jahn war für mich ein Patriot, der gegen die napoleonische Herrschaft aufbegehrte, die Jugend im Turnen übte, die studentischen Landsmannschaften bekämpfte und deshalb die Burschenschaft mit begründete. In diesem Sinne, nach Schlegels Handbuch und dem Schulbuch, unterrichtete ich jahrelang meine Schüler – guten Gewissens, denn mehr erfuhr ich in der pädagogisch-didaktischen Literatur nicht.

Da ich nach 13 Jahren als praktizierender Lehrer nochmals eine andere Berufskarriere begann und als Wissenschaftlicher Assistent an die Universität zurückkehrte, erweiterten sich zufälligerweise meine Jahnkenntnisse. Mein Professor und Doktorvater in Osnabrück wurde Ernst Weymar (1920-1986).[3]

---

2   Schlegel, Wolfgang: Handbuch für den Geschichtsunterricht an Haupt- und
    Realschulen Bd. II, 2. Auflage, Weinheim 1966.
3   Pandel, Hans-Jürgen: Ernst Weymars Stellung in der Geschichtsdidaktik, in:
    Geschichtsdidaktik 12 (1987) H. 2, S. 198-201.

Er machte mich mit dem „Selbstverständnis der Deutschen" bekannt.[4] Jetzt erst nahm ich Jahns Schrift zur Hand und las in seinem „Deutschen Volkstum". Das Werk war 1808 geschrieben und 1810 veröffentlicht worden. Es wurde mehrfach wiederaufgelegt. Nach der Reichsgründung erfolgte 1894 eine Edition mit Anmerkungen von Carl Euler, dem Direktor der „Turnlehrer-Bildungsanstalt" in Berlin.[5] Im Nationalsozialismus erhielt es zwei weitere Auflagen. Noch 1991 erfolgte ein weiterer Nachdruck im „Aufbau-Verlag". Diese vielen Neuauflagen, Nachdrucke und Reprints (1884, 1917, 1923, 1935, 1940, 1991) verwundern zunächst. Das Buch hat beim ersten Lesen keinen zeitübergreifenden Wert. Es liest sich sehr situationsgebunden als eine Reaktion auf die Niederlage Preußens gegen Napoleon in der Schlacht von Jena und Auerstedt im Jahre 1806. Es kann als eine der damaligen Reformschriften betrachtet werden, wie sie damals überall erschienen. Jahns „Volkstum" kritisiert die Kleinstaaterei und macht Vorschläge zu ihrer Überwindung. Das ist ein doppeltes, miteinander verbundenes Ziel: Das Überwinden der französischen Fremdherrschaft und die Herstellung einer deutschen Einheit. Spätestens nach 1871 hatte es seinen politischen Zweck verloren und mit dem Ende der „Deutschen Frage" im Jahre 1989 müsste erst recht jedes Interesse an ihm erloschen sein. Die Aufmerksamkeit an diesem Buch ist auch kaum seinem Autor geschuldet. Friedrich Ludwig Jahn wird schon in der Literatur des 19. Jahrhunderts als ungebildeter, grober Kerl, als Sonderling und als „Eulenspiegel" geschildert. Als „Turnvater" gehört er eher in die Sportgeschichte. Geboren wurde er als Sohn eines evangelischen Pfarrers in Lanz in Brandenburg. Er besuchte 1771 die Gymnasien in Salzwedel und 1794 Zum Grauen Kloster in Berlin, ohne allerdings mit dem Abitur abzuschließen. Seit Ostern 1796 studierte er an der Universität Halle. Er machte dann die übliche Karriere eines Absolventen der Philosophischen Fakultät. Er wurde Hauslehrer und dann Lehrer am Gymnasium. 1810 unterrichtete er am Grauen Kloster in Berlin und schied Ende 1811

---

4   Weymar, Ernst: Das Selbstverständnis der Deutschen. Ein Bericht über den Geist des Geschichtsunterrichts der höheren Schulen im 19. Jahrhundert, Stuttgart 1961.
5   Friedrich Ludwig Jahns Werke. Neu herausgegeben und mit erklärenden Anmerkungen versehen von Dr. Carl Euler, Erster Band, Hof 1884.

wieder aus, da er das Oberlehrerexamen nicht bestand. Gemessen an den philologischen Karrieren seiner Zeit war er eine gescheiterte Existenz. Seine bleibende Leistung war die Einrichtung des Turnens. Die Anregung holte er sich bei dem Pädagogen Johann Friedrich Guts Muts,[6] den er in Schnepfenthal, der von Salzmann gegründeten Reformschule, besuchte. In der Zeit der Demagogenverfolgung war er zeitweise inhaftiert und erntete so den Ruhm eines nationalen Märtyrers. Er starb 1852 in Freyburg an der Unstrut.

II.

Zeitgenossen berichten, dass Jahn nie den Namen Napoleon in den Mund genommen habe. Im gesamten Text des folgenden Auszuges kommen die Worte Frankreich und Napoleon nicht vor. Die zeitgenössischen Leser werden aber die Umschreibungen erkannt haben. Von Napoleon spricht er nur als „neuem Leviathan" und tituliert die Franzosen als „Feuerbrander" und als „unmenschheitlichstes Volk". Ein Auszug aus dem „Volkstum" soll dieses Buch kennzeichnen. Die häufigen Kürzungen im folgenden Quellenauszug sind dem assoziativen Stil Jahns geschuldet, der Beispiel auf Beispiel häuft.

Was Einzelheiten sammelt, sie zu Mengen häuft, diese zu Ganzen verknüpft, solche steigernd zu immer größern verbindet, zu Sonnenreichen und Welten eint, bis alle sämtlich das große All bilden − diese *Einigungskraft* kann in der höchsten und größesten und umfassendsten Menschengesellschaft, im Volke, nicht anders genannt werden als − *Volkstum.* Es ist das Gemeinsame des Volkes, sein inwohnendes Wesen, sein Regen und Leben, seine Wiedererzeugungskraft, seine Fortpflanzungsfähigkeit. Dadurch waltet in allen Volksgliedern ein *volkstümliches* Denken und Fühlen, Lieben und Hassen, Frohsein und Trauern, Leiden und Handeln, Entbehren und Genießen, Hoffen und Sehnen, Ahnen und Glauben. Das bringt alle die einzelnen Menschen des Volks, ohne daß ihre Freiheit und Selbständigkeit untergeht, sondern gerade noch mehr gestärkt wird, in der Viel- und Allverbindung mit den übrigen zu einer schönverbundenen Gemeinde.

Für dies Wandelnde und Bleibende, Langsamwachsende und Langdauernde, Zerstörtwerdende und Unvergängliche, was die ganze Völkergeschichte

---

6   Guts Muts, Johann Friedrich: Gymnastik für die Jugend, Schnepfenthal 1793.

durchdringt, bald eben geboren, bald unvollkommen entwickelt, auf allen Bildungsstufen bis zur Schöngestalt und zum Mustergebilde angetroffen wird – gab es kein Wort in unserer Sprache mehr und giebt es auch keins in den mir bekannten. Zwar teilweise ward endlich bei uns in neuern Zeiten versucht, dasselbe auszusprechen; doch unglücklicherweise nahm die Bequemlichkeitssucht ihre alte Zuflucht zur Ausländerei, borgte, um der eigenen Arbeit überhoben zu sein, radebrechte das Fremde, um bei der Muttersprache in keine Verantwortlichkeit, wegen aufgezogener Mißgeburten, zu kommen. „National, Nationalität, Nationaleigentümlichkeit, Nationgemäß" – dabei blieben selbst deutschgesinnte Schriftsteller stehen, die von jenen Erscheinungen sich angeregt fühlten.

Hier wird von *Volk* auch gleich *Volkstum* gebildet, von diesem kommen wir auf dem natürlichsten Wege zu *volkstümlich* und dann auf *Volkstümlichkeit*. Bei dem eingeschwärzten Trägheitsbehelf fehlt das wichtigste Stufenwort, und das folgende ist nicht, wie es sein müßte, aus der Urquelle abgeleitet, sondern erst aus einem jüngern Abfluß. [...].Namen und Sache war sonst eins bei unsern Vorfahren. Deutsch heißt volkstümlich. Anders mit uns Neudeutschen. Immer mehr verschwindet durch eigene Sündenschuld *unsere Volkstümlichkeit* oder die *Deutschheit*; so müssen wir wenigstens in einer Benennung die Rückerinnerung an das verlorne Ebenbild bewahren. Wer sich aber das Ziel setzt, geschichtliche Wahrnehmungen zur Klarheit, Dunkelgedanken ins helle Licht, das Gewirr einer Unzahl von Einzelheiten in eine Einheit und alles zur deutlichen Anschauung zu bringen – muß immer dabei auf Leser rechnen, die für die Hochgedanken *„Volk, Deutschheit und Vaterland"* noch nicht gänzlich abgestorben sind. [...].

Aber dennoch wird es, nach zweitausend Irrjahren, endlich einmal hohe Zeit, daß wir, das menschenreichste Volk Europas, uns miteinander für Zeitwelt und Nachwelt verständigen: „Was gehört zu einem folgerechten Volk? was waren wir vormals? was sind wir nun? wie kamen wir dahin? was sollten wir sein? wie können wir es werden und, wenn wir es geworden sind, bleiben?" [...].

Was aber dann weiter eigentlich das Höchste ist, [...] ist noch immer bei uns ein Schimpfwort: „Volk und Nation". „Er ist unter das Volk gegangen", sagt man von elenden Läuflingen, die von Heer zu Heer um des Handgelds willen ausreißen und in Einem Paar Schuh sieben Potentaten dienen. „Das ist rechte Nation!" und der Sprachgebrauch meint Zigeuner, Gaunergesindel, Landstreicher und Schacherjuden. Mit Recht nennt uns Herder *„die ungewordene Nation"*. Aber es gab auch Zeiten, wo dieser Zustand uns weniger drückte. Leider können wir uns an das mehr wie jetzt *Volkgewesensein*, an das inniger und einiger *Nationausgemachthaben* kaum zurückerinnern, wie der abgelebte Greis an seine Jugendkraft. Als Volk haben wir den unglücklichen, schmachvollen Westfälischen Frieden nie wieder verwunden. [...] Noch sind wir nicht verloren! Noch sind wir zu retten! Aber nur durch uns selbst. Wir brauchen zur Wiedergeburt keine fremde Geburtshelfer, nicht fremde Arzenei, unsere eigenen Hausmittel genügen. Denn immer geht vom Hauswesen jede wahre und beständige und echte Volksgröße aus, im Familienglück lebt die Vaterlandsliebe, und der Hochaltar unsers Volkstums steht im Tempel der Häuslichkeit; sie ist die beste Vorschule, Deutschheit heißt sie bei uns im Großen. Für sie kann jeder leben, er sei reich oder arm, vornehm oder gering, einfältig oder gelehrt, Mann oder Weib, Jüngling oder Jungfrau, Kind oder Greis. Man vermag dahin zu wirken, vom Thron und von der Bühne, vom Predigtstuhl und vom Lehrersitz, mit Schrift wie mit Rede. [...]

Nicht das äußere umgelegte Staatsband macht das Volk; Menschen lassen sich nicht wie Heringe in Tonnen pökeln, nicht in Völkerzwinger einherden, wie Xerxes' Krieger in die Maßhorde der Zehntausende. Zusammenseinmüssen giebt keinen wahren Verein. Das Ineinanderhineinleben, das stille, vertrauliche Sichaneinandergewöhnen, das mit Wechselliebe Sichlebendeinverleiben bildet das Volk und bewahrt und erhält es durch Volkstum. [...].

Der Mensch ist nur ein Genießbraucher der Natur, ihr Handlanger, und wenn er mehr oder gar alles sein will – ihr Verpfuscher. Die Allmutter verwaltet mit zärtlicher Fürsorge seine wichtigsten Lebensverrichtungen, den Blutumlauf, das Dauungsgeschäft und so viele andere. Wo ist der Machtmensch, der diese Ordnung nur einmal stellen mag, wie seine Taschenuhr? Noch weniger sind tausendjährige Völker umzuschaffen, wie mit einem Winke.

Erst die Volkstumskunde kann Fragen beantworten und Rätsel lösen, die jeder bloßen Staatengeschichte zu schwer geblieben sind. Scheinen die Proben hier zu sehr unter einander geworfen, so kommts aus der Menge treffender Beispiele, daß die Wahl unter den allertreffendsten schwankt.

1) Warum hat kein Nebukadnezar, Alexander, Attila, Dschingis und Tamerlan bleibende Reiche gegründet, wie S.P.Q.R.? [Senatus Populusque Romanus = Senat und Volk von Rom] [...].

3) *Friedrich den Einzigen* lassen seine Tadler und Gegner, die Feuerbrander sogar (die Staaten für Treffen zu halten scheinen, die ausgebrannt werden müssen), selbst des neuen *Leviathans* allverschlingender Rachen, für einen Großgeist gelten. Warum verewigte sich nicht sein Thatenleben? Wo liegt der Hauptfehler? So groß er auch für sich selber war, er ahnete

nicht die Hehrheit eines Volkstums. Trefflich verstand er einen Staat zu bauen, aber stiftete kein Volk in ihm, weil er das Bedürfnis verkannte. [...] Nichts ist ein Staat ohne Volk, ein seelenloses Kunstwerk; nichts ist ein Volk ohne Staat, ein leibloser, luftiger Schemen, wie die weltflüchtigen Zigeuner und Juden. Staat und Volk in eins geben erst ein Reich, und dessen Erhaltungsgewalt bleibt das Volkstum. [...] ...

5) Wodurch erlag *Vercingetorix* samt seinen Volksgenossen? Wodurch erstand Hermann immer glorreicher? Weil Vercingetorix und der Gallier Bundesrat sich nicht über Ädner, Sequaner, Averner u.s.w. erhoben, *Hermann* aber nicht beim Cherusker stehen blieb, sondern bis zum Germanen vorschritt, was ein ganzes Volkstum gegen der Römer Heeresflut in Wehrstand setzte. [...].

9) *Muhammed*, der auch ein Alleinreich wollte, mußte trotz seiner, vom Himmel hergelogenen Beglaubigungen, der Macht des Arabischen Volkstums huldigen; was er zwar für seine Zwecke benutzte, die er aber ohne dasselbe nie würde erreicht haben, wenn er etwa unter den Feuerländern und Kamtschadalen Gesichte offenbart hätte. [...]

14) Welches Volkstum steht am höchsten, hat sich am meisten der Menschheit genähert? Kein anderes, als was den heiligen Begriff der Menschheit in sich aufgenommen hat, mit einer äußerlichen Allseitigkeit sie sinnbildlich im kleinen vorbildet, wie *weiland* volkstümlich die *Griechen* und noch bis jetzt weltbürgerlich die Deutschen, der Menschheit heilige Völker! [...].

17) Inwiefern hat Voltaire mit Recht beständig versichert, daß er in der Geschichte des neuern nachrömischen Europa nur Sottisen finde? Weil die Neuvölker, wie vom Teufel besessen, ihre Volkstümer hochverräterisch verleugneten und gerade das unmenschheitlichste als Mustervolk anzusehen begannen. So sanken sie zu lichtscheuen Tagschläfern, verließen die allgemeine Sonne, verdüsterten ihren Gesichtskreis durch eine künstliche Nacht und wandelten dann, unter der Leitung einer Blendleuchte, zum eigenen und allgemeinen Verderben!

Solche Wahrheiten lehrt die Volkstumskunde, und daß man mit Völkern nicht umgehen soll, wie mit Wachs und Teig.

Allerdings giebt es eine Völkerschöpfungskunst, die ist aber weder taschenspielerisch, noch halsbrechend. Allmählich will sie angewandt sein, immer neu fortgesetzt und mit Liebe geführt werden, als Hinneigen zur wohlthätigen Natur. Aber im Nu dies vollbringen wollen, ist ein Vergreifen an der Menschheit. Die ewigrege Weltordnung rächt solche Unbilden, und an der Verkünstelung Auszehren, an der Verfrühung, an der Unzeitigkeit sterben alle solche Versuche – auf solche Art ein Volkstum zustande zu bringen, bleibt unmöglich. [...] Mischlinge von Tieren haben keine echte Fortpflanzungskraft und ebensowenig Blendlingsvölker ein eigenes volkstümliches Fortleben. Es läßt sich ein Edelauge in den Wildling setzen, ein Edelreis auf den Wildstamm, die Geschichte mag mit Beispielen dies Bild anpassen; aber das Immerwieder-Überpfropfen taucht [= taugt] nicht in der Baumschule und in der Völkerzucht noch weit weniger. Wer will gegen die ewige Urkraft aller Dinge rechten? [...]. Im Vergißmeinnicht entzücken die Himmels- und Feuerfarbe in holder Eintracht; mische sie oder andere schöne widerstreitende nur ein Maler zusammen, er bekommt ein schmutziges Nichts. Wer die Edelvölker der Erde in eine einzige Herde zu bringen trachtet, ist in Gefahr, bald über den verächtlichen Auskehricht des Menschengeschlechts zu herrschen. [...].

Das Spanische Sprichwort: *„Traue keinem Maulesel und keinem Mulatten"* ist sehr treffend, und das Deutsche „nicht Fisch noch Fleisch" ist ein warnender Ausdruck. Je reiner ein Volk, je besser; je vermischter, je bandenmäßiger. Nie hat es Völker gegeben, wie die Rottungen der Assassinen, Jomsburger, Flibustier und Paulisten! [...]. Der Gründungstag der Universalmonarchie ist der letzte Augenblick der Menschheit.

Warnende Beispiele zeigt uns die Völkerkunde. Die sich ins *Negerige* verlierenden *Araber* in *Nordafrika* sind die Schande ihres Völkerstamms. [...]. Der Kalabrese ist der Banditenheld Italiens; die *Barbets* an Altfrankreichs Grenzen, die *Miquelets* in den Pyrenäen lauern auf Beute und Fang, wie die Raubtiere in den Höhlen. Die Lütticher und *Wallonen* sind landberüchtigt von Tilli bis auf *Ameil*. Die *Gorallen* auf den Karpathen bilden ein Wilddiebs- und Schleichhändlervolk. Unter den Schweden sind die *Schonen* verdächtig, der Thalmann erkennt sie nur als Stiefgeschwister; ja, der Schwede in Kopenhagen, der von ihnen stammt, ist als Dieb und Diebeshehler verrufen. In Konstantinopel sind beide, *Türke* und *Neugrieche*, am schlechtesten; in Asien ist der Türke schon besser, in den Raubstaaten aber gar ein Abschaum. Wo der Neugrieche allein und unvermischt bleibt, ist er seiner großen Ahnherrn wert. Welch edel Volk der eigentliche *Kaffer*, welche gute harmlose Natur der *Hottentott*; und wieder welche Teufelswesen die *Bastarde* und *Buschmänner*! An der Völkermischung wird der nordamerikanische Freistaatenbund lange kranken, und Ungarn wird nie davon gesunden."

(Friedrich Ludwig Jahn: Deutsches Volkstum, Lübeck 1810. Neu herausgegeben von Carl Euler [Friedrich Ludwig Jahns Werke. Erster Band], Hof 1884, S. 154 ff.)

III.

(1) Ausgangspunkt bei Jahn ist die Frage, was denn eine Gruppe von Menschen zu einer Einheit, zu einem „Volk" macht. Um 1800 wird Volk zu einem Grundbegriff der deutschen historisch-politischen Sprache. Es ist der „deutsche Kompensationsbegriff" (Reinhart Koselleck) zur französischen „Nation". Bei Jahn kann man diese Entwicklung beispielhaft ablesen. Er lehnt den Begriff Nation, in dem er eher ein französisches als ein lateinisches Wort sieht, explizit ab. In der deutschen Sprache nehme man „Zuflucht zu Ausländerei". Nation sei nur ein „eingeschwärzter Trägheitsbehelf".

Inhaltlich gesehen ist Volk bei Jahn ein germanozentrisch verengter Begriff. Die slawischen, keltischen und römischen Anteile des deutschen Volkes will er nicht wahrhaben. Dieses Eingeständnis würde sein ganzes Konzept zunichte machen. Auch das Werden eines Volkes als historischer Prozess ist für Jahn kein Thema.[7] Volk ist für ihn eine naturbedingte Gegebenheit, über die die „Allmutter" Natur wache. Volk ist ein ungeschichtliches Phänomen. Ihm wird keine Geschichtlichkeit unterlegt; es bleibt, wie es ist, es besitzt einen unwandelbaren Charakter. Allerdings wird bei Jahn die Frage nicht ganz eindeutig beantwortet, ob man ein Volk „machen" kann. Eine direkte Einflussnahme lehnt er ab. Kein „Machtmensch" könne die „Ordnung" eines Volkstums „wie seine Taschenuhr" stellen; es lasse sich nicht „formen wie Wachs und Teig". Dennoch bringt er die Begriffe der „Völkerschöpfungskunst" und der „Völkerzucht" ein. Die Keimzelle ist Familie und Haus. Im „Familienglück lebt die Vaterlandsliebe", und Volkstum entsteht aus „Häuslichkeit", heißt Deutschheit.

Für ihn — und das ist sein spezifischer Beitrag zur allgemeinen Nationalismusdebatte seiner Zeit — ist das, was einzelne Menschen zu einem Volk macht, eine besondere „Einigungskraft". Für diese Kraft, so Jahn, gebe es weder in der deutschen noch in anderen Sprachen ein passendes Wort. Er nennt sie „Volkstum" und kann für sich in Anspruch nehmen, mit diesem Begriff auch die Sache erfunden zu haben.[8] Mit dem Wort führte er einen spezifischen Inhalt in die damalige Nationalismusdebatte ein. Dieses Volkstum

---

7   Weber, Max: Wirtschaft und Gesellschaft, 5. Aufl., Tübingen 1980, S. 21.
8   Deutsches Wörterbuch von Jacob und Wilhelm Grimm, Band 12, II. Abteilung, Leipzig 1951, Sp. 499.

ist das innewohnende Wesen des Volkes, seine Wiederzeugungskraft und seine Fortpflanzungsfähigkeit. Dieser Begriff wird von ihm von Volk abgeleitet. Jahn lehnt den Begriff Nation nicht nur deshalb ab, weil es kein deutsches Wort sei, sondern auch weil es die „Steigerungsform" zu volkstümlich nicht bilden kann. Der Begriffsreihe „Volk, Volkstum, volkstümlich und Volkstümlichkeit" stellt er „Nation, Nationalität und Nationaleigentümlichkeit, nationengemäß" gegenüber. Die Ablehnung des Begriffs Nation könnte man für Sprachklauberei halten. Ein solcher Gedanke ist bei Jahn naheliegend, denn er versuchte, eine von fremden Einflüssen freie Sprache zu sprechen und zu schreiben, die er für „deutsch" hielt. Das war eine Sprache, darauf haben bereits zeitgenössische Philologen hingewiesen, die nirgends in Deutschland jemals gesprochen worden war. Sie war eine eigenwillige Schöpfung Jahns. Die Zeitgenossen gebrauchten allerdings „Volk" und „Nation" – anders als Jahn – als Synonyme und verdeckten eine tiefgreifende inhaltliche Differenz zwischen beiden Begriffen.

In allen „Volksgliedern" gibt es nach Jahn ein „volkstümliches" Denken und Fühlen. In ihnen waltet das gleiche Denken. Es verbinden sich die einzelnen zu einer „schönverbundenen Gemeinde". Diese Einigungskraft ist stände- und schichttranszendierend; sie ist auch unabhängig von Alter und Geschlecht. Landsmannschaftliche und dynastische Bindungen spielen keine Rolle. Das Volkstum durchdringt „reich oder arm, vornehm oder gering, einfältig oder gelehrt, Mann oder Weib, Jüngling oder Jungfrau, Kind oder Greis". In diesem Punkt konvergiert Jahns Ansatz mit anderen Nationalismustheorien; sie ist antifeudalistisch, sie durchbricht die Gliederungen des Ständestaates. Diese Einigungskraft unterstellt ein Zusammengehörigkeitsgefühl, das nicht auf erlebten persönlichen Beziehungen beruht.[9]

Hier taucht zu Beginn der Neuzeit eine bestimmte Denkfigur auf. Die Zukunft liege in der Vergangenheit, man müsse etwas wiedergewinnen, was man einst besessen habe. Dieses Denken ist nicht zu verwechseln mit den verschiedenen Renaissancen und Reformationen, die es immer wieder in der Geschichte gegeben hat. Dieses Denken kann man nach heutigem

---

9   Hettling, Manfred: Volk und Volksgeschichte in Europa, in: ders. (Hrsg.):
    Volksgeschichten im Europa der Zwischenkriegszeit, Göttingen 2003,
    S. 7-37.

Sprachgebrauch fundamentalistisch nennen. Bei Jahn zeigt sich das Paradoxe jedes Fundamentalismus. Herausgefordert durch tiefgreifende Modernisierungsprozesse entwickelt er Vorstellungen von Sitten und Gebräuchen, Lebensformen und Normen, Sprache, Kleidung Tracht und Sitte, die als alt, ehrwürdig, lange geltend ausgegeben werden. Sie sind aber Neubildungen. So greift auch Jahn scheinbar auf Vergangenheit zurück, obwohl es dort kein verlorengegangenes Potential gibt, das gegenwärtige Herausforderungen lösen könnte. Es gelte, ein „verlorenes Ebenbild" zu bewahren. Er gibt vor, auf die Vergangenheit zurückzugreifen und stellt erstrebenswerte Ideale für die Zukunft hin. Die Preußischen Reformen waren Modernisierungsprozesse, die von der französischen Revolution gelernt hatten. Bei ihm gibt es keine Gewinn- und Verlustrechnungen der französischen Revolution.

Mit dieser Einigungskraft greift er auf die zeitgenössische Debatte zurück, die im Nationalismus thematisiert wird, die auf Sprache, Geschichte, Kultur und Abstammung zurückgeht. Dass diese vier Elemente empirisch nicht triftig sind, wissen wir inzwischen.[10] Sie sind imaginiert, sie sind Konstruktionen, wie es der gegenwärtige Jargon will. Weder gibt es eine blutreine Abstammungslinie über Tausende von Jahren, noch gab es um 1800 eine gemeinsame Umgangssprache. Auch von einer gemeinsamen historisch-politischen Schicksalsgemeinschaft kann man kaum reden, wenn Jahn die Schweizer und Niederländer zum deutschen Volk rechnet.

Im Nationalismus ist Nationalstaat und Nationalbewusstsein eine „Solidarität unter Fremden"[11]. Das ist ein erstaunliches Phänomen, dass Menschen, die sich nie begegnet sind, füreinander Solidarität empfinden. Nation heißt, „dass gewissen Menschengruppen ein spezifisches Solidaritätsempfinden anderen gegenüber *zuzumuten* sei".[12] Dieser Prozess, in dem eine Zusammengehörigkeit entstanden ist, ist nicht historisch gewachsen, sondern künstlich von Schriftstellern, Philosophen und Pädagogen geschaffen. Man schätzt diese Gruppe zur Zeit Jahns auf „wenige tausend Anhänger"[13]. Deshalb ist er Be-

---

10 Schulze, Hagen: Gibt es überhaupt eine deutsche Geschichte? Stuttgart 1998.
11 Habermas, Jürgen: Der gespaltene Westen, Frankfurt/M. 2004, S. 77.
12 Weber, Wirtschaft und Gesellschaft, S. 675.
13 Wehler, Hans-Ulrich: Nationalismus, München 2001, S. 71.

griff Elitennationalismus angebracht. Erst über die Jugend in der Schule und durch die Wehrpflichtigen in den Kasernen wird allmählich Hochdeutsch als allgemeine Verkehrsprache entwickelt.

(2) Der zweite Teil der Quelle macht deutlich, wie fern Jahn dem Stand der wissenschaftlichen Entwicklung seiner Zeit stand. Jahn wird historisch und durchmustert 3000 Jahre Geschichte von Nebukadnezar bis Napoleon. Nach dem Verständnis der damaligen Zeit wäre für ein solches Unterfangen die Universalgeschichte eines August Ludwig Schlözers und Arnold Heerens zuständig gewesen. Auf sie bezieht er sich aber nicht, sondern geht vormodern, exemplarisch vor und listet die historischen Ereignisse nummeriert von 1 bis 17 auf. Er erzählt nicht, sondern zählt auf. Geschichte in der modernen Form ist Jahn noch fremd. Er verfährt noch nach dem Modell der „Historia Magistra vitae". Er führt Exempla auf, die zeigen sollen, dass alle Reichsgründungen der Vergangenheit stets gescheitert sind, weil sie nicht die natürliche Grundeinheit Volk berücksichtigten. Es sind alles gescheiterte Versuche, die zwar Reiche gegründet haben, aber wieder verfielen, weil sie das Volkstum nicht berücksichtigten. Obwohl er Staat und Volk wechselseitig aufeinander bezieht, ist Volk bei ihm das ursprünglicher und bleibende. „Nichts ist ein Staat ohne Volk ...; nichts ein Volk ohne Staat", deshalb kritisiert Jahn den von ihm geschätzten Friedrich den Großen, der es verstand, einen Staat zu gründen, aber den Wert des Volkstums verkannte. Staaten ohne Volk zerfielen, aber das Gegenbeispiel, dass Völker ohne Staat verfielen, führt er nicht auf. Allein das Volkstum besitze „Erhaltungsgewalt". Seine Regel ist: „Ein Volk, ein Staat". „Der Gründungstag der Universalmonarchie ist der letzte Augenblick der Menschheit". „Völkermischung" in einem Staat ist für ihn undenkbar. Nicht das Staatsband mache ein Volk. Man könne ein Volk nicht machen, wie man Heringe in einer Tonne pökelt, sondern allein das Volkstum sei dazu in der Lage. Das einzelne Volk hat auch einen eigenen Staat; aber eine staatliche Einheit, die mehrere Völker – und seien es auch „Edelvölker" – umfasst, werde über kurz oder lang zum „verächtlichen Auskehricht des Menschengeschlecht". Solche Einsichten verdanke man der neuen Disziplin der „Volkstumskunde". Die „Staatengeschichte" sei dazu nicht in der Lage. So gesehen ist Jahns „Volkstum" und seine „Volkstumskunde" im Zeitalter des

Historismus eine antihistorische, gegen geschichtliche Erkenntnis gerichtete Konzeption. Hierin liegt vermutlich auch der Grund, warum dieses Buch immer wieder neu aufgelegt und gelesen wurde. Es verheißt unveränderliche Wahrheiten statt steten Wandel.

(3) „Volkstum" beruht nicht auf dem naturrechtlichen Denken, das von vorstaatlichen Individuen ausgeht. Die vernunftrechtliche Idee, dass Bürger sich aus eigenem Entschluss zu einer Gemeinschaft zusammenschließen, ist Jahn fremd. Volk ist bei ihm eine vor- und überindividuelle Einheit. Die westliche naturrechtliche Tradition geht dagegen von einem Vertrag aus, den die einzelnen Individuen schließen. Bei Jahn ist der organisch verstandene Volkskörper das Subjekt der Geschichte. Das erfordert zwar die Überwindung landsmannschaftlicher und dynastischer Bindungen. Aber das „Volkstum" lässt weder Pluralität noch individuelle Menschenrechte zu. Jahns Volkstum steht folglich den vertragsrechtlichen Konzeptionen des Naturrechts als auch den universellen Menschenrechten der Französischen Revolution entgegen. Diese völkische Komponente spielte im deutschen Denken in den folgenden 200 Jahren stets eine Rolle, wurde aber durch die Dominanz der „Deutschen Frage" im öffentlichen Diskurs überdeckt.

Ich habe meinen Schülern jahrelang den halben Jahn, den deutschnationalen Jahn, den Patrioten und Turnvater vorgetragen, einfach deshalb, weil ich nicht mehr über ihn wusste. Meine späte Jahnlektüre machte mir bewusst, wie oft wir als Geschichtslehrerinnen und Geschichtslehrer gestützt auf Schulbücher und Quellenausgaben die halbe Wahrheit vermitteln, in gutem Glauben, für Aufklärung und kritisches Bewusstsein zu sorgen. Völlig unkritisch ging ich mit Jahn um, allerdings guten Gewissens, denn mehr als den patriotischen Turnvater kannte ich nicht.

IV.

Jahns „Volkstum" war die Büchse der Pandora des 19. Jahrhunderts, in der für viele „Fremdvölkische" noch nicht einmal die Hoffnung zurückblieb. Seine fundamentalistischen Züge und rassistischen Potentiale wurden dann im späten 19. Jahrhundert im aufkommenden Rassismus für jeden sichtbar.

Die Schriften von Arthur de Gobineau (1853/55) und Houston Stewart Chamberlain (1899 ff.) entfalteten das Konzept mit dem Anspruch auf „Wissenschaftlichkeit" und brachten es auf den Begriff. In der Sache war der Rassismus aber bereits in Jahns „Volkstum" enthalten. Er enthält nicht nur gemeinschaftsbildende Potenz, sondern auch rassistische Überheblichkeit. „Schacherjuden und Zigeuner" werden gleich ohne weitere Begründung aus dem Kreis der Völker ausgeschlossen, obwohl gerade sie Beispiele für die Erhaltung eines eigenen Volkstums darstellen. Ohne den Begriff Rasse zu benutzen, argumentiert Jahn rassistisch. Beide maßgeblichen Kennzeichen von Rassismus sind bei ihm zu finden. Sowohl die biologische Abstammung als auch die Hierarchie der Rassen. Er teilt die Völker in „Edelvölker" und „Blendlingsvölker" ein. Unter den Edelvölkern werden die alten Griechen und die Deutschen an erster Stelle genannt. „Blendling" steht in der Zoologie für einen durch Kreuzung von Rassen entstandenen Bastard. Das untermauert er durch Beispiele aus Zoologie und Botanik. Das Pfropfen in der Obstbaum- und der Rosenzucht, das ein Edelauge auf ein Wildreis setzt, ist auf Dauer wirkungslos. „Mischlinge von Tieren haben keine echte Fortpflanzungskraft und ebensowenig Blendlingsvölker ein eigentümliches Fortleben". Und er zitiert ein angeblich spanisches Sprichwort „Traue keinem Maulesel und keinem Mulatten". „Völkermischung" schaffe „Teufelswesen". Nach diesen biologischen Begründungen zieht er den Schluss: „Je reiner ein Volk, je besser, je vermischter, je bandenmäßiger".

Zum Beweis führt er alle Mörder-, Diebes- und Räuberbanden an, die er in seinen unsystematischen Lektüren ausfindig machen konnte. Er verweist auf den ismaelitischen Geheimbund der Assassinen aus dem 11. Jahrhundert, der durch Morde Politik zu beeinflussen suchte. Er nennt die Jomsburger, die räuberischen Wikinger der Ostsee und die Flibustiere, die westindischen Seeräuber des 17. Jahrhunderts. Mit „Paulisten" sind vermutlich die Bewohner der südamerikanischen Provinz Sao Paulo gemeint, denen einige trübe Quellen räuberischen Charakter andichteten. Auch Schmuggler und Räuber aus den Karpaten und Pyrenäen führt er an. Das mag man noch für übertreibende Sprache eines nationalistischen Publizisten halten, der die eigenen Argumente durch Übertreibungen und Schreckszenarien zu stärken sucht. Aber er stellt diesen Räuber- und Mörderbanden gleichrangig ethnische und regionale Minderheiten an die Seite. Die Bewohner Kalabriens in Italien, die Schonen in Schweden und die Wallonen im damaligen Frankreich, sie alle sind Räuber, Schmuggler, Diebe und Hehler. Plastischer kann man nicht darstellen, dass die Idee der Volksnation Minderheiten nicht vorfindet, sondern erst erfindet. Die Volkstumsargumentation bildet sich nicht nur durch die Abgrenzung gegen einen äußeren Feind, sondern konstruiert auch Minderheiten mit Bandencharakter im eigenen Staatsverband. Die Inklusion der Mitglieder eines Volkes ist untrennbar mit der Ausgrenzung von definitorisch bestimmten Minderheiten verbunden.

Dass das Volkstumskonzept auf der gemeinschaftsbildenden Kraft beruht, ist stets betont worden. Das ist aber nur ein Aspekt und nicht einmal der wichtigste. Der Sinn liegt in der äußeren Erkennbarkeit der einzelnen Volksmitglieder. Sie sollen aufgrund von Sprache, Gebräuchen, Kleidung, Haartracht als Volksgenossen identifiziert werden; sie sollen nicht als Individuen, sondern als Mitglieder einer Gruppe angesehen werden. Das lässt keinen Platz für plurale Ausgestaltung und Individuierung. Das sichtbar zur Schau getragene eigene Volkstum dient als Erkennungsmerkmal. Es ist der gleiche Gedanke, der später – negativ gewendet – der Kennzeichnung der Juden zugrunde liegt. Die auf Rasse basierende Gemeinsamkeit lässt keinen freiwilligen Übertritt anderer zu.

An Jahns Volkstum wird deutlich, wie viel traditioneller deutscher Nationalismus im Nationalsozialismus steckte. Die NSDAP knüpfte an ein vorhandenes Weltbild von Rasereinheit und fremder Minderwertigkeit an. Dieser Gedanke musste gar nicht mehr propagiert werden, weil er im Denken und Handeln bereits verankert war. Der Nationalsozialismus hat „Volkstum" nicht pervertiert, er hat es so genommen, wie es ursprünglich gemeint war.

V.

Und nochmals kreuzte Jahn meinen Lebensweg. Als ich nach 1994 nach Halle kam, zeigte man mir als lokale Attraktion die „Jahnhöhle", eine am Ufer der Saale in den Klausbergen – den Ausläufern des Giebichensteins – gelegene Höhle. In ihr, so wurde mir versichert, habe sich der Patriot Jahn vor den Nachstellungen der französischen Besatzer verborgen. Irgendwie passte das alles chronologisch nicht zusammen, denn Jahns Studienzeit fiel in die Jahre 1796-98. Napoleon hielt aber erst 1806 seinen Einzug in Halle, und in demselben Jahr wurde auch die Universität geschlossen. Dieser Ungereimtheit ging ich aber nicht nach. Später fand ich dann ausgerechnet bei Heinrich von Treitschke eine andere Version dieser Begebenheit: „Jahns Sitten aber blieben noch immer ebenso ungeschlacht wie einst in den Tagen seiner akademischen Heldentaten, da er seinen Gegnern Kuhfladen ins Gesicht warf und sich am Abhange des Giebichensteins in einer Höhle verschanzte um auf die anstürmenden Hallenser Landsmannschafter Felsblöcke herabzuschleudern."[14]

---

14 Treitschke, Heinrich von: Deutsche Geschichte im Neunzehnten Jahrhundert. Zweiter Theil, 6. Aufl., Leipzig 1906, S. 388 [Erstauflage 1882].

Michael Riekenberg

Ein hannoverscher Offizier in Venezuela 1820/21

1. Die Quelle

In dem nachfolgenden Brief vom Juli 1820, der hier in einem Auszug zitiert wird, führt uns der deutsche Offizier Carl Richard in die Welt der lateinamerikanischen Unabhängigkeitskriege im frühen 19. Jahrhundert,[1] genauer: nach Venezuela und in das Grenzgebiet zum heutigen Kolumbien. Angestoßen durch die napoleonische Besetzung Spaniens im Jahr 1808 hatten eingesessene kreolische Eliten in verschiedenen städtischen Zentren Südamerikas begonnen, sich von der spanischen Kolonialmacht loszusagen. Kriegerische Auseinandersetzungen zwischen den Anhängern der lateinamerikanischen Unabhängigkeitsbewegung auf der einen Seite und spanischen Truppen bzw. den Verteidigern der kolonialen Ordnung auf der anderen waren die Folge.[2] 1815 landete an der venezolanischen Küste bei Cumaná ein starkes, gut 10000 spanische Soldaten umfassendes Truppenkontingent unter dem Befehl des Divisionsgenerals Pablo Morillo, um die Unabhängigkeitsbewegung niederzukämpfen, so dass die kriegerischen Auseinandersetzungen neue Auswüchse erreichten und sich über weitere Jahre erstreckten. Richard, ein Beobachter des Geschehens, schrieb dazu im Sommer 1820:

„San Juan de Poyara, Juli 1820.

[...] Diese Llaneros [Lanzenreiter] bilden die Cavallerie des Generals Páez, die den Spaniern so furchtbar geworden und noch jetzt ihr Schrecken ist. Als nach dem Verluste von Carthagena [kolumbianische Hafenstadt]

---

1 Als Überblicke vgl. Inge Buisson: Die Unabhängigkeitsbewegungen in Lateinamerika, Stuttgart 1980; Jaime Rodriguez: The Independence of Spanish America, Cambridge 1998, sowie Jay Kinsbruner: Independence in Spanish America. Civil Wars, Revolution and Underdevelopment, Albuquerque 2000.

2 Allgemein dazu siehe Christon Archer: The wars of independence in Latin America, Wilmington 2000.

Bolívar und Marino gezwungen waren, das feste Land zu verlassen und sich nach den westindischen Inseln zu flüchten, widerstand Páez, von seinen Llaneros unterstützt, allein der Gewalt der Spanier, ihnen in diesen ungeheuren Ebenen stets ausweichend, wenn sie zu stark waren, der auch zugleich jede ihrer Schwächen mit einer Schnelle und Umsicht benutzend, welche die Provinz der Freiheit erhielt, so dass später, als Marino in Cumana [Stadt an der venezolanischen Karibikküste] einfiel, und Bolívar sich zu größeren Unternehmungen vorbereitete, beide an ihm einen Stützpunkt fanden, der es möglich machte, die Schwäche der Independenten siegreich über Morillos Macht zu erheben.

Man erzählt tausend Anekdoten von Páez, die alle seine persönliche Bravour, viele aber leider auch seinen Hang zu Grausamkeiten bewähren; einige derselben mögen hier Platz finden. – „Er befand sich mit wenigen seiner Getreuen in einer der weiten Savannen am Arauka [Provinz im Nordosten Kolumbiens], als sie eine Abtheilung spanischer Cavallerie erspäheten, die auf dem Wege, dem sie folgte, ein dichtverwachsenes Gehölz durchreiten musste, in welchem ein enger Fußsteig den Reitern kaum einzeln das Durchdringen möglich machte. Diesen Umstand be-schloß er, sogleich zu nutzen, legte seine Begleiter in einen Hinterhalt, von dem aus sie, auf ein gegebenes Zeichen, den aus dem Dickicht hervor-kommenden Feind überfallen sollten. Er selbst ritt allein, um diesen zu beobachten. Sobald sich der feindliche Trupp im Holze befand, folgte er und streckte, als er den letzten Mann erreichte, diesen zu Boden, dann über ihm hinreitend den zweiten, und da die Enge des Weges und dessen dicht verschlungene Windungen den Vorderen verbarg, was hinter ihm vorging, so vernichtete er wie ein rächender Todesengel, das aus 25 Mann bestehende Commando. Und erhob sein Schwert jetzt gegen den Anführer desselben, den er an einer etwas lichteren Stille des Waldes erreichte, und der wüthend über den erlittenen Verlust, den er nun erst gewahrte, und als dessen Urheber Páez erkennend, voll Begierde, diesen Schreckensmann zu tödten, ihn mit solcher Erbitterung angriff, dass dieser, von der langen Arbeit erschöpft, ihm nur schwachen Widerstand leisten konnte und hier vielleicht seinen Tod gefunden haben würde, wenn nicht seine Getreuen, denen das verabredete Zeichen zu lange ausblieb, voll Ungeduld ihren Hinterhalt verlassen hätten und jetzt zur rechten Zeit gekommen wären, um ihren schon am Boden liegenden, wiewohl noch fechtenden General zu erretten."[...]

Aber dieser gewiß ausgezeichnete Mensch liebt mit Grausamkeiten zu spielen; oft, wenn er spanische Offiziere gefangen genommen, ließ er diese sich eines der vorgeführten Pferde auswählen, gab ihnen einen bedeutenden Vorsprung und das Versprechen ihrer Freiheit, wenn sie schnell genug wären, ihm zu entfliehen. Immer aber war er sicher, sie einzuholen, weil er die besten Pferde für sich bewahrte, und das Ganze diente ihm als ein übendes Spiel, bei dem er die beste Art erlernte, dem fliehenden Feinde den Todesstoß zu versetzen. Es ist kein Beispiel da, dass irgend einer der in Todesangst Enteilenden je dem drohenden Schwerte des Generals entronnen wäre."

(Carl Richard. Briefe aus Columbien von einem hannoverischen Officier an seine Freunde. Neu hg. u. kommentiert von Hans-Joachim König, Frankfurt M. 1992, . S. 47-50)

2. Der Verfasser

Im Mittelpunkt des hier wiedergegebenen Quellenausschnitts steht die Kriegsführung in den venezolanischen Llanos und konkret die Figur des José Antonio Páez, die die besondere Aufmerksamkeit von Carl Richard fand. Bevor wir fragen, was es damit auf sich hatte und welche Schlüsse wir aus dieser Quelle für das Geschehen damals wie unser Verständnis davon ziehen können, ist es freilich zweckmäßig, sich zunächst etwas genauer mit dem Verfasser des Briefs und dem Entstehungskontext seiner Aufzeichnungen zu befassen.[3]

Carl Richard, der vermutlich aus dem Osnabrücker Raum stammte, hatte als „Hannoverischer Officier" an den Napoleonischen Kriegen in Europa teilgenommen. Nach deren Ende suchte er ein neues Auskommen im militärischen Dienst und entschloss sich wie zahlreiche andere Soldaten bzw. Offiziere in Europa damals auch, nach Südamerika zu gehen, um sich dort in den Unabhängigkeitskriegen auf Seite der „Independenten" (Richard) gegen die spanische Kolonialmacht und deren Anhänger zu verdingen. Verdienstmöglichkeiten, die Hoffnung auf den Erwerb von Ruhm sowie militärische Karriereaussichten waren wohl die wichtigsten Gründe, die damals Richard wie Andere – namentlich nennt Richard das „Corps des Oberst Uslar", aus

---

3   Die folgenden Angaben dazu sind der Einleitung von Hans-Joachim König entnommen, in: Carl Richard. Briefe aus Columbien von einem hannoverischen Officier an seine Freunde. Neu hg. u. kommentiert von Hans-Joachim König, Frankfurt/M. 1992, S. VII-XXII, S. XI f.

dem er in Venezuela einigen Offizieren begegnete[4] – zu diesem Schritt verleiteten. Auch war Richard offenbar unzufrieden über sein Leben in der Heimat nach seiner Entlassung aus dem Militärdienst. Zumindest leitete er den ersten Brief, den er aus Venezuela schrieb, mit der Bemerkung ein, dass ihn „[...] besondere Begebenheiten und Erfahrungen, die ich nach der Rückkehr aus Frankreich während eines einjährigen Aufenthaltes im hannöverschen Vaterlande machte, zu dem Entschlusse [brachten], mich eine Zeitlang aus demselben zu entfernen."[5] Richard wandte sich über Holland nach London, wo der venezolanische Statthalter Soldaten für die Truppen des südamerikanischen Unabhängigkeitshelden Simón Bolívar[6] anwarb. Über die kleinen Antillen und die Insel Trinidad gelangte Richard schließlich in das Stromgebiet des Orinokoflusses und von dort flussaufwärts in das westliche Venezuela bzw. die Grenzgebiete zu Kolumbien am Arauca. Allerdings waren Richards Bemühungen, sich dort der Armee Simón Bolívars anzuschließen, wenig erfolgreich. Richard bat Bolívar in einem Schreiben, ihn im Rang eines Oberstleutnants in seine Armee aufzunehmen. Als Bolívar dies aber ablehnte, weil er wohl nicht mit allen Offizieren aus Europa gute Erfahrungen gemacht hatte, entschloss sich Richard enttäuscht zur Rückkehr nach Europa. Dieser Enttäuschung machte er auch in seinen „Briefen" Luft, in denen er ein sehr

---

4   Fünfter Brief v. Juli 1820, in: Richard, Briefe (wie Anm. 3), S. 51. Der Oberst Johann Freiherr von Uslar wurde 1799 in Lockum, im Kurfürstentum Hannover gelegen, geboren. Er nahm in englischen Reihen an der Schlacht von Waterloo teil und wurde danach als Rittmeister ehrenhaft aus der Armee entlassen. 1818 kontaktierte er den venezolanischen Statthalter in London, der Soldaten für die Armee des Befreiungshelden Simón Bolívar anwarb. Insgesamt kämpften mehrere Tausend Europäer – die Zahlenangaben in der Literatur schwanken zwischen 4 000 und 9 000 – auf Seiten der venezolanischen Independenten. Auf zwei Schiffen soll Uslar 300 Mann von Hamburg aus nach Venezuela gebracht haben. Dort wurde er zunächst mit einer Kompanie von 150 Hannoverschen Schützen dem General Rafael Urdaneta unterstellt. Uslar übernahm dann das Kommando der Gardegrenadiere von Simón Bolívar, später wurde er zum General ernannt. Er verstarb 1866 in Venezuela. Vgl. Günther Kahle: Simón Bolívar und die Deutschen, Berlin 1980, S. 61, S. 73 f.
5   Erster Brief v. April 1820, in: Richard, Briefe (wie Anm. 3), S. 7.
6   Zur Person von Simón Bolívar vgl. Gerhard Masur: Simon Bolivar und die Befreiung Südamerikas, Konstanz 1949; Salvador Madariaga: Simon Bolivar, der Befreier Spanisch-Amerikas, Zürich 1986, sowie Manuel Lucena Salmoral: Simon Bolivar, Madrid 1991.

negatives Bild von Bolívar zeichnete.[7] Nach seiner Rückkehr aus Venezuela wirkte Carl Richard als Übersetzer spanischer Literatur. So liegen von ihm unter anderem Übersetzungen von Theaterstücken von Calderón de la Barca und Lope de Vega vor.[8]

Über seinen ungefähr einjährigen Aufenthalt in Venezuela und im Grenzgebiet des heutigen Kolumbien in den Jahren 1820/21 fertigte Richard insgesamt elf ausführliche Briefe sowie eine abschließende Betrachtung an. Briefe bildeten damals eine wichtige Nachrichtenquelle. Die deutschsprachigen Zeitungen, die im frühen 19. Jahrhundert über Lateinamerika berichteten, übernahmen ihre Nachrichten meist von anderen Periodika, wobei London damals die „wichtigste Drehschreibe"[9] für den Nachrichtenverkehr aus Lateinamerika war. Diese Nachrichten wiederum stammten häufig aus Briefen, deren Verfasser meist Kaufleute oder Angestellte von Handelshäusern waren, die aus den Städten und Häfen Lateinamerikas berichteten.[10] Carl Richard lehnte sich an diese Form der Berichterstattung an. Tatsächlich handelte es sich bei den „Briefen an seine Freunde", wie er die Texte bezeichnete, jedoch um „tagebuchartige Aufzeichnungen"[11] über seine Eindrücke und Erlebnisse im Norden Südamerikas, die Richard dann nach seiner Rückkehr nach Europa 1822 in einer ersten Buchfassung im Leipziger Verlag Brockhaus publizieren ließ. Wie der Kontakt zwischen Carl Richard und dem Verlag zustande kam, ist nicht bekannt. Mutmaßlich kam der Publikation der „Briefe" Richards jedoch ein in der politischen Öffentlichkeit in Deutschland im frühen 19. Jahrhundert kurzfristig ansteigendes Interesse an Lateinamerika entgegen. Bis dahin hatte Lateinamerika in der Presse und Literatur im deutschen Sprachraum wenig Aufmerksamkeit gefunden. Noch in der Aufklärungszeit galt Lateinamerika den meisten Autoren in Deutschland als minderwertig und geschichtslos, und berühmte Denker und Philosophen wie Herder, Kant oder später Hegel hingen, ging es um die Betrachtung und Bewertung Lateinamerikas, der „De-

---

7 Vgl. Kahle, Simón Bolívar (wie Anm. 4), S. 65 f.
8 König, Einleitung (wie Anm. 3), S. XI, Anm. 16.
9 Ulrike Schmieder: Lateinamerika in Periodika deutscher Regionen. Die Widerspiegelung der gesellschaftlichen Transformation Lateinamerikas in publizistischen Quellen 1760-1850, Hamburg 1998, S. 88.
10 Ebd.
11 König, Einleitung (wie Anm. 3), S. VII.

kadenztheorie" an, die ein sehr ungünstiges Urteil über Lateinamerika fällte und derzufolge sowohl die Natur wie die Menschen in Amerika aufgrund der naturräumlichen Gegebenheiten sowie der klimatischen Einflüsse weniger entwickelt seien als die in Europa.[12] Das spanische Amerika galt als unzivilisierte Region. Kant hatte in seiner Schrift „Menschenkunde oder philosophische Anthropologie" von 1772/73 den Menschen in Amerika jede Fähigkeit zur Bildung abgesprochen.[13] Freilich beruhten fast sämtliche Aussagen über das spanische Amerika, die zu der Zeit in der Literatur bzw. Philosophie in Deutschland im Umlauf waren, allein auf dem Hörensagen.

Nunmehr jedoch, vor dem Hintergrund der Restauration in Europa, die vom Wiener Kongreß 1815 ausgegangen war, und angesichts der lateinamerikanischen Unabhängigkeitsbewegung fand man in Deutschland zu einem neuen Interesse an Lateinamerika. Für kurze Zeit rückte der, wie es in mehreren Buchtiteln damals hieß, „Freiheitskampf" der lateinamerikanischen Völker in den Blickpunkt und prägte vorübergehend das Bild, das man sich in der Literatur bzw. der liberalen politischen Öffentlichkeit im deutschsprachigen Raum von Lateinamerika machte.[14] Zumindest mehrten sich nun Schriften über Lateinamerika, die nicht einfach nur die Dekadenztheorie mit all den darin enthaltenen Vorurteilen wiederkäuten. Allerdings flaute dieses positive Interesse an Lateinamerika in der liberalen politischen Öffentlichkeit im deutschen Sprachraum schnell wieder ab. Wie ein Blick in die zeitgenössischen Periodika und Zeitungen dokumentiert, setzte sich bereits ab 1830, insbesondere auf dem Hintergrund des aufkommenden Konflikts zwischen Mexiko und den USA um Texas, wieder ein negatives Lateinamerikabild in der Berichterstattung durch und man kehrte zu den alten Topoi der Dekadenztheorien, nunmehr bereichert um rassische Argumentationsmuster, zurück.[15]

---

12 Vgl. Hans-Joachim König: Das Lateinamerika-Bild in der deutschen Histo-
    riographie, in: Gustav Siebenmann/Hans-Joachim König (Hrsg.): Das Bild
    Lateinamerikas im deutschen Sprachraum, Tübingen 1992, S. 209-229,
    S. 223 f.
13 Ebd., S. 225.
14 Siehe die Buchtitel von Peter von Kobbe oder Ernst Hauschild, ebd. S. 227
    Anm. 60.
15 Vgl. Schmieder, Periodika (wie Anm. 9), S. 216.

Carl Richards „Briefe" fielen in die Phase, in der die lateinamerikanische Politik und konkret die Unabhängigkeitsbewegung in der politischen Öffentlichkeit in Deutschland mit mehr Interesse und von liberalen Kreisen mit Wohlwollen betrachtet wurden. Zudem besaßen Richards „Briefe" in ihrer Zeit den Vorteil, dass ihr Verfasser sein Wissen nicht aus den Berichten oder der Lektüre Anderer bezog, sondern als Augenzeuge und Teilnehmer am Geschehen berichtete. Dies erhöhte ihren Wert und dürfte ein Grund dafür gewesen sein, dass Brockhaus an ihrer Publikation Interesse fand. Die Aufzeichnungen Richards gelten denn auch noch heute in der Historiographie als aussagekräftige Zeugnisse nicht nur des politischen und militärischen Geschehens im Norden Südamerikas um 1820/21, sondern darüber hinaus auch als aufschlussreiche Beschreibungen der zeitgenössischen Gesellschaft und Kultur, obgleich Richards Beobachtungsgabe und analytische Kraft nicht mit der anderer zeitgenössischer europäischer Beobachter – an erster Stelle ist hier natürlich Alexander von Humboldt, der Südamerika und Mexiko von 1799 bis 1804 bereiste, zu nennen – auf einer Ebene standen. In einem Aufsatz mit dem Titel „Carl Richards ethnographische Beobachtungen in Venezuela im Jahre 1820" hat der Völkerkundler Hans Becher 1964 die Briefe Richards jedoch immerhin als zwar „[...] kleinen, aber durchaus nicht unwesentlichen Baustein im großen Gefüge der südamerikanischen Völkerkunde und Kulturgeschichte"[16] bewertet. Nicht zuletzt hoben sich die Aufzeichnungen Richards, mögen auch seine persönlichen Enttäuschungen und konkret seine Ressentiments gegenüber Simón Bolívar der Grund dafür gewesen sein, von gänzlich einseitigen Parteinahmen für die kreolischen „Freiheitskämpfer" bei gleichzeitiger boshafter Verunglimpfung der Spanier ab, wie sie in anderer Literatur, die ebenfalls die Unabhängigkeitskämpfe zum Thema hatte, kursierten.[17] Zusammengefasst neigt die Forschung heute dazu, den Aufzeichnungen Richards keinen geringen Quellenwert zuzugestehen, sondern sie als verlässliche, obgleich natürlich perspektivisch gebrochene Zeugnisse des damaligen Geschehens zu werten.

---

16 Zit. in König, Einleitung (wie Anm. 3), S. VIII.
17 Vgl. Gustav Siebenmann, Das Lateinamerikabild in deutschsprachigen literarischen Texten, in: Siebenmann/König, Bild (wie Anm. 12), S. 181-207, S. 193.

3. Der Schreckensmann

Der Textausschnitt, der hier aus dem fünften Brief, den Richard nach eigenen Angaben in San Juan de Payara im Juli 1820 verfasste, zitiert wird, befasst sich mit José Antonio Páez (1790-1873). Páez war eine wichtige Figur im venezolanischen Unabhängigkeitskampf gegen die spanische Kolonialmacht, ein militärischer Führer sowie Caudillo und später mehrfach Staatspräsident des Landes. Páez stammte aus einer in sozialer Hinsicht einfach gestellten Familie. Seine Karriere verdankte er nicht zuletzt seinem kriegerischen Talent und Geschick, in einem schwer abzuschätzenden Maße überdies seiner persönlichen Gewaltfähigkeit. Im Alter von 17 Jahren soll Páez in einem Streit erstmals einen Menschen getötet haben.[18] Im Alter von 20 Jahren trat er in eine Milizeinheit ein und nahm dort am Kampf gegen die prospanischen Kräfte teil. Schnell durchlief er eine militärische Karriere, kommandierte seit 1813 eine eigene Kavallerieeinheit und gewann in der Folgezeit aufgrund seines kriegerischen Geschicks starken Einfluss unter den Llaneros, die ihn als „Löwe von Apure" bezeichneten. Dadurch wurde er zugleich zu einer politisch wichtigen Figur in Venezuela. Als Anführer, der es verstand, am Rand des Staates eine bewaffnete Klientel für Kriegsaktionen zu organisieren, stellte Páez im frühen 19. Jahrhundert den „Prototyp eines Caudillos"[19] dar. Caudillos waren lokale oder regionale Anführer, sie verfolgten politische Zwecke und kontrollierten ganze Territorien innerhalb eines Staatsgebietes, wobei sie mit dem meist schwachen und nur gering institutionalisierten Staat damals sowohl kooperieren wie auch rivalisieren konnten. Der Anthropologe Eric J. Wolf hat dabei darauf hingewiesen, dass die wichtigste Trennlinie zwischen dem Caudillo und anderen, eher zivilen Formen politischer Klientelführer in Lateinamerika in der Fähigkeit wie Bereitschaft des Caudillos zur Organisation und Ausübung physischer Gewalttat lag.[20] Caudillos waren Gewalttäter. Zwar reduzierte sich die Macht eines Caudillos nicht auf

---

18 Vgl. Diccionario de Historia de Venezuela. Hg. von der Fundación Polar, Bd. 2, Caracas 1988, S. 9.
19 König, Richard (wie Anm. 3), S. XIV.
20 Eric J. Wolf: Caudillo Politics. A Structural Analysis, in: Comparative Studies in Society and History 9 (1966/67), S. 173. Vgl. zum Caudillismus im Überblick Michael Riekenberg: Caudillismus, in: Neue Politische Literatur 2 (1995), S. 237-253; ders.: Caudillismus, in: Enzyklopädie der Neuzeit, Bd. 2. Hg. v. Friedrich Jaeger, Stuttgart/Weimar 2005, S. 633-638.

seine Fähigkeit zur Gewaltausübung. Vielmehr spielten klientelare Bindungen, kulturelle Identifikationen und politische Konjunkturen ebenfalls eine große Rolle, soweit es um die Bindung einer Gefolgschaft an die Figur des Caudillos ging. Jedoch war es auch nicht möglich, dass ein Caudillo politisch Erfolg hatte, ohne dass er erfolgreich die Konjunktur der Gewalt und des Krieges zu handhaben vermocht hätte.

San Juan de Payara, von Carl Richard fälschlich „Poyara" geschrieben, liegt in der venezolanischen Provinz Apure am Orinokofluss, wohin Carl Richard im Sommer 1820 in Begleitung eines Nachschubtransports der sogenannten Independenten kam und wo er die Gelegenheit hatte, Páez persönlich kennenzulernen. Páez, der „Schreckensmann", wie Carl Richard ihn nannte, kommandierte dort die Llaneros, jene Viehtreiber und Lanzenreiter, die in den saisonal überschwemmten Savannen der venezolanischen Llanos zu Hause waren und die in Venezuela in dem Krieg zwischen den Anhängern der Unabhängigkeitsbewegung und deren Gegnern letztendlich den militärischen Ausschlag zugunsten der Ersteren geben sollten. Bei den Llaneros handelte es sich um in ihrer Zeit besonders gefürchtete Kriegsakteure, weil sie aufgrund ihres semi-nomadenhaften Daseins, ihrer Sozialisation in männerbündlerischen Milieus, ihrer Vertrautheit im Umgang mit Pferd und Waffen sowie schließlich auch ihrer intimen Kenntnis von Natur und Landschaft eine in den Grasländern (Llanos) kaum zu schlagende militärische Kraft darstellten, obwohl sie keine professionelle militärische Ausbildung besaßen. „Von ihrer frühestens Jugend an", schrieb Carl Richard, seien die Llaneros mit dem Pferde aufgewachsen, „alle sehr gewandte und dreiste Reiter"[21]. Páez war seit 1816 ihr Anführer. Er vermochte etwa 1 000 Reiter und 600 Mann Hilfstruppen aus den Reihen der Indios und Llaneros in den Krieg zu führen.[22]

In der Beschreibung von Páez fällt die ambivalente Bewertung auf, die er durch Carl Richard erfährt. Páez erscheint als besonders mutiger Kriegsführer wie auch als übertrieben gewalttätiger Mensch. In dieser Ambivalenz verbargen sich vermutlich verschiedene Persönlichkeitszüge von Páez, worüber wir aber nur schwer ein Urteil fällen können. In jedem Fall lagen ihr

---

21 Richard, Briefe (wie Anm. 3), S. 47.
22 Vgl. Michael Zeuske: Kleine Geschichte Venezuelas, München 2007, S. 58.

aber unterschiedliche Vorstellungen des Krieges zugrunde. Die Begrifflichkeit, die Carl Richard wählte und die sich etwa in der Bezeichnung von Páez als „General" ausdrückte, war dem europäischen Kriegsverständnis entnommen, wie es sich seit dem Westfälischen Frieden in den Doktrinen des Staates durchgesetzt hatte. Demnach führen von Staaten unterhaltene Armeen mit klaren Befehlshierarchien und festen Institutionen Kriege gegeneinander. Der Krieg ist ein professionelles Handwerk oder, wie Carl Richard schrieb, „Arbeit". Sein Zweck ist, wie einige Jahre später Carl von Clausewitz es in seiner berühmten Schrift „Vom Kriege" formulierte, ein politischer: „Der Krieg ist eine bloße Fortsetzung der Politik mit anderen Mitteln".[23] Der Krieg galt als strikt zweckgerichtet. Dabei hatte Clausewitz nicht den „rauhen" Krieg vor Augen, sondern den Krieg der „Gebildeten", in dem die Kriegsgewalt nicht eine „rohe Äußerung des Instinkts" darstellen würde, sondern ein kontrolliertes Mittel staatlich angeleiteter Politik zur Erreichung festgelegter Zwecke. Kriege gebildeter Völker seien deshalb „viel weniger grausam".[24] Zwar kennt auch dieser Krieg das spielerische Element, wie Clausewitz schrieb, das die Gewalt entgrenzt. Aber dieses spielerische Element ist nicht gewollt; es ist allein dem Zufall im Kriegsgeschehen geschuldet, wodurch der Krieg nach Clausewitz in gewisser Hinsicht dem Kartenspiel ähnelte. Unabhängig von diesen spielerischen und zufälligen Komponenten sei der Krieg jedoch „immer ein ernsthaftes Mittel für einen ernsthaften Zweck".[25]

Carl Richard, ein in den Napoleonischen Kriegen sozialisierter Offizier, dürfte diese Betrachtungsweise des Krieges, wie Clausewitz sie kanonisieren sollte, geteilt haben, weshalb ihm die Art und Weise, wie Páez Gewalt ausübte, verdächtig war. Zwar war Páez in den Augen Richards ein fähiger Soldat, zudem ein persönlich außerordentlich mutiger Befehlshaber. Richard erzählt, wie Páez angeblich einen ganzen Trupp feindlicher Soldaten in einem Waldstück mit eigener Hand und ohne jede Hilfe erledigte und dabei bis zur physischen Erschöpfung kämpfte, und er setzt diese Erzählung in Zitierzeichen, um ihr ausdrücklich Glaubwürdigkeit und Authentizität zu verleihen. Allerdings bleibt offen, wen Richard hier zitiert. Offenbar handelte es sich bei dieser Quelle

---

23 Carl von Clausewitz: Vom Kriege, Bonn 1952 (1. Aufl. 1832/34), S. 108.
24 Ebd., S. 90.
25 Ebd., S. 107.

um eine der mündlichen Erzählungen, die in den Llanos über Páez kursierten und die dazu beitrugen, seinen Ruf als besonders gefährlicher Krieger, dem niemand widerstehen könne, zu erzeugen. Freilich dürfte es sich bei diesen Erzählungen um Mythologisierungen gehandelt haben, deren Zweck darin bestand, die Gewalt und Kraft des Caudillos fast ins Übernatürliche zu steigern. Aufschlussreicher dagegen sind deshalb die Textstellen, in denen Carl Richard nicht eine vage Quelle zitiert, sondern in denen er sein eigenes Urteil über Páez formuliert. Hier wird deutlich, dass Richard Páez nicht als soldatisches Vorbild betrachtete. So berichtet Richard von der Verfolgung gefangener spanischer Offiziere, denen nur zum Schein die Möglichkeit der erfolgreichen Flucht auf dem Pferderücken eröffnet wurde. Hier wurde die Gewalttat zur Jagd, einem Spiel gleich mit allerdings tödlichem Ausgang für den Unterlegenen. Die Gewalttat war ein lustbesetzter Vorgang, mit dem Páez zu spielen liebte. Paez, so das Bild, das Richard zeichnete, mochte dieses Spiel nutzen, um sich in der Gewalttat zu üben. Darüber hinaus genoss er jedoch die Gewalttat und das Töten anderer Menschen, ohne dass diese Gewalt einen nüchternen oder im Clausewitz'schen Sinn einen politischen Zweck besessen hätte. Páez frönte einer Lust an der Gewalt, die in den Augen des europäischen Offiziers im Krieg eigentlich keinen Platz hatte.

In der Anthropologie ist früh ein Zusammenhang von Jagd und Krieg hergestellt worden. Dabei wurde in der älteren Anthropologie in einer evolutionären Betrachtungsweise eine Abfolge definiert, die sowohl die Sozialisation des Einzelnen wie die Entwicklung von Gesellschaften umfasste. Gattungsgeschichtlich betrachtet würde die Jagd „so etwas wie einen Krieg der Menschheit gegen das Wilde" darstellen, individualgeschichtlich betrachtet sei das Jagen in der Geschichte immer wieder als „[...] eine Art Kriegsspiel aufgefasst worden, als erster Schritt in der Kampfausbildung eines jungen Mannes."[26] Der Nachweis der Fähigkeit, so der Anthropologe Steven Lonsdale, Tiere zu jagen und zu töten, habe in vielen Kulturen eine Vorbedingung dafür dargestellt, dass Jugendliche in die Reihen erwachsener Krieger aufgenommen wurden.[27] Aus dieser Perspektive betrachtet stellt ein Krieger oder Soldat, der im frühen 19.

---

26 Matt Cartmill: Das Bambi-Syndrom. Jagdleidenschaft und Misanthropie in der Kulturgeschichte, Reinbek 1995, S. 47.
27 Zit. ebd.

Jahrhundert den Krieg als Jagd konstruiert, nun allerdings eine archaische Figur
dar, die gemessen an den in der evolutionären Anthropologie postulierten
kulturellen Entwicklungsstufen der menschlichen Gattung auf ein früheres,
roheres Entwicklungsniveau zurückgefallen ist. Wer den Krieg als Jagd betrieb,
war ein Barbar, kein Zivilisierter. Dieses Verdikt betraf übrigens nicht nur die
vermeintlich archaische Kriegsführung, der man sich als Zivilisierter überlegen
glaubte, sondern fiel in gleicher Weise auch auf das Jagen selbst. In Lektüren
wie denen von Abbé Fleury zum Beispiel wurde das Jagen im 18. Jahrhundert als grausame Belustigung und als ein „Relikt uralter Barbarei"[28] gegeißelt.
Jedenfalls wird vor diesem Hintergrund ersichtlich, warum Berichte wie die von
Carl Richard, die auf der Grundlage mündlicher Erzählungen und mythenhafter
Überlieferungen entstanden, vieles dazu beitrugen, ein Zerrbild der Caudillos zu
zeichnen. Caudillos wie Paéz mussten dem europäischen Leser als archaische
Kulturrelikte anmuten, entstanden aus der Anarchie der Unabhängigkeitskriege
sowie den naturhaft-geographischen Bedingungen der Grasländer, die eine
unstete und nomadisierende Lebensweise der Menschen begünstigten.

4. Kulturformen der Gewalttat

Als „hannoverischer Officier" orientierte sich Carl Richard in seinen Erzählungen
am Bild eines, wie es seinem Selbstbild entsprach, zivilisierten Kriegs und zeigte
sich zugleich erschrocken über die vermeintliche Barbarei einer fremdartigen,
„rauhen" (Clausewitz) Kriegführung. Inwieweit er damit die Wirklichkeit des
Krieges in Lateinamerika damals verstand, ist allerdings fragwürdig.[29] Die
Llanos in Venezuela und Kolumbien stellten einen marginalen Raum dar.
Zudem bildeten sie einen Grenzraum, in dem sich aufgrund seiner Unweg-
samkeit wie auch seiner demographischen Leere der Herrschaftsanspruch des
Kolonialstaates verlief. Der Staat war in den Llanos allenfalls in sporadischen
militärischen Patrouillen sichtbar, und auch die kirchliche Mission drang dorthin

---

28 Zit. ebd., S. 133.
29 Vgl. dazu Michael Riekenberg: Zur Anthropologie des Krieges in Lateinamerika
    im 19. Jahrhundert, in: Dietrich Beyrau/Michael Hochgeschwender/Dieter
    Langewiesche (Hrsg.): Formen des Krieges, Paderborn/München/Wien/Zürich
    2007, S. 197-221.

nur selten vor.[30] Seit der Kolonialzeit bildeten die Llanos ein Rückzugsgebiet für Fluchtgruppen unterschiedlicher Herkunft, auch von entlaufenen Sklaven, die sich zwanghaften Formen des Arbeitsverhältnisses zu entziehen versuchten. Die jahreszeitlich überschwemmten Grasgebiete der Llanos entbehrten zudem fast aller Infrastruktur und kannten keine größeren städtischen Siedlungen. Den Menschen, die in diesem Raum lebten, waren der Staat und seine Idee fremd. Insofern bildeten die Llanos einen für die Gewalttat offenen Raum, in denen lokale Gemeinwesen, die semi-nomadisierende Züge trugen, eigene Formen der Konfliktbewältigung erzeugten und diese in der Generationenfolge übertrugen. Es ist plausibel, dass auch die Art und Weise, in der die Menschen in diesem Raum Krieg führten, von diesen Gewohnheiten geprägt war.

Hierbei handelte es sich in Lateinamerika nicht um einen singulären Fall, sondern ähnliche Konstellationen gab es auch anderswo, wo der grenzartige Charakter eines Raums und seine Prägung durch Viehzuchtgesellschaften zusammentrafen, so im Süden Argentiniens (Pampa), im Norden Mexikos oder im Grenzgebiet zwischen Uruguay und Brasilien. In diesen Räumen, in denen Ex-Sklaven, Viehtreiber, Indios und Schmuggler das Gesicht der Gesellschaft, soweit sie existierte, prägten, stellte die Gewalt vielfach eine „endemische Kondition des ländlichen Lebens"[31] dar. Angesichts widriger natürlicher Lebensbedingungen und unsicherer gesellschaftlicher Verhältnisse lernten die Bewohner dieser Räume, den physischen Mut des Einzelnen und dessen Fähigkeit zur erfolgreichen Gewalttat zu bewundern, um diesen Qualitäten selbst nachzueifern.[32] Begünstigt wurde diese Einstellung zur Gewalttat durch die wirtschaftlichen Verhältnisse, weil in den offenen Räumen der *borderlands*, wo die ländlichen Besitzungen nicht eingezäunt waren und das Vieh sich frei bewegte, die „Bewachung und Verteidigung" von Vieh und Eigentum zum festen Tagesablauf der Viehtreiber zählte.[33] Fremden begeg-

---

30 Vgl. Jane Rausch: A Tropical Plains Frontier. The Llanos of Colombia 1531-1831, Albuquerque 1984, S. 229 f.
31 John Charles Chasteen: Heroes on Horseback. A Life and Times of the Last Gaucho Caudillos, Albuquerque 1995, S. 92.
32 Vgl. auch Silvio Duncan Baretta/John Markoff: Civilization and Barbarism. Cattle Frontiers in Latin America, in: Comparative Studies in Society and History 20 (1978), S. 587-620.
33 Chasteen, Heroes (wie Anm. 31), S. 93.

nete man mit Misstrauen. Der Staat war eine ferne Chimäre. Schutz bot er nicht; wo er auftauchte, wurde er eher als eine Bedrohung empfunden und nicht selten von den Menschen mit Hass verfolgt. Diese waren gezwungen, selbst für ihre Sicherheit zu sorgen, indem sie Andere abschreckten, wozu es notwendig war, Gewaltbereitschaft zu demonstrieren. Die Viehtreiber und Lanzenreiter wuchsen somit in einer Vertrautheit mit der Gewalttat auf, die sich im sozialen Verkehr über zahlreiche Bereiche ihres Lebens ausbreitete und neben anderem im Spiel Ausdruck fand. Ein Beleg dafür waren die blutigen Messerspiele, in denen die Viehtreiber den einen Arm mit ihrem Umhang umwickelten und dadurch schützten und mit der anderen Hand im Zweikampf das Messer führten, wobei das Ziel nicht darin bestand, den Anderen zu töten, sondern ihm vielmehr sichtbare Verwundungen zuzufügen, am besten im Gesicht. Somit erzählte sein vom Messer gezeichneter Körper von der Gewalttat, und für alle war sichtbar, dass er ein im Zweikampf Unterlegener war.[34]

Man mag über diese Gewalt die Stirn runzeln. Aber diese Gewaltformen stellten keine archaischen Verhaltensrelikte dar. Vielmehr trugen sie dazu bei, in den gewaltoffenen Räumen der Grenze eine soziale Ordnung zu erzeugen. Körperliche Gewalttaten regelten nicht allein Konflikte, sondern sie erzählten zugleich von Macht wie auch von Loyalität und Treue, und die Symbolik, die die Gewalthandlungen in vielen Fällen besaß, kommunizierte Bedeutungen. In diesen Räumen war die Gewalttat ein Zeichen, durch das Menschen sich verständigten, und sie stellte einen Weg dar, um die eigene Meinung wirksam und sichtbar zum Ausdruck zu bringen. Insofern ist die Frage statthaft, ob die Gewalttat überdies auch eine Variante politischer Öffentlichkeit schuf, indem sie in staatsfernen und gewaltoffenen Räumen Kommunikation herstellte. Jedenfalls ist es aus dieser Warte betrachtet aber fraglich, ob Páez ein besonders grausamer Krieger und die Jagd auf entfliehende Menschen sein privates Vergnügen waren. Plausibler scheint, dass die Menschenjagd ein vergemeinschaftendes Symbol gemeinsamer Herkunft

---

34 John Charles Chasteen: Violence for Show. Knife Dueling on a Nineteenth-
    Century Cattle Frontier, in: Lyman L. Johnson (Hrsg.): The Problem of Order in
    Changing Societies. Essays on Crime ansd Policing in Argentina and Uruguay,
    Albuquerque 1990, S. 47-64.

und gemeinsamen Schicksals darstellte, das Páez mit seinen Gefolgsleuten verband und dazu beitrug, einen Herrschaftsverband zu konstituieren, der am Rand des Staates operierte. Wie viele andere Caudillos seiner Zeit war Páez ein *culture heroe* (John Chasteen), der den Krieg, an dem er teilnahm, erfolgreich in die kulturelle Traditionen der Region, in der er lebte und agierte, zu stellen vermochte. Für ein besseres Verständnis dieser Gewaltpraxis helfen uns die europäischen Konventionen des Kriegs aber wenig. Eher führen sie uns in unserem Urteil in die Irre.

5. Bewertung

Alexander von Humboldt, der von Simón Bolívar als der eigentlich wahre Entdecker Amerikas gewürdigt wurde, hatte seit Beginn seiner großen Forschungsreise nach Amerika, die er im Juni 1799 antrat, sehr genau darauf geachtet, die Ergebnisse seiner Forschungen nach Möglichkeit einem breiten Publikum in Europa bekannt zu machen. Dazu wählte Humboldt die literarische Form des Briefes, in die er seine Berichterstattung kleidete. Wie für alle Reisenden im späten 18. und 19. Jahrhundert waren Briefe für Humboldt ein wichtiges Mittel, um über die Erträge seiner Arbeit zu unterrichten, Nachrichten zu erzeugen und darüber hinaus „[...] mit der wissenschaftlichen Öffentlichkeit in Verbindung"[35] zu treten. Auch waren diese „Reisebriefe ausnahmslos für die Publizierung bestimmt".[36] Vieles spricht dafür, dass die Briefe von Carl Richard, denen ja ein persönlicher Adressat fehlte, von vornherein in ähnlicher Weise konzipiert waren. Vielleicht orientierte sich Richard gar am Humboldt'schen Vorbild, obgleich es dafür keinen Beleg gibt. Dessen Berichte aus Amerika waren Richard jedoch zumindest bekannt, zitierte Richard doch in seinem sechsten Brief vom August 1820 aus Humboldts Schrift „Reise in die Aequinoctial-Gegenden des neuen Kontinents", die 1815

---

35 Ulrike Moheit: Alexander von Humboldts Briefe aus Amerika (1799-1804) und ihre Wirkung in Europa, in: Michael Zeuske/Bernd Schröter (Hrsg.): Alexander von Humboldt und das neue Geschichtsbild von Lateinamerika, Leipzig 1992, S. 80-91, S. 80.
36 Ebd.

erschienen war.[37] Zudem bleiben die spätere Übersetzungstätigkeit von Carl
Richard und das darin dokumentierte Interesse an der spanischsprachigen
Literatur zu bedenken. All dies deutet darauf hin, dass Carl Richard nicht
nur ein Soldat war, den es aus Gründen seines beruflichen Auskommens
auf neue Kriegsschauplätze zog, sondern dass er sich darüber hinaus auch
als ein (Reise-)Schriftsteller zu präsentieren versuchte.

Wenn oben davon die Rede war, dass Richards „Briefe" als eine recht
verlässliche Quelle gelten, so mag ein Grund dafür in diesem erzählerischen
Interesse des Verfassers und seiner Absicht, ein guter Beobachter zu sein,
liegen. Auch Richards „Briefe" waren für eine Öffentlichkeit bestimmt, die
er zu informieren, aber sicherlich zugleich auch zu unterhalten trachtete. So
mengten sich nüchterne Beschreibungen mit Exotismen, und das kriegerische
Gebaren von Páez fand wohl auch deshalb das besondere Interesse von
Richard, weil es sich allzu deutlich von den (vermeintlichen) Gepflogenheiten
des Kriegs in Europa abhob. Erzählungen wie die von Carl Richard beschrieben insofern nicht nur die Sache selbst. Vielmehr fungierten sie zugleich als
ein Spiegel, in dem sich die vermeintliche zivilisatorische Überlegenheit des
Offiziers gegenüber dem Caudillo, des Soldaten gegenüber dem Jäger, zeigte.
Trotz des nüchternen Interesses am Gegenstand, auch der Neugierde, die
Richard zeigte, gelangte er nicht zu einer ethnographischen Betrachtung,
um den symbolischen Repräsentationen der Gewalt nachzugehen und zu
fragen, welche Bedeutungen die Menschen in ihrer Zeit ihrem Gewalthan-
deln gaben und wie umgekehrt Kriegsführer wie Páez es vermochten, in
diesen Bedeutungsgeweben zu agieren und deren Interpretation für den
Aufbau und die Konsolidierung ihrer Macht zu nutzen. Diese „kulturellen
Ausrüstungen"[38] des Kriegs übersah Richard. Sie zu befragen, ist nicht nur
Aufgabe des Ethnologen, sondern auch des Historikers, will er seinem Ziel,
fremdes Handeln besser zu verstehen, näher kommen.

---

37 Vgl. Richard, Briefe (wie Anm. 3), S. 60 sowie ebd., Anm. 59, die Erläuterung
    von H.-J. König.
38 Vgl. Clifford Geertz: Spurenlesen. Der Ethnologe und das Entgleiten der
    Fakten, München 1998.

Wolfgang Hug

Abgeordneten und Wählern ins Stammbuch geschrieben

Die Quelle

Karl von Rotteck: Aus dem „Verfassungs-Katechismus" (um 1835)

Was ist der Landtag?

Er ist eine Versammlung von Volksabgeordneten, welchen die mit der Regierung zu pflegende Verhandlung über die allerwichtigsten gemeinen Angelegenheiten zusteht. Zu diesen Angelegenheiten gehören die des Volkes Wohl und Wehe betreffenden Gesetze, Verordnungen und Anstalten sowie die von Bürgern zu entrichtenden Steuern, Abgaben und andere Leistungen, die von Gemeinden, Bezirken oder Klassen gewünschten Verbesserungen ihres Zustandes oder Beförderung ihres Erwerbes und Wohlstandes, auch die etwa gegen einzelne Amtleute oder Behörden wegen Rechtsverweigerung, Parteilichkeit oder ungebührlichen Druckes erhobenen Beschwerden und mehreres andere.

Warum hat die Konstitution gewollt, dass Volksabgeordnete zu diesen Verhandlungen berufen werden?

Weil die Erfahrung gezeigt hat, dass der Regierung allein solche Sachen nicht überlassen werden können, wenn des Volkes Glück und Volksrecht gesichert sein soll. Die Regierung, wenn sie auch ganz gut gesinnt ist, weiß oft nicht, was das Volk braucht, begehrt, wünscht oder scheut; sie ist in diesen Dingen tausenderlei Irrtum unterworfen, der ihr nur durch treue Volksstimmen kann benommen werden; sie ist der Güte und Gerechtigkeit ihrer Anstalten, Befehle und Forderungen nur alsdann versichert, wenn die Bürger, um deren Glück allein es sich dabei handelt, damit wahrhaft zufrieden sind, d. h. aufrichtig dazu einwilligen. Man muss also das Volk darüber befragen, und weil es in einem größeren Staat nicht angeht, das ganze Volk – wie etwa eine einzelne Gemeinde – zu versammeln, so bleibt nichts übrig, als dass man aus allen Teilen des Landes und aus allen Ständen einige verständige, redliche, überhaupt möglichst zuver- lässige Männer zusammenberufe, die da den Auftrag haben, im Namen aller übrigen, d. h. im wahren Sinne aller, getreu, unverstellt, ohne Furcht oder Rückhalt mit der Regierung zu reden, ihr also zu offenbaren, was das Volk will, wünscht, trägt, leidet, meint und denkt, und im Namen des Volkes, daher verbindlich für dasselbe, in die Regierungsvorschläge einzuwilligen oder nicht einzuwilligen. Die Versammlung dieser Männer ist der Landtag.

Zudem kann geschehen, dass wenigstens einige Regierungsmitglieder nicht nur aus Irrtum, sondern aus Absicht, aus Selbstsucht, Liebe zur Willkür, Engherzigkeit oder Leidenschaft wirklich Übles wollen. Die Minister sind eben auch Menschen, und unter ihnen, wie unter allen andern Ständen, gibt oder kann es wenigstens böse Menschen wie gute geben. Ja selbst der Fürst, wiewohl er durch die Erhabenheit seiner Stellung und durch die natürlich unzertrennliche Vereinigung seines eigenen oder Privatwohls mit jenem seines Volkes aller Versuchung zum Unrechttun entzogen ist, kann dennoch durch üble Ratschläge einzelner Vertrauten oder Diener irregeführt und zu Maßregeln, die ihm selbst wie seinem Volke nachteilig oder verderblich sind, verleitet werden. Damit nun dieses nicht geschehe oder, wenn es geschah, damit es möglichst schnell wiedergutgemacht werde, dazu ist abermal der Landtag vorhanden. Die Landstände sollen dem Fürsten die Wahrheit sagen; dieselbe heilt sofort alles. Dadurch nämlich lernt der Fürst seine Räte kennen; er wird dann, wenn einer ihn täuschte, denselben von sich entfernen und nur dem redlich Erfundenen ferner sein Ohr leihen. Die Minister aber, da sie wissen, dass es also kommen werde, enthalten sich der bösen Ratschläge; der Landtag heilt also nicht nur das Übel, sondern er verhindert es.

Was sind die Pflichten eines Deputierten?

Wahrheit, Freimütigkeit, Unerschrockenheit, unbestechliche Redlichkeit. Was nach seinem besten Wissen, seiner aufrichtigen Überzeugung des Volkes – allernächst in seinem unmittelbaren Wahlbezirke, dann aber auch im ganzen Lande – Wunsch, Wille, Sorge, Hoffnung, Freude und Leid ist, das hat er nun auch auszusprechen am Landtage, und darnach allein hat er seine Abstimmung einzurichten, über alles, was da zur Abstimmung gebracht wird. Er hat nicht zu fragen: „Was wünschen die Minister, oder was hätte dieser oder jener Minister gerne, dass man beschlösse oder nicht beschlösse, sagte oder nicht sagte, in Antrag brächte oder nicht brächte?" – Er ist Wortführer des Volkes und begeht Verrat an diesem, wenn er nur eine Linie abweicht von dem, was die Verständigen und Guten in dem Volke begehren und denken. Daher hat er auch die Schuldigkeit, sich von dem zu unterrichten, was die Besseren und Klügern wollen oder nicht wollen; er muss sich von der Lage des Landes, von den Bedürfnissen, Hilfsmitteln, Kräften und Nöten des Volkes und der einzelnen Klassen die möglichst genaue und richtige Kenntnis zu verschaffen trachten, unermüdet im Ringen nach solcher Erkenntnis sein, und was er hiernach als gut fürs Volk und als recht nach seinem besten Wissen und Gewissen erachtet, das hat er geltend zu machen, soviel an ihm ist, durch freimütige Darstellung, Behauptung und Abstimmung bei den minder feierlichen Vorarbeiten der Abteilungen und Kommissionen nicht minder als bei den öffentlichen und entscheidenden Sitzungen der ganzen Kammer, auch nicht nur im Ständehaus, sondern auch außerhalb desselben, so weit immer seine rechtmäßige Wirksamkeit reicht, durch Gedankenmitteilung, Ermunterung, Anregung, überhaupt durch alles Reden und Tun. Dabei hat er durchaus nicht zu achten der etwa sich runzelnden Stirne eines Ministers oder eines Höflings, sowenig als der mitunter lockenden Stimme der Gunst und schmeichlerischen Gnadenbezeigung. Er darf seine landständische Stellung durchaus nicht zum eigenen Vorteil oder zu dem seiner Angehörigen oder Freunde anwenden, er darf nichts suchen, als das, wofür er gesandt worden: das Wohl des Volkes. Er darf, ist er Beamter, nicht der eigenen Beförderung oder Besoldungszulage, er darf auch nicht der Anstellung eines Sohnes, Schwiegersohnes oder Vetters, er darf seines eigenen Handels oder Gewerbes, z. B. eines dafür zu erlangenden Privilegiums, oder eines zu eröffnenden Absatzes oder sonstigen Vorschubs durchaus nicht gedenken, ja, er muss nicht nur alles, was die Gnade zu gewähren hat, aufopfern, sondern er muss selbst seinem Rechte entsagen, auf die billigsten Ansprüche Verzicht leisten, er muss dem ministeriellen Zorne und der bittern Verfolgung trotzen, wenn er solche Übel nur durch Verleugnung der Wahrheit oder seiner Überzeugung abwenden kann.

Was folgt hieraus?

Es folgt hieraus die heilige Pflicht für jeden im Volk, der eine Stimme abzugeben hat bei der Wahlmännerwahl, dass er diese Stimme nicht leichtsinnig, gedankenlos oder von Nebenrücksichten geleitet, z. B. um einem Gönner oder Freund oder Vorgesetzten damit eine Höflichkeit zu erweisen oder um zu tun, was dieser oder jener, dem man etwa Dank schuldig ist oder sonst nicht gern etwas abschlagen mag, verlangt oder um nicht einem unfreundlichen Blick eines Amtmanns, Bürgermeisters oder Ratsherrn sich auszusetzen, abgebe; sondern nur wohlbedacht und nach ernster Überlegung durchdrungen von der Wichtigkeit dieses

Wahlgeschäftes und von dem unersetzlichen Schaden einer schlechten Wahlmännerwahl. Der verständige, vaterlandsliebende, verfassungstreue Bürger, wenn man ihm jemanden zum Wahlmann vorschlägt, wird vor allem sich fragen: Kann ich nach dem Charakter, nach der Lage, Gesinnung usw. dieses Mannes erwarten oder überzeugt sein, dass er einen Deputierten nach meinem Sinn oder nach dem Sinne der guten, freisinnigen Bürger wählen werde? Wird er in diesem Sinne wählen wollen und wählen dürfen? – Kann ich ihm Liebe, treue Anhänglichkeit an die Verfassung und an die Volkssache zutrauen? Und ist er selbständig, mutig, standhaft genug, um seine Überzeugung auch gegen listige Einflüsterungen bösgesinnter Menschen, gegen Verführung durch Aussicht auf persönlichen Vorteil oder Gunst oder gar gegen etwaige Drohungen oder sonstigen Gewaltmissbrauch von Seite der Oberen zu behaupten? – Wem er alles dieses nicht zutrauen kann, dem wird er nie seine Stimme zum Wahlmann geben, und sollte es der Amtmann oder Bürgermeister oder sonst einer der Angesehensten im Orte sein.[1]

Das Original dieser Quelle liegt im Stadtarchiv Freiburg.[2] Es handelt sich um ein vom Autor mehrfach korrigiertes Manuskript. Es ist undatiert und wurde erst 1843, drei Jahre nach dem Tod des Verfassers, im vierten Band der „Gesammelten und nachgelassenen Schriften" Karl von Rottecks von dessen Sohn Hermann von Rotteck herausgegeben und so im Druck zugänglich gemacht.[3] Vor einem Jahrzehnt hat Rainer Schöttle die Abhandlung zusammen mit weiteren Schriften Karl von Rottecks in einer Edition von „Texten zur Verfassungsdiskussion im Vormärz" neu ediert.

Um was für ein Schriftstück handelt es sich?

Das handschriftliche Original trägt den Titel „Katechismus"; im Freiburger Stadtarchiv wird das Dokument unter der Bezeichnung „Konstitutioneller Katechismus" verzeichnet. Ich habe diesen Titel der modernen Begrifflichkeit

1 Die Quelle ist am leichtesten zugänglich in dem Band: Karl von Rotteck: Über Landstände und Volksvertretungen. Texte zur Verfassungsdiskussion im Vormärz, hg. von Rainer Schöttle, Freiburg 1997. Künftig zitiert „Rotteck/ Schöttle".
2 Stadtarchiv Freiburg K1/25/256.
3 Carl von Rotteck: Gesammelte und nachgelassene Schriften, hg. von Hermann von Rotteck, Bd. 2, Pforzheim 1843, S. 495-510.

angepasst und mit der Überschrift „Verfassungs-Katechismus" versehen. Der Katechismus enthält die teils kurzen, teils ausführlichen Antworten auf insgesamt 13 Fragen, von denen die ersten drei sowie die achte ausgewählt wurden. Kurze Passagen aus weiteren Frage-Antworten sind im Interpretationstext wiedergegeben. Der von Rainer Schöttle im Anschluss an Hermann von Rotteck vorgenommenen zeitlichen Einordnung der Schrift in den Vormärz ist aus drei Gründen zuzustimmen.[4] Im Vergleich der Handschrift verschiedener Manuskripte Karl von Rottecks fügt sich dieses Dokument in die Schriften aus dem letzten Lebensjahrzehnt des Autors ein. Inhaltlich haben etliche Passagen des Textes eine starke Ähnlichkeit mit Abschnitten in dem von Rotteck verfassten Artikel „Abgeordnete" im 1834 erschienenen ersten Band des von ihm zusammen mit seinem Kollegen Welcker herausgegebenen „Staats-Lexikon".[5] Schließlich entspricht die hier vertretene Position ganz dem Selbstverständnis der Mehrheit im badischen Landtag der 1830er Jahre, deren unbestrittener Sprecher Karl von Rotteck selbst gewesen ist.

Die Wahl dieser Quelle geschah aus folgenden Gründen: Leserinnen und Leser begegnen hier einem Autor, der nicht nur in der Stadt Freiburg als Lichtgestalt ihrer Geschichte gilt.[6] Karl von Rotteck (1775-1840) gehört zu den entscheidenden Wegbereitern der Demokratie in Deutschland, und zwar in der Theorie wie in der Praxis.[7] Horst Ehmke, Staatsrechtler und Kanzleramtsminister in der Ära Brandt, sah in ihm den Prototyp des „politischen Professors".[8] Er gilt zu Recht als Vordenker des Liberalismus und als Repräsentant der progressiven Politiker im Vormärz. Das von ihm konzipierte und gemeinsam mit Welcker gestaltete „Staats-Lexikon" wurde (in 15 Bänden mit über 300 000 Exemp-

---

4   Rotteck/Schöttle, a.a.O. S. 254, Anm. 164 ff.
5   Staats-Lexikon oder Encyklopädie aller Staatswissenschaften, hg. Von Karl von Rotteck und Karl Theodor Welcker, Bd. 1, Pforzheim 1834, S. 102-111.
6   Vgl. Walter Preker in: Freiburger Biographien, hg. Von Peter Kalchthaler und Walter Preker, Freiburg 2002, S. 128 f.; Geschichte der Stadt Freiburg, hg. von Heiko Haumann und Hans Schadek, Bd. 3, Stuttgart 2. Auflage 2001, bes. S. 76 ff. und 121 ff.; Wolfgang Hug: Karl von Rotteck. Professor und Politiker 1775-1840, in: Lebensbilder aus Baden-Württemberg, hg. von Gerhard Taddey und Joachim Fischer, Bd. 20, Stuttgart 2001, S. 166-206.
7   Wolfram Siemann: Karl Wenzeslaus Rodeckher von Rotteck, in: Demokratische Wege. Deutsche Lebensläufe aus fünf Jahrhunderten. Ein Lexikon, Stuttgart 1997, S. 533-534.
8   Horst Ehmke: Karl von Rotteck, der politische Professor, Karlsruhe 1964.

laren) zur Bibel des Frühliberalismus und der „konstitutionellen" Mehrheit der Paulskirchen-Versammlung von 1848/49.[9] Der Text gibt somit einen Einblick in die zentrale Vorstellungswelt der Männer und Frauen, die in der ersten Hälfte des 19. Jahrhunderts für die politische Modernisierung Deutschlands eintraten. Schließlich können die Ausführungen Rottecks über Rang und Rolle der Volksvertreter und ihr Verhältnis zur Regierung, ihre Bindung an das Volk sowie ihre moralische Qualifikation auch zu nachdenklichen Vergleichen mit Verhalten und Verhältnissen in Parlamenten unserer Zeit anregen.

Der Text ist sprachlich einigermaßen leicht zu verstehen, obwohl viele Sätze lang und verschachtelt sind. Ungewohnt sind wohl ein paar wenige Ausdrücke, weil sie in der heutigen Sprache nicht mehr üblich sind. Die „gemeinen" Angelegenheiten sind die allgemeinen Angelegenheiten, die das Gemeinwesen im Ganzen betreffen. Statt von „Konstitution" spricht man heute in der Regel von der „Verfassung". Das „Ständehaus" ist das Gebäude und/oder die Institution des Landtags bzw. des Parlaments. Als „Landstände" bezeichnete man damals das Parlament des Landes, des Landtags also. Abgeordnete nannte man meist „Deputierte"; der Ausdruck kommt auch heute noch vor. Auch der Begriff „Katechismus" ist durchaus noch geläufig, bezieht sich aber in der Regel auf ein in Frage- und Antwortform gestaltetes Lehrbuch des Glaubens. Indem Rotteck diesen religiösen Terminus auf seine politische Glaubenslehre übertrug, vollzog er nicht nur eine „Säkularisierung" oder Verweltlichung des Begriffs, sondern entsprach damit auch durchaus der mit der Großen Französischen Revolution eingeleiteten Sakralisierung des Staates bzw. der Politik.[10] Rotteck sprach an anderer Stelle von politischen „Glaubensbekenntnissen", etwa denen der Liberalen. Wiederholt ist in seinem „Katechismus" vom „heiligen" Amt des Volksvertreters, vom „heiligen" Wahlrecht" oder der „heiligen" Verpflichtung die Rede, die der Abgeordnete mit der Übernahme seines Mandates eingegangen ist.[11]

---

9   Rechtsphilosophie bei Rotteck/Welcker. Texte aus dem Staatslexikon 1834-1847, hg. von Hermann Klenner, Freiburg – Berlin 1994, bes. S. 390-418.
10 Vgl. Geschichtliche Grundbegriffe. Historisches Lexikon zur politisch-sozialen Sprache in Deutschland, Bd. 5, Stuttgart 1984, S. 789 ff., bes. 817 ff.
11 So z. B. in der vierten Frage-Antwort, Schöttle, a.a.O. S. 93, in der achten Frage-Antwort, ebenda S. 96.

Was sind die Kernaussagen der hier ausgewählten Teile des „Verfassungs-Katechismus"?

Wie ein religiöser Katechismus hat dieser Text einen belehrenden Sprachstil. Dieser Stil unterscheidet sich tendenziell von dem inhaltlich verwandter Artikel im Staats-Lexikon, wo Rotteck seine Beiträge deutlich informativer und mit konkreten Belegen formuliert hat. Offenbar dachte Rotteck bei der Abfassung des Textes an Leser oder, falls es sich um ein Vortragsmanuskript handeln sollte, an Hörer ohne bestimmte Voraussetzungen.

In der ersten Frage-Antwort finden wir eine knappe Definition des Landtags als einer Volksvertretung mit dem Auftrag und dem Recht, mit der Regierung über Gesetzgebung, Steuererhebung und Kontrolle von Beamten und Behörden zu verhandeln. Auf die Tatsache, dass die badische Verfassung ein Zweikammer-System mit einem Ober- und einem Unterhaus einrichtete, geht Rotteck hier nicht ein.[12] Der Text handelt ausschließlich von der zweiten Kammer, der eigentlichen Volksvertretung. Grundsätzlich kommt es Rotteck hier wie auch in späteren Passagen auf das Prinzip des dualen oder gar dialektischen Verhältnisses an, das nach seiner Theorie und der des Frühliberalismus zwischen den beiden zentralen Gewalten des Staates – Regierung und Parlament – besteht. Die beiden müssen zwar Gesetze und Steuern miteinander verhandeln, bilden aber stets Kontrahenten. Nichts ist nach dieser Auffassung schlimmer für den Staat und das Volk, als wenn entweder die Regierung auf die Zusammensetzung des Parlaments oder auf dessen Entscheidungen Einfluss nimmt, oder wenn andererseits sich ein gewählter Volksvertreter vom Willen oder den Wünschen der Regierung in seiner politischen Überzeugung und seinem Verhalten bestimmen lässt. Diese Staatstheorie nimmt das Prinzip der Gewaltenteilung zwischen Legislative und Exekutive im absoluten Sinne ernst, während die Staatsform der

---

12 Der Text der Verfassung vom 18. August 1818 in: Ernst Rudolf Huber, Deutsche Verfassungsgeschichte seit 1789, Bd. 1, Stuttgart 1957; Hans Fenske: 175 Jahre badische Verfassung, Karlsruhe 1993; Frank Engehausen: Kleine Geschichte des Großherzogtums Baden 1806-1918, Karlsruhe 2005, S. 33 ff.; Von der Ständeversammlung zum demokratischen Parlament. Die Geschichte der Volksvertretungen in Baden-Württemberg, hg. von der Landeszentrale für politische Bildung Baden-Württemberg, Stuttgart 1982, bes. der Beitrag von Andreas Cser: Badischer Landtag bis 1918, S. 153-182.

Bundesrepublik die Regierung de facto zu einem Exekutivausschuss der Parlamentsmajorität machte und die Gewaltenteilung auf den Wettbewerb zwischen Regierungsmehrheit und Opposition reduziert hat. Die zweite Frage-Antwort erklärt den Grund für die von der Verfassung geschaffene Institution des Parlaments.[13] Rotteck spricht hier von einer geschichtlichen „Erfahrung", der zufolge die Regierung auf eine Volksvertretung angewiesen sei, die allein den Willen und die Interessen des Volkes in den Prozess der Gesetzgebung und Steuerfestlegung einzubringen imstande sei. Außerdem brauche die Regierung, da ihre Mitglieder eben auch fehlbare Menschen sind, die Kontrolle durch eine vom Volk legitimierte Gegengewalt. Selbst der Landesfürst bedürfe der Landstände, die ihm – wohl dank ihrer im Vergleich zur Regierung größeren Unabhängigkeit – die Wahrheit sagen sollen. Was Rotteck hier scheinbar auf historische Erfahrung gründet, deduziert er in Wirklichkeit rein rational aus Argumenten der Vernunft. Die Verfassung, gerade auch die des Großherzogtums Baden, war in einem historischen Zusammenhang entstanden, den Rotteck völlig außer Acht lässt.[14] Wie der badische Staat selbst war die von Großherzog Karl im Herbst 1818 verabschiedete Verfassung eine Folge der von Frankreich und insbesondere von Napoleon betriebenen politischen Modernisierung in Mitteleuropa, vorab am Oberrhein. Wie die badische Verfassung wirklich zustande kam und warum sie dem Landtag eine so außerordentlich starke Rolle zuwies, erklärt Rotteck auf keine Weise. Vielmehr definiert er die durch die Verfassung geschaffene legislative Gewalt streng aus dem Natur- oder Vernunftrecht als einen Vertrag.[15] Auch wenn Rotteck scheinbar ganz wirklichkeitstreu konstatiert, dass es auch unter Ministern „wie unter allen andern Ständen … böse Menschen wie gute geben kann", argumentiert er prinzipiell und bezieht sich weder konkret auf sein eigenes Land noch auf die besondere Verfassung Badens,

---

13 Auf die vormodernen Formen der Repräsentation in der Form der Landstände wird nicht verwiesen, obwohl die badische Verfassung von 1818 den Terminus „Landstände" für den Landtag aus dieser Tradition übernahm.
14 Vgl. die Literatur in Anm. 12 sowie Wolfgang Hug: Geschichte Badens, 2. Aufl. Stuttgart 1998, S. 205 ff.
15 Cser (wie Anm. 12) S. 155.; zur Theorie u.a. Karl von Rotteck: Staatsrecht der konstitutionellen Monarchie, Bd. 2 Altenburg 1828.

die das Parlament wie keine andere im damaligen Deutschland stärkte.[16] Die politische Elite des Vormärz folgte weitgehend dieser Staatsauffassung. Das erklärt die bis in die Debatten der Paulskirche reichende Kopflastigkeit des Frühliberalismus, seine oft so abstrakten Positionen, aber auch die Prinzipientreue, die es so schwer machen konnte, pragmatische Kompromisse zu schließen. Es gehört wohl zum ambivalenten Erbe der politischen Kultur in Deutschland, dass hierzulande Ideologien besonders leicht einen fruchtbaren Boden finden und man um Grundsätzliches gerne mehr streitet als um praktische Problemlösungen.

Der Rigorismus der grundsätzlichen Forderungen im Konzept Rottecks und des deutschen Frühliberalismus kommt besonders deutlich in den Anforderungen an den Volksvertreter zum Ausdruck, die in der dritten Frage-Antwort des „Verfassungs-Katechismus" vorgetragen werden. Ein Abgeordneter hat wahrhaftig, freimütig, unerschrocken und redlich zu sein. Er hat die Interessen des Volkes – zunächst die seines Wahlkreises, aber auch die des ganzen Landes – nach bestem Wissen und nach fester Überzeugung zu vertreten. Er hat die Pflicht, sich über die Bedürfnisse und Nöte des Volkes genau zu informieren und für die bestmögliche Lösung der Probleme in den Parlamentsausschüssen wie auch im Plenum sowie in der Öffentlichkeit einzutreten. Er darf seine Stellung als Abgeordneter auf keinen Fall zu seinem persönlichen Vorteil anwenden, und wenn er Beamter ist, darf er seine Position niemals für seine Karriere oder die eines Verwandten ausnutzen; auch darf ein Landtagsmitglied keine Vorteile für einen eigenen Gewerbe- oder Handelsbetrieb in Anspruch nehmen. Vielmehr hat er „auf die billigsten (d.h. gerechtesten) Ansprüche Verzicht zu leisten." Man könnte aus den Sätzen des „Verfassungs-Katechismus" mühelos einen Verhaltenskodex für alle Mitglieder in heutigen Parlamenten formulieren, sei es für Gemeinderäte, Landtags- oder Bundestagsmitglieder. Die Öffentlichkeit oder die Wählerinnen und Wähler würden zweifellos eine entsprechende Selbstverpflichtung der Parlamentarier

---

16 Nicht ohne Grund galt die badische Verfassung von 1818 als die freiheitlichste im Deutschen Bund. Besonders seit 1831 genoss der Karlsruher Landtag einen hervorragenden Ruf unter den Liberalen ganz Deutschlands. Hierzu u.a. Wolfgang Hug: Liberale Traditionen in Baden, in: Badens Mitgift, hg. von Hans Schadek/Archiv der Stadt Freiburg, Freiburg 2002, S. 57 ff.

begrüßen. Art. 38, 1 des Grundgesetzes unterwirft zwar den Abgeordneten seinem Gewissen. Das bedeutet indes in einer postmodernen Gesellschaft, die das Gewissen praktisch von allen überindividuellen Normen befreit hat, keinerlei Garantie für die Einhaltung einer verbindlichen politischen Ethik. Die Landesverfassungen wie auch das Grundgesetz des Bundes zählen die Rechte der Abgeordneten im Übrigen weit genauer auf als ihre Pflichten. Gesetzliche Regelungen betreffen zwar Einkünfte und Pensionsansprüche der Parlaments-mitglieder, nicht aber mögliche Strafen für pflichtwidriges Verhalten.

Die vierte Frage-Antwort des „Verfassungskatechismus" bezieht sich auf den „schlechten Deputierten", „der diese Pflichten nicht alle streng, getreu und unverbrüchlich erfüllt" und der deshalb „ein verächtlicher, meistens auch ein hassenswerter Deputierter bleibt".[17] Die fünfte Frage-Antwort behandelt die Folgen der Unterwerfung der Abgeordneten unter die Wünsche der Regierung. Sie sind „die heillosesten, die sich denken lassen. Alsdann ist nicht nur die ganze Wohltat der Verfassung dahin, sondern es steht weit schlimmer ums Land, als wenn es gar keine Verfassung hätte."[18] Im sechsten Punkt beantwortet Rotteck die Frage nach der Schuld an einem solchen Scheitern des Landtags; er tut dies ganz lapidar: „Wenn die Landstände gewählt werden − und dass sie gewählt werden, macht eben das Wesen unserer Verfassung aus −, so tragen die Wähler die Schuld".[19] Im siebten Punkt geht es um das Prinzip der „indirekten Wahl", die durch die badische Verfassung verordnet war. Dieses zweistufige Wahlsystem kennt man u.a. aus den Präsidentschaftswahlen in den USA, in gewisser Weise auch von der Wahl des deutschen Bundespräsidenten. In Baden gab es dem Großteil der männlichen Bevölkerung Badens über 25 Jahren das Wahlrecht für die Wahlmännerwahl. Die vom Volk gewählten Wahlmänner hatten dann die Abgeordneten zu wählen, wobei das passive Wahlrecht an einen Zensus, nämlich an ein Mindestvermögen von 10 000 Gulden oder ein Jahresein-kommen von 1 500 Gulden, gebunden war. Rotteck betont die vorrangige Bedeutung der ersten Stufe der indirekten Wahl, „denn die Wahlmännerwahl entscheidet schon zum voraus über Güte oder Schlechtigkeit der darauf

---

17 Rotteck/Schöttle, S. 92 und 93.
18 Rotteck/Schöttle, S. 94.
19 Rotteck/Schöttle, S. 95.

folgenden Wahl des Deputierten. Hat man verständige, rechtschaffene und entschlossene Bürger zu Wahlmännern gewählt, so wird die Deputiertenwahl gut ausfallen; unverständige, freche oder unredliche Wahlmänner dagegen werden schlecht wählen."[20] Die 8. Frage lautet „Was folgt hieraus?" Mit der Antwort nimmt Rotteck die Wähler selbst in eine „heilige Pflicht". Dabei kommt noch einmal der unerbittliche Rigorismus seines Idealbildes vom demokratischen Wähler zum Vorschein. Allerdings definiert er diesen guten Wähler als denjenigen, der „wohlbedacht und nach ernster Überlegung, durchdrungen von der Wichtigkeit dieses Wahlgeschäftes und von dem unersetzlichen Schaden einer schlechten Wahlmännerwahl" seine Wahl trifft. Rotteck appelliert an den „verständigen, vaterlandsliebenden, verfassungstreuen Bürger." Ihn, den „guten Bürger", möchte er wohl mit seinem „Verfassungs-Katechismus" gewinnen. Wie er selbst in der zwölften Frage-Antwort erklärt, ist die Idee eines „in der Mehrzahl mündigen oder verständigen Volkes" noch bloße Hoffnung. Vielmehr werde angenommen, „dass gar viele Bürger teils die Kenntnis, teils den Charakter, insbesondere die Unbestechlichkeit und Selbständigkeit nicht haben, welche zu einer guten und zuverlässigen Wahl gehören."[21] In der dritten Frage-Antwort hatte Rotteck den Abgeordneten gewarnt, Verrat am Volk zu üben, „wenn er nur eine Linie abweicht von dem, was die *Verständigen und Guten* in dem Volke begehren und denken. Daher hat er auch die Schuldigkeit, sich von dem zu unterrichten, was die *Besseren und Klügeren* wollen oder nicht wollen …"[22] In solchen Formulierungen offenbart Rotteck das tendenziell elitäre Element im liberalen Demokratieverständnis seiner Zeit. Man geht kaum fehl, wenn man Spuren solcher Ansichten dem „bürgerlichen" Denken bis heute unterstellt.

Worauf beruhen Rottecks Katechismus-Grundsätze?

Die hier interpretierte Schrift bildet eine Art Leitfaden der politischen Volksaufklärung. Der Autor wollte mit ihr offenbar Wähler und Gewählte über ihre Pflichten und Rechte sowie über ihre Gefährdungen und die Folgen von

---

20 Ebd.
21 Ebenda, S. 101 f.
22 Ebenda, S. 91.

möglichem Fehlverhalten belehren. Vieles davon bleibt bis heute plausibel und durchaus bedenkenswert. Der Katechismus entwirft ein hehres Bild vom Sinn und von den Bedingungen der Volksvertretung. Die hier vertretenen Grundsätze legen an das demokratischste Organ des Staates, die Legislative, hohe Maßstäbe an. Allerdings blieb Rotteck in seinem Leitfaden über Abgeordnete und deren Wahl noch in den Grenzen der frühliberalen Staatstheorie. Noch ist mit keinem Wort von Parteien die Rede, auch nicht von Fraktionen im Parlament. Offenbar hat Rotteck den latenten Prozess der Parteibildung im Vorfeld der 1848er-Revolution noch nicht erkannt oder nicht ernst genommen.[23] Auch die prekäre Frage der Finanzierung eines Wahlkampfes sowie die politische Arbeit der Abgeordneten kommt im „Verfassungs-Katechismus" nicht vor. In dem von Rotteck wohl etwa gleichzeitig verfassten Artikel „Abgeordnete" für das Staatslexikon plädiert er ganz am Ende dafür, „den Abgeordneten Reise- und Tagegelder zum Ersatz ihrer Auslagen zu entrichten." Nur so sei zu vermeiden, dass bloß „Stimmführer der Geldaristokratie" ins Parlament gelangen und „die edelsten Talente dadurch factisch von der Volkswortführung ausgeschlossen werden."[24]

Ein vorangehender Abschnitt desselben Lexikonartikels enthält im Übrigen gleichsam eine Kurzfassung der Ausführungen des „Katechismus". Sie lautet: „Kraft des Charakters, verbunden mit der Durchdrungenheit von der ganzen Bedeutung und Heiligkeit der Pflichten eines Abgeordneten ist hiernach eine unerlässliche Forderung an den Abgeordneten, der seines Namens und Berufes würdig sein will. In die Hände desselben sind die *wichtigsten und heiligsten* Interessen des Volks niedergelegt, und das *Vertrauen* des Volks ist es, welches sie ihm in die Hände gab; und er hat durch *freiwillige Übernahme* des Amts eine zweifach schwere Verantwortung auf sich geladen für den Fall der Lässigkeit oder Untreue. Je schöner, edler und

---

23 Zur Vorgeschichte der Parteien u.a. Thomas Nipperdey: Deutsche Geschichte 1800-1866. Bürgerwelt und starker Staat, München 1983, bes. S. 377-402; zur Entwicklung in Baden: Hans-Peter Becht: Die badische Zweite Kammer und ihre Mitglieder 1819 bis 1841/42. Untersuchungen zu Struktur und Funktionsweise eines frühen deutschen Parlaments. Mannheim 1985; Paul Nolte: Gemeindebürgertum und Liberalismus in Baden 1800-1850, Göttingen 1994.
24 Staats-Lexikon , vgl. Anm. 9, S. 111.

dankbarer (das letzte nämlich durch den Lohn des *Bewusstseins* und in der Regel auch durch den Beifall der *öffentlichen Meinung*) die Wirksamkeit des treuen Abgeordneten ist, desto abscheulicher, fluch- und schmachwürdiger ist sein Abfall von der Volkssache oder der Missbrauch seiner Stellung zur Erringung höherer Gunst oder überhaupt persönlichen Vortheils. Es giebt auf der Welt keinen niederschlagenden, mehr Ekel und Abscheu zugleich erregenden, keinen empörenderen Anblick, als den einer Versammlung von sogenannten Volksabgeordneten, welche anstatt, wie ihr Begriff und Auftrag mit sich bringt, im Interesse und Sinn und Willen des *Volkes* zu stimmen, zu handeln und zu streben, und insbesondere die *Volksrechte gegenüber der Regierung* zu wahren, dafür von den Dienern eben dieser Regierung den Impuls ihrer Richtung und Abstimmung erwarten, ihr ‚Ja' oder ‚Nein' nach den freundlichen Winken oder gerunzelten Stirnen der Minister aussprechen und sich zu Werkzeugen der Unterdrückung hergeben, anstatt Schirmer der Freiheit zu sein ...".[25]

Nun mag mancher einwenden, das klänge alles gut und schön, sei aber doch recht fern von allen Realitäten. Der Professor habe gut reden und möge sein Ideal der vollkommenen Verhältnisse an den Himmel malen, doch was versteht er von der rauen Wirklichkeit der Politik? Dem Einwand ist leicht zu begegnen. Karl von Rotteck war nicht nur Gelehrter und Autor von Lehrbüchern.[26] Er hatte bereits zwanzig Jahre lang als Professor für „Allgemeine Weltgeschichte" an der Freiburger Universität gelehrt, als er im Jahr 1818 auf den Lehrstuhl für „Vernunftrecht und Staatswissenschaft" wechselte. Die Hochschule, die seinem Einsatz ganz wesentlich die staatliche Bestandsgarantie durch das junge Großherzogtum Baden verdankte, entsandte ihn als ihren Vertreter in die erste Kammer des ersten badischen Landtags. Dort wirkte er bis 1824 nicht ohne Erfolg an einer Reihe von fortschrittlichen Gesetzen mit, unter anderem für den freien Zugang zum Universitätsstudium, für den Abbau der Fron- und Zehntpflichten der Bauern und für die Einschränkung

---

25 Ebenda, S.110. Hervorhebungen im Original.
26 Als sein wichtigstes Werk betrachtete Rotteck selbst sein „Lehrbuch des Vernunftrechts und der Staatswissenschaften" in vier Bänden (Stuttgart 1829-1835). Obwohl es zu seiner Zeit kein großer Erfolg wurde, bescheinigte ihm Hans Fenske erst kürzlich seine hohe Qualität.

der Pressezensur (wobei er einen britischen Abgeordneten mit dem Satz zitierte „Lieber kein Parlament als keine freie Presse!").

Im Frühjahr 1830 erlebte Baden nach der Pariser Februarrevolution einen ersten liberalen Frühling. Rotteck kandidierte nun für die Volkskammer des Landtags, bei dessen Wahlen die Regierung diesmal auf jede Einflussnahme verzichtete. Er wurde gleichzeitig in fünf Wahlkreisen gewählt, in einem ohne eine einzige Gegenstimme. Die Volkskammer wählte ihn zum Vizepräsidenten. Neben dem erfahrenen Johann Adam von Itzstein galt er fortan als unbestrittener Wortführer für Freiheit und Recht. Leidenschaftlich kämpfte er für die volle Ablösung der Grundherrschaft, die Aufhebung der Pressezensur sowie für eine fortschrittliche Schulreform. Als er im Landtag einen Appell für klare Worte bei parlamentarischen Debatten mit dem Satz beendete: „Meine Herren! Zum Höfling bin ich verdorben, ich bin ein Volksvertreter!", da erhob sich das ganze Haus zu einer „standing ovation".

Nachdem der Deutsche Bund die badische Regierung im Frühjahr 1832 zum Verzicht auf ihren Reformkurs gezwungen hatte, bekam Rotteck die Macht der Staatsgewalt zu spüren. Er durfte keine Presseartikel mehr schreiben, erhielt Lehrverbot und wurde zwangspensioniert. Sein Mandat als Abgeordneter konnte er indes behalten. Unter den Liberalen im Land war er weiterhin hoch geachtet. Geschickt wirkte er kräftig bei der Auswahl und Förderung von gesinnungsfesten Volksvertretern mit. Er selbst sah sich nicht als Parteimann, sondern als Sprecher des Volkes. Ganz im Sinne von Rousseau glaubte er an den „Gesamtwillen" des Volkes und berief sich in strittigen Fragen im Parlament auf den zwingenden Auftrag als Volksvertreter, er habe für die Interessen der Bevölkerung und nichts anderes einzutreten. Dies veranlasste ihn in einem Fall zu einer verhängnisvollen Fehlentscheidung. Als im Landtag von 1831 und 1833 der Antrag auf volle Emanzipation der Juden verhandelt wurde, lehnte Rotteck ihn mit der Begründung ab, das badische Volk habe in seiner Mehrheit ein tiefes Misstrauen gegen die Zulassung von Israeliten zu politischen Ämtern. Seine Haltung brachte ihm harte Kritik ein, nicht nur von jüdischer Seite.[27] Noch in jüngster Zeit hat

---

27 Hermann von Rotteck geht in seiner Biographie des Vaters ausführlich auf die Vorgänge ein. In: Carl von Rottecks gesammelte und nachgelassene Schriften, Bd. 4, Pforzheim 1843, S. 348-352.

gerade diese politische Unrechtsentscheidung eine heftige Debatte über die Grenzen der Freiheits- und Gleichheitsprinzipien bei Rotteck und im Frühliberalismus ausgelöst.[28]

Worin liegt, so ist zum Schluss zu fragen, das Besondere dieser Quelle, und worin besteht ihre Botschaft? Sie bezeugt authentisch, was für eine „heilige" Würde zur Zeit des Aufbruchs zur Demokratisierung Deutschlands dem Volksvertreter zugemessen wurde und welch geradezu unerhörte Verantwortung für den Wähler und Gewählten mit dem Prinzip der Volkswahl verbunden wurde. Das sind Maßstäbe, die in einer Zeit der Politikverdrossenheit und bedrohlich schrumpfenden Wahlbeteiligung der Bürger in der Bundesrepublik Deutschland wohl verdienen, in Erinnerung gerufen zu werden.

---

28 Hierzu der Bericht über einen Vortrag von Hermann Klenner, Badische Zeitung vom 23.3.1999; ferner eine Kontroverse zwischen Wolfgang Heidenreich und Wolfgang Hug in der Badischen Zeitung vom 15.12.2001 und 09.01.2002.

Ulrich Mayer

Zweimal von Waldenbuch nach Stuttgart

Aus Erinnerungen an eine Kindheit im späten 19. Jahrhundert

Seit ich die deutsche Schrift lesen kann, haben mich die Erinnerungen meines Großvaters väterlicherseits an seine Kindheit immer wieder bewegt. Friedrich Mayer kam 1869 als uneheliches Kind in Waldenbuch bei Stuttgart auf die Welt, wurde dort zusammen mit einer fast gleichaltrigen Tante von den Eltern seiner Mutter großgezogen, absolvierte nach Volksschulabschluss und Konfirmation in Stuttgart seit 1883 eine praktische Bildhauerlehre und war von 1886 bis 1890 ordentlicher Schüler der Zeichenklasse und der Bildhauerklasse der Königlichen Kunstschule in Stuttgart. Nach Wanderjahren mit Beschäftigungen in Stuttgart, Frankfurt am Main, Mannheim, Hamburg und Berlin war er von 1894 bis 1930 als Bildhauer in einem Marmor- betrieb in Wetzlar beschäftigt, wo er als seinerzeit führender regionaler Künstler zahlreiche Plastiken für private Grabstätten, öffentliche Bauten und Kriegerdenkmale anfertigte. Im Alter sehschwach und körperlich erschöpft, starb er 1940 in Wetzlar.[1]

Wenige Jahre vor seinem Tod, wegen der zunehmenden Augenschwäche selbst nicht mehr in der Lage zu schreiben, diktierte er seinem Sohn (geb. 1902) Erinnerungen an seine Kindheit und Jugend.[2] Dieser insgesamt 13- seitige Text war – wie ich später erkannte – die erste historische Quelle, die ich bewusst las und hat möglicherweise meine lebenslange Beschäftigung mit Geschichte ursprünglich angeregt.[3] Im Verlauf der Zeit wurde mir klar,

---

1   Rainer Tonn: Friedrich Mayer, Bildhauer, in: Mitteilungen des Wetzlarer Ge-schichtsvereins 42 (2004), S. 341-452, hier: S. 341-344, 363 f.
2   Friedrich Mayer: Aufzeichnungen, Ende der 1930er Jahre (handschriftl. Ma-nuskr., Privatbesitz)
3   Viele Details verdanke ich Erzählungen meines Vaters Fritz Mayer (1902-1974) und einer von ihm erarbeiteten Ahnentafel.

dass ich es bei den Erinnerungen meines Großvaters nicht nur mit der anrührenden Geschichte eines elternlosen Kindes bei seinen Großeltern zu tun
hatte, sondern mit Aufzeichnungen, in denen sich am Beispiel der Familie
Kayser aus Waldenbuch wichtige Elemente von Strukturen und Veränderungen während des 19. Jahrhunderts manifestieren.

Aber: Ein Kommentar des Enkels 2007 zu der vom Vater vor 70 Jahren
niedergeschriebenen Sicht des Großvaters auf seine 60 Jahre zurückliegenden
Erfahrungen mit den Großeltern und deren Erzählungen aus noch früherer
Zeit, ist das nicht ein erkenntnistheoretisch, quellenkritisch und historiografisch
fragwürdiges Unterfangen? Wenn schon Lebenswege in sich Inszenierungen
mit dahinter verborgener Vielschichtigkeit und Widersprüchlichkeit sind, wenn
es sich hier nicht um ein genuines Ego-Dokument handelt, unterliege ich da
nicht einer biografischen Illusion?[4] Gleichwohl: Diese Aufzeichnungen sind
der älteste schriftliche Nachweis über das Leben „stummer" Generationen,
wenn man einmal von deren noch weiter zurückreichenden schriftlichen
Spuren in der Form von Eintragungen über Taufen, Eheschließungen und
Beerdigungen in den Kirchenbüchern absieht. Kurz: Die biografischen Hinweise auf die Ur-Urgroßeltern bleiben meine Lieblingsquelle und ich will die
kargen Angaben über die Familie auch nicht stilisieren oder überinterpretie-
ren, sondern die Mitteilungen mit der gebotenen Umsicht als Teile größerer
Zusammenhänge beleuchten. Der Sicht der Quelle entsprechend, nenne ich
den späteren Bildhauer den „Enkel" und Johann Jakob Kayser sowie seine
Ehefrau Karoline, geb. Weinhardt, die „Großeltern".

Hier nun Auszüge aus den Aufzeichnungen des Friedrich Mayer:

Älteste Kindheitserinnerungen

Meine Erinnerungen reichen zurück bis ungefähr in den Sommer 1872.
Wir wohnten zusammen mit einer verwandten Familie von Großmutters
Seite mit Namen Weinhardt in einer Wohnung, die aus einem Wohnzim-
mer und einem Schlafzimmer bestand. Unsere Familie bestand aus dem
Großvater Jakob Kayser, der Großmutter Karoline, geb. Weinhardt, deren
jüngster Tochter Marie, die drei Jahre älter war als ich, und mir.

---

4   Vgl. Pierre Bourdieu: Die biographische Illusion, in: Bios 3 (1990), S. 75-81

Das Haus

Das Haus stand als Nachbargebäude der Brauerei „auf der Mauer", war deshalb „inner Etters" (innerhalb der Stadtmauer, U. M.). Aus der Wohnstube sah man von der Rückseite nach dem Friedhof über der Aich. Das Haus wurde während meiner Jugend an der Vorderseite umgebaut, dabei wurden die Sandsteine vor dem Haus zugehauen und eingefügt. Besitzer in dieser Zeit war ein Gipser. ... Sie wohnten auf der Stadtseite, wir auf der Mauerseite. Zwischen den beiden Wohnungen war der „Ehrn" (Flur) mit drei gemauerten Feuerstellen. Die Pfannen wurden mit dem Stiel in Stäben mit besonderen Öffnungen an der Wand befestigt. Das Feuer war ein offenes Herdfeuer. Es gab oft einen Mordsrauch, daß mir die Augen tränten. Der Rauch zog durch den Rauchfang ab.

Im Obergeschoß waren einige Kammern, wo später die größeren Kinder schliefen. Dort und auf der „Bühne" (Galerie) darüber, auch vor dem Haus, wurde das Holz aufbewahrt.

Erste Modellierversuche

Vor unserem Haus bildete die Danneckerstraße, wie sie jetzt heißt, einen stufenförmigen Absatz, so recht geeignet als Spielplatz für kleinere Kinder. Hier fand sich die Kinderschar aus den Nachbarhäusern zusammen. Dort versuchten wir oft, allerlei Formen wie Tiere, Häuser, Männle u.a., aus Lehm zu kneten. Das waren meine ersten Formversuche.

Das tägliche Brot

Winters gab es vielfach Schnadenknöpfle (Klöße aus Weizenmehl und Grieß) und gedörrte Birn- oder Zwetschenhutzeln zu essen, eine billige und für Kinder leicht bekömmliche Kost. Auch allerlei Hülsenfrüchte, Linsen, Bohnen bildeten unsere Nahrung. Die Großeltern zogen die Früchte, Kartoffeln und das Brotkorn auf Äckern, die in Dreifelderwirtschaft bestellt wurden. ... Auf dem „Hahnhof" (Flurbezeichnung) lag ein Acker, umzäunt mit einem „Haag" (Hecke), in dem Vogelnestchen zu finden waren. Unser Obst gedieh auf dem „Braunacker".

Im Haus war ein Stall. Darin stand unsere Geiß und Vetter Maxens Gaul. Unser Brot buk die Großmutter im Backhaus. Abends gab es oft geröstete Kartoffeln und „gestandene Milch". Das Leben war sehr einfach.

Die Großmutter

Eine bleibende Erinnerung ist mir ihr Abendsegen geworden. Wenn auf der nahen Kirche die Abendglocke läutete, stellte sich Großmutter ins

Zimmer, mit dem Blick durchs Fenster zum Friedhof. Ich stand vor ihr in derselben Blickrichtung. Ihre Hände lagen auf meinem Kopf. Dann sprach sie den Abendsegen, ein Gebet, das ihre innersten Gedanken laut ausdrückte.

Eines Abends muß wohl wenig zum Essen da gewesen sein, es gab nur „Gröschtete". Da sprach sie, ihre Hände auf meinem Kopf faltend: „Fritzle, bloß Armut und Not isch do!" So lernte ich die Not früh kennen.

Die letzten Jahre mußte die Großmutter schwer an Asthma leiden. Im Herbst 1877 waren ihre Beschwerden sehr schlimm. Im letzten Herbst hat sie manchmal mit mir Zwiegespräche gehalten und darin Todesgedanken geäußert. Wie sie selbst einer Nachbarin erzählte, habe ich dabei einmal den Ausspruch, gleichsam ein kindliches Gebet, getan: „Lieber Gott, laß mir mei Ahne net sterbe!" Es war mir ein schrecklicher Gedanke, die Großmutter zu verlieren, die in diesen Jahren die Mutterstelle bei mir vertrat.

Der Großvater

Er hatte nach seiner Schulzeit Bäcker gelernt und in größeren Bäckereien Stuttgarts gearbeitet. Er hat auch in Stuttgart bei einem Infanterieregiment unter König Wilhelm I. (von Württemberg) gedient. Bei einer Besichtigung trat der leutselige König auf den Großvater zu, klopfte ihm auf die Schulter und fragte: „Was ist er von Beruf?" „Bäcker, Majestät!" „Dann kann er ja den Tornister gut tragen, wenn er gewohnt ist, schwere Mehlsäcke zu schleppen."

In Stuttgart hat er – wohl im Bäckerberuf mit 28 bis 30 Jahren – einen Unfall gehabt, bei dem ihn ein Bein überfahren wurde. Im Katharinenspital wurde ihm das Bein kurz unterm Knie amputiert. Danach trug er einen künstlichen Unterschenkel. Dieser war aus Holz in einer Bleifassung, daran ein beweglicher Fuß, der beim Gehen quietschte. Das Bein wurde mit zwei Riemen, die über die Schulter gingen, befestigt. Der Beinstummel mußte mit Wolle und Tüchern gut in den Schaft versenkt werden. Trotzdem bereitete dieses künstliche Bein viele Beschwerden. Wetterumschwünge spürte der Großvater schon im voraus. „Was will der Fuß wieder?" war dann sein Ausspruch, wenn es ihn stark schmerzte.

Durch diesen Unfall war er genötigt, seinen Beruf aufzugeben. Er war dann bei zwei oder drei Landärzten, die mit dem Wagen ihren Beruf machten, Kutscher. Auch war er später eine Zeitlang Straßenwärter, wobei er die Arbeiten zu beaufsichtigen hatte. In den letzten Jahren war er Orgeltreter in der Kirche zu Waldenbuch.

Übersiedlung nach Stuttgart

An meinem 9. Geburtstag, dem 28. Januar 1878, starb die Großmutter. An diesem Morgen kam ich, recht mit verweinten Augen, zu spät zur Schule. Der Lehrer wußte schon um den Trauerfall. Er sagte zu mir: „Gell, Fritzle, die Ahne isch gschtorbe. Komm setz di no!" und war sehr rücksichtsvoll.

Im Frühjahr, vielleicht im April (lt. Kirchenbucheintrag am 10.02.1878), nach Verkauf der Äcker und einzelner Möbelstücke und nach Regelung der sonstigen Sachen, fuhren Großvater, meine damals 12jährige Tante Marie und ich nach Stuttgart. Wie groß lag die Stadt vor uns, als wir mit dem Fuhrwerk die Weinsteige (Beginn der Chaussee nach Waldenbuch/ Tübingen) herunter kamen. Unsere neue Wohnung war in der Lerchen- straße kurz vor der Seidenstraße, wohl Nr. 18. Wir zogen zu meiner Mutter und meinem neuen Vater, meinem Stiefvater Gläser. Nun war ich mit den Eltern und meinen Geschwistern Heinrich, August und Luise zusammen. Die Familie wurde durch unseren Zuzug auf acht Personen und im halben Jahr durch die Geburt des Bruders Gustav auf neun Fa- milienmitglieder erhöht. Die Familie lebte von dem geringen Gehalt des Vaters, der als Feldwächter bei der Stadt beschäftigt war.

Der Großvater bearbeitete in Stuttgart unser Pachtstück auf der Feuerba- cher Heide, so gut er konnte. Trotz seiner Beschwerden machte er dort noch alte Bäume aus, wir Kinder holten in einem Korbwagen das Holz, à la Richter! (Ludwig Richter, 1803-1884, Maler und Zeichner volks- tümlicher Szenen, Illustrator von Märchenbüchern). Auch beaufsichtigte er mehrmals im Herbst einen Garten in der Nähe des Pragfriedhofs. Das war ihm aber schon beschwerlich.

Er überlebte den Tod meines Stiefvaters Gläser, der 1885 im Oktober starb. Als ich in der Fremde war, hat Großvater sich viel nach mir erkundigt. Er hat mich auch einmal besucht, als ich an einer Bildhauerarbeit beschäftigt war, die Christus am Kreuz darstellte. Die Figur stand später, wohl auch jetzt noch (aus Sandstein) an der Leonhardskirche (in Stuttgart). Dieser Besuch wirkte sehr nachhaltig auf ihn. In seinen letzten Fieberphantasien (1899) sprach er noch von dieser Arbeit seines Enkels an der Christusgruppe.

Der Großvater, 1813 geboren, und die fünf Jahre jüngere Großmutter heirateten 1846. So viel sich ermitteln lässt, hatte das Paar drei Töchter, die 1848, 1850 und 1866 zur Welt kamen. Die Großeltern stammten aus über

Jahrhunderte in Waldenbuch ansässigen Familien. Von den insgesamt 26 Vorfahren bis zur dritten Generation der zwischen 1696 und 1730 Geborenen waren alle in Waldenbuch gebürtig und auch dort gestorben, bis auf eine junge Frau, die um 1740 aus einem Dorf vom Rand der Schwäbischen Alb jenseits des Neckars hierher geheiratet hatte.[5] Und nun wurden innerhalb weniger Jahre die alten statischen Verhältnisse aufgebrochen. Der Großvater verließ zweimal in seiner Jugend für einige Jahre und nach dem Tode seiner Frau endgültig Waldenbuch in Richtung Stuttgart, alle drei Töchter zogen seit den 1870er Jahren für immer in die Hauptstadt und auch der Enkel wurde Stuttgarter Einwohner, bevor er auf Arbeitssuche durch Deutschland zog und schließlich in Wetzlar heimisch wurde.

Abb.: Waldenbuch, Blick von Nordosten (Lithografie, um 1865)

Hinter dem Kirchturm der Ostflügel des Schlosses, davor auf der Stadtmauer (von rechts nach links) Schloss-Scheune, niedriges Pfarrwaschhaus und Pfarrhaus. Eines der links folgenden niedrigen Gebäude ist das Kayser'sche Haus mit freiem Blick über die Häuser vor der Mauer und die Aich auf den Friedhof mit der Kapelle (am rechten Bildrand). Zeichnung von H. Bach, Originallithografie 18,5 x 23,3 cm (Heimatmuseum Ludwigsburg, Schefold Nr. 10627)

---

5   Richard Essig (Stadtpfarrer): Ahnentafel der Luise Katharina Kayser, Waldenbuch 1939 (handschriftl. Manuskr., Privatbesitz)

Die Familie Kayser erfuhr nicht allein diese einschneidenden Veränderungen. Im Jahr der Kayser'schen Hochzeit lebten in Waldenbuch 1 868 Einwohner, und die Zahl wuchs im Verlauf von drei Jahrzehnten langsam auf etwa 2 000 bis zum Jahre 1880. Von da an fiel die Bevölkerungszahl bis 1904 drastisch um ein Viertel auf etwa 1 500 ab. Hunderte von Waldenbuchern müssen wie unsere Familie weggezogen sein, vor allem nach Stuttgart. Denn das war genau der Zeitraum, in dem sich die Einwohnerzahl Stuttgarts von etwa 140 000 auf über 300 000 mehr als verdoppelte.[6] Damit war die Familie Kayser von dem deutlich sichtbaren Niedergang ihrer eigenen argrarisch-kleinstädtischen Welt betroffen sowie selbst Teil eines allgemeinen Umbruchs im 19. Jahrhundert, der Binnenwanderung, die in den deutschen Regionen zeitlich unterschiedlich verlief; und beides hatte miteinander zu tun.

Was war das für ein Herkunftsort und welche Umstände führten gerade im letzten Viertel des Jahrhunderts zu dem starken Bevölkerungsverlust? Waldenbuch, heute eine Stadt von etwa 9 000 Einwohnern, Schokoladenliebhabern bekannt durch die quadratische Schokolade und umweltbewussten Putzteufeln durch Produkte aus Neutralseife, liegt 15 km südlich von Stuttgart an dem Flüsschen Aich im „Schönbuch", einem ausgedehnten Waldgebiet und heutigen Naturpark zwischen Böblingen im Norden und Tübingen im Süden. Seit der Mitte des 19. Jahrhunderts war das Städtchen sozusagen im Abstieg begriffen, es hatte schon einmal bessere Zeiten gesehen.

Wegen des wildreichen Reviers im Schönbuch war das herzogliche Schloss in Waldenbuch über Jahrhunderte das bevorzugte Jagdschloss der württembergischen Herrscher. Manche residierten monatelang mit ihren Jagdgesellschaften hier statt in Stuttgart. 1806 veranstaltete der durch Napoleon zum König erhobene Friedrich I. die letzte Hofjagd im Schönbuch.[7] Sein Nachfolger Wilhelm I., der dem Großvater während seiner Militärzeit so „leutselig" begegnete, war einer der süddeutschen Fürsten, die nach 1818 eine Verfassung in ihrem Land in Kraft setzten. Er beschränkte den traditionellen Prunk, verachtete den „Jagdunfug", und so hielt kein Fürst mehr

---

6   Anne Lipp: Erster Weltkrieg und Weimarer Republik, in: Anne Lipp/Andreas Schnauter: Ein Jahrhundert Leben in Waldenbuch, Stuttgart 1996, S. 67.
7   Siegfried Schulz: Einblicke. Skizzen zur Geschichte der Stadt Waldenbuch, Waldenbuch 1996, S. 37-43

Hof in Waldenbuch.[8] Das Jagdschloss diente während der napoleonischen Zeit zur Einquartierung durchmarschierender Truppen, danach als Lazarett und als Magazin des württembergischen Kriegsministeriums. Gebäudeteile wurden als Apotheke, Arztwohnung und später auch als Kindergarten genutzt. Heute beherbergt es das Museum für Volkskultur, eine Außenstelle des Württembergischen Landesmuseums.

Das Ausbleiben des adligen Jagdbetriebs kann man unterschiedlich bewerten. Wahrscheinlich hatten die Einwohner des Städtchens durchaus einigen Nutzen im Umfeld des Schlosses. So war 1582 der erste nachweisbare Vorfahre Weinhardt als „Windmeister" in Waldenbuch sesshaft geworden, als ein für die fürstlichen „Windhunde" (Jagdhunde) verantwortlicher berittener Jägermeister. Und die Handwerker aus der Stadt dürften bei den adligen Herrschaften hier und da eine Verdienstmöglichkeit erhalten haben.[9] Auf der anderen Seite klagten die Waldenbucher immer wieder über zahlreiche unbezahlte Fronarbeiten wie Boten- und Treiberdienste, Fuhrdienste für den Transport des Wildbrets und des Brennholzes zum Schloss sowie die Wild- und Jagdschäden auf den Feldern.[10] Diese Belastungen entfielen nun. Ein monarchisch gesonnener Chronist beklagte nachträglich den Verlust des Abglanzes der fürstlichen Hofhaltung und den Anfang einer gar zu stillen, bedeutungslosen Zeit für das Städtchen.[11]

Für die Lebensverhältnisse in Waldenbuch hatte im 19. Jahrhundert „der verlorene Glanz der Schweizerstraße"[12] entscheidende Auswirkungen. Der Ort besaß ursprünglich eine verkehrsgünstige Lage. Hier kreuzten sich zwei überregional wichtige Straßen, eine West-Ost-Strecke, die von Pforzheim im Nordschwarzwald über Böblingen, durch das Aichtal und über die Schwäbische Alb nach Ulm führte, und die noch bedeutendere Handelsstraße in Nord-Süd-Richtung, die so genannte Schweizerstraße. Jeder, der von Stuttgart in die Schweiz wollte, reiste über Waldenbuch nach Tübingen und von dort aus

---

8   Otto Springer: Geschichte der altwürttembergischen Landstadt Waldenbuch, Stuttgart 1912, S. 139, 150 f.
9   Richard Essig (Stadtpfarrer): Ahnentafel der Luise Katharina Kayser, Waldenbuch 1939 (handschriftl. Manuskr., Privatbesitz), passim.
10 Schulz: Einblicke, S. 40 ff.
11 Springer: Geschichte, S. 92, 150 f.
12 Lipp: Kaiserreich, S. 24.

auf zwei möglichen Wegen zum Rheinübergang in Schaffhausen.[13] Noch eine Reisekarte von 1847, die ein Stuttgarter Onkel dem jungen Bildhauer Friedrich Mayer vermachte, wies diese Strecke als wichtigste Straßenverbindung aus dem Norden über Stuttgart in die Schweiz und über den St. Gotthard-Pass nach Oberitalien aus.[14]

Waldenbuch, auf halber Strecke gelegen, erhielt um 1700 eine Poststation des Hauses Thurn und Taxis sowie ein Postamt der Württembergischen Landespost. Hier befand sich auch die einzige Umspannstation zwischen Stuttgart und Tübingen mit zeitweilig über 30 Umspannpferden. Selbst von wichtigen Handelsstraßen dürfen wir uns bis in die frühe Neuzeit kein falsches Bild machen. Sie ähnelten festen Feldwegen und waren allenfalls an feuchten Stellen und Gefällstrecken gestückt. Die Schweizerstraße war eine der ersten Württembergischen Straßen, die seit 1780 als Chaussee mit Pflastersteinen befestigt und in der damals üblichen Weise möglichst gradlinig durch das Gelände geführt wurden. Dies ergab in der bergigen Schönbuchregion gefährliche Steigungen von bis zu 16 %, brachte aber durch den hier nötigen Vorspann, ein zusätzliches örtliches Pferdegespann, einigen Pferdebesitzern in Waldenbuch ein regelmäßiges Einkommen.

Bis in die Mitte des 19. Jahrhunderts verkehrten neben den behäbigen Handelswagen täglich Eilwagenkurse von Stuttgart über Tübingen und Hechingen bzw. Donaueschingen und Stockach nach Schaffhausen hin und zurück mit Umspann in Waldenbuch. Der Ort verzeichnete stolz Reisende, die sich hier zur Zwischenstation oder Übernachtung aufhielten, wie Schiller, Goethe, Lavater, Casanova, Zinzendorf, Hegel und der dänische Bildhauer Thorwaldsen. Zu Fuß zogen Handwerksburschen, hausierende Händler, Arbeit suchende Knechte und Mägde, Spielleute und fahrendes Volk durch Waldenbuch. Dazu kamen die gewöhnlichen Postwagen und der regionale Gütertransport von Holz, Steinen, Produkten der lokalen Heimindustrie, Herden von Schlachtvieh in den Stuttgarter Raum sowie in entgegengesetzter Richtung landwirtschaftliche Produkte der Fildergegend, vor allem das

---

13 Zu den Straßenverhältnissen insgesamt ebenda, S. 24 ff.; Springer: Geschichte S. 37, 92, 162; Schulz: Einblicke, S. 44-49
14 R. A. Schulz's neue praktische Reise=Karte mit Angabe der Distanzen, Wien 1847 (Privatbesitz).

Filderkraut (Weißkohl), nach Tübingen und ins obere Neckartal. Es herrschte Betrieb auf der Schweizerstraße.

Wegen der zahlreichen Professoren und Studenten sowie der Dichter Ludwig Uhland, Justinus Kerner, Wilhelm Hauff und Karl Mayer aus der so genannten „Schwäbischen Schule",[15] die zwischen Stuttgart und Tübingen auf dem Weg waren, ist diese Strecke gelegentlich sogar als „Kulturachse" Württembergs bezeichnet worden.[16] Auf jeden Fall war die Schweizerstraße lange Zeit eine Art Lebensader für das Städtchen. Die Versorgung der Umspannpferde, die Belieferung der zahlreichen Gasthöfe für die Durchreisenden, die anfallenden Reparaturen von Pferdegeschirr, Wagen, Gebäuden und Straße waren relativ sichere Einnahmequellen der Ortsansässigen. Zu ihnen gehörten auch die Fuhrleute sowie die Weber, Schneider und Schuhmacher, die Seiler, Wagner und Küfer, die Ziegler, Maurer, Schmiede und Schreiner, die Metzger, Bäcker und Bader aus den neun Generationen der belegten Familienvorfahren seit dem 16. Jahrhundert.[17]

1845 wurden das Postamt und die Posthalterei in Waldenbuch aufgehoben. Noch behielt die Handelsstraße ihre überregionale Bedeutung, aber die Aufhebung war ein empfindlicher Schlag für die lokalen Erwerbsmöglichkeiten. Das Schönbuchgebiet geriet im Gefolge der Industriellen Revolution zugunsten von Städten mit zunehmender Industrieansiedlung wie Stuttgart, Cannstatt und Esslingen ins Abseits. Mit der Eisenbahnstrecke durchs Neckartal wurde 1861 eine konkurrenzlos schnelle und bequeme Verbindung zwischen Stuttgart und Tübingen hergestellt und seit 1870 mit der Weiterführung dieser Strecke über Horb und Rottweil bis Schaffhausen auch eine Alternative für den Fernverkehr bis in die Schweiz. 1880 kam endgültig das Aus für die Postverbindung durch den Schönbuch, und wie die anderen alten Stationen verlor auch Waldenbuch seine vordem zentrale verkehrsgeografische Bedeutung.

Der Enkel schildert bescheidene bis ärmliche soziale Verhältnisse. Er gibt damit aber nicht nur individuelle Hinweise auf das Leben der Familie eines Invaliden, der zu harten körperlichen Feld- oder Werkstattarbeiten nicht mehr

---

15 Schulz: Einblicke, S. 46 ff.
16 Ebd., S. 44.
17 Essig: Ahnentafel, passim.

imstande ist. Letztlich beschreibt er Merkmale einer insgesamt prekären lokalen Lage. Wegzug der Hofhaltung, Verlegung der Posthalterei, Verödung der Schweizerstraße und Sog der Industriestädte am Neckar betrafen einen Ort, der sozusagen von Natur aus benachteiligt oder – wie Geografen es sagen – in einer Ungunstlage angesiedelt war.

Der wenig fruchtbare Juraboden brachte geringen landwirtschaftlichen Ertrag. Für eine amtliche Landesaufnahme von 1783 vermerkte der Waldenbucher Schultheiß sarkastisch: „Das Erdreich ist rau, kalt und leimenartig (lehmig), erträgt Dinkel, Rocken (Roggen), Haber (Hafer), Gersten, Flax, Hanf und Hülsenfrüchte, welch letztere aber nur für das Vieh zu gebrauchen, weilen solche durch das Kochen nicht zu erweichen."[18] Noch bis Ende des 19. Jahrhunderts wurde in 90 % der Waldenbucher Haushalte in irgendeiner Form Landwirtschaft betrieben, wenn auch überwiegend als Nebenerwerb auf Flächen von wenig mehr als einem Hektar.[19] Wie die Liste der Vorfahren belegt,[20] versuchten die Einwohner seit langem, durch zusätzliche Handwerksarbeit oder Handelstätigkeit ihr Auskommen zu verbessern. Dabei war der Bedarf in der eigenen Stadt nicht groß. Auswärtige Aufträge für die handwerkliche Hausindustrie, vor allem aus dem Raum Stuttgart und den Garnisonen Stuttgart und Ludwigsburg, mochten die Strukturschwächen wohl etwas ausgleichen. Aber angesichts der unsicheren Verhältnisse, so zeigt der Bericht über die Kindheit, konnte andererseits nur das Bearbeiten eines Stücks Acker- oder Gartenland den Lebensunterhalt einigermaßen gewährleisten. Bei den meisten Familien konnte wohl nur die Kombination von Landwirtschaft und handwerklicher Tätigkeit den Unterhalt sichern.

Diese Art der Landwirtschaft war nicht marktorientiert, sondern wurde als Subsistenzwirtschaft betrieben. Ihre Erträge sicherten die knappe Selbstversorgung der Familie, es herrschte aber offensichtlich nicht mehr die Gefahr der Unterernährung. Noch 1846/47, während der Notjahre infolge der Kartoffelkrankheit, war im Backhaus eine „Suppenanstalt" eingerichtet worden, in der die Stadtarmen an der Hungergrenze Brot und Suppe erhielten.[21] Die

---

18 Zit. nach Springer: Geschichte, S. 120.
19 Lipp: Kaiserreich, S. 37.
20 Vgl. oben Anm. 17.
21 Springer: Geschichte, S. 162.

Passage über das „tägliche Brot"[22] macht deutlich: Es kam auf den Tisch, was auf dem eigenen Feld und im Garten wuchs. Grundnahrungsmittel waren Kartoffeln, Hülsenfrüchte, Brot und andere Getreideprodukte.[23] Obst vom eigenen Grundstück, für den Winter als Trockenobstschnitze haltbar gemacht, war für die unteren Schichten auch Ersatz des immer noch teuren Zuckers. Milch, in unserem Falle von der eigenen Ziege, der „Kuh der armen Leute", war als joghurtartig fest gewordene saure Milch eine wesentliche, oft einzige Ergänzung zu Pell- oder Bratkartoffeln. Auf anderen Seiten seines Berichts erwähnt Friedrich Mayer Hühner und damit die Möglichkeit zum Eierverbrauch, aber von Fleisch ist nicht die Rede, der Fleischkonsum gerade in den unteren ländlichen Schichten war immer noch sehr niedrig.

Dass es in Waldenbuch damals nicht üblich war, Backwaren in einer Bäckerei zu kaufen, belegt der Neubau eines Gemeindegebäudes 1847, in dem öffentliches Waschhaus, Backhaus und ein zusätzlicher Schulraum untergebracht waren.[24] Wenn der Schreiber die Dreifelderwirtschaft nicht mit der diese ablösende Fruchtwechselwirtschaft verwechselt hat, so berichtet er von einem archaischen landwirtschaftlichen Anbausystem.

Archaisch waren auch die Wohnverhältnisse in dem Haus auf der Stadtmauer. Der Ehrn (auch Ern oder Eren) genannte Hausflur reichte bis unters Dach und trennte die beiden Haushälften. Nicht nur die von beiden Familien genutzten Herdstellen, auch die Funktion der Wohnräume macht deutlich, dass es kaum eine Sphäre des Privaten gab. Das Schlafzimmer wurde von Großeltern und Kindern (Tochter und fast gleichaltriger Enkel) gemeinsam benutzt, so beobachtete man auch das Anlegen der Beinprothese des Großvaters. Erst in älteren Jahren erhielten die Kinder ihre oben liegenden, wahrscheinlich nicht heizbaren Schlafkammern. Das Gebäude dürfte in seinem Kern aus dem 16. Jahrhundert gestammt haben. Die besondere Konstruktion war offensichtlich nicht nur auf den knappen Baugrund der Bürgerstadt innerhalb des lediglich 650 m langen Mauerrings zurückzuführen, sondern auf eine listige Konzeption der Stadtbürger gegenüber der herrschaftlichen

22 Vgl. oben, S. 59.
23 Vgl. zur Ernährung insgesamt Thomas Nipperdey: Deutsche Geschichte 1866-1918, Bd. I, Arbeitswelt und Bürgergeist, 2. Aufl., München 1991, S. 125 ff.
24 Springer: Geschichte, S. 162.

Verwaltung. Für 1549 ist eine Auseinandersetzung des herzoglichen Vogts mit Bürgern belegt, die „inner Etters" Häuser für zwei Familien bauten. Der Grund: die Einwohner innerhalb der Mauer hatten erheblich größere Waldnutzungsrechte als die außerhalb Wohnenden.[25]

Zweimal zog Johann Jakob Kayser nach Stuttgart, einmal als Jugendlicher, wohl voller Hoffnung, dort ein auskömmliches Leben oder gar sein Glück zu finden, ein halbes Jahrhundert später noch einmal, jetzt in der Erwartung, im Alter wenigstens versorgt zu sein. Bei seinem ersten Aufbruch wanderte er aus den engen Verhältnissen zu Fuß auf der belebten Schweizerstraße erwartungsfroh in eine berufliche Zukunft, beim zweiten Abschied saß er zwar auf einem Fuhrwerk, das wahrscheinlich das Pferd des Vetters Max zog, aber als verwitweter Invalide mit dem Rest seiner Habe hatte er nun eine beschwerliche Zeit vor sich, war doch ein arbeitsfreies Alter damals unbekannt.

Mit dem Bäckerhandwerk hatte er eine ganz andere Richtung eingeschlagen als sein Vater, seine Großväter und Urgroßväter, die allesamt der kleinen Heimindustrie zuzurechnen waren: drei Leineweber, zwei Schneider, ein Schuhmacher. Es ist nicht bekannt, wo er ab 1827 sein Handwerk lernte, aber es war ein Beruf, mit dem er, wie wir schon sahen, in Waldenbuch nichts anfangen, jedoch draußen ein gutes Auskommen erwarten konnte. Seit etwa 1820 fanden zunehmend Waldenbucher als Maurer, Steinmetze und Zimmerleute Arbeit in Stuttgart. In der Hauptstadt des territorial erheblich erweiterten Königreichs Württemberg wurden zahlreiche neue öffentliche Bauten, Werkstätten, Fabriken und ganze Straßenzüge mit Mietshäusern für die wachsende Bevölkerung außerhalb der alten Zollmauer gebaut.[26] Unter diesen Umständen gab es für einen Bäcker sichere Berufsaussichten. Es ist anzunehmen, dass Johann Jakob Kayser damals dauerhaft in Stuttgart lebte, da ja die besonderen Arbeitszeiten seines Handwerks allenfalls gelegentliche Besuche zu Hause von Samstag auf Sonntag ermöglichten.

Arbeitsunfall, Amputation, Invalidität um das Jahr 1842 im besten Alter. Bei allem Unheil, das dies mit sich brachte, kann man vielleicht noch von Glück sagen, dass der Unfall in Stuttgart passierte. Die medizinische

---

25 Ebd., S. 23.
26 Wilhelm Seytter: Unser Stuttgart. Geschichte, Sage und Kultur unserer Stadt und ihrer Umgebung, Stuttgart 1903, S. 628, 638 f.

Versorgung erfolgte im Katharinenhospital, damals Stuttgarts neuestem Krankenhaus, das in Erinnerung an die Königin Katharina gestiftet worden war, Zarentochter und Schwester Alexanders I., die gerade im sozialen Bereich wichtige Impulse gegeben hatte und 1819 schon zwei Jahre nach ihrer Heirat mit König Wilhelm I. gestorben war.[27] Man kann nur mutmaßen, wie es einem Unfallopfer erging, wenn der Weg ins nächste Krankenhaus schon eine Tagesreise betrug.

In diesen Jahren weit vor der Einrichtung des Sozialversicherungssystems der Ära Bismarck gab es für den Arbeitsinvaliden keine Versicherung, seine Unterstützung wurde Angelegenheit der kommunalen Armenfürsorge. Und hier kommt der Geburtsort als Heimatgemeinde ins Spiel. Bis ins Jahr 1873 galt in Württemberg bei der Sorge für Bedürftige das Heimatprinzip. Nicht die Wohngemeinde war verpflichtet, in Notfällen für das Existenzminimum zu sorgen, sondern der Geburtsort, an dem der Betroffene sich unter Umständen schon seit Jahren nicht mehr aufhielt.[28] Deshalb also die Rückkehr nach Waldenbuch. Dabei hatte die Stadt nur ein geringes Angebot an Nebentätigkeiten, die zur Unterstützung dienen konnten. Hierzu gehörten wohl auch die Kutscherdienste für die Ärzte, die einen Teil ihres Einkommens als Gehalt von der Stadt erhielten. Zwischen 1841 und 1844 wurde die alte West-Ost-Verbindung als Kreisstraße von Böblingen über Waldenbuch durch das Aichtal bis an den Neckar ausgebaut, und es könnte diese Straße gewesen sein, an der ihn die Gemeinde als Aufseher beschäftigte.[29] Sehr gering muss das letzte Zubrot als Blasebalgtreter der Orgel in Waldenbuch gewesen sein. Deshalb war es ein weiterer Glücksfall, dass die Großeltern etwas Acker- und Gartenland geerbt hatten. Von Kaysers früherem Bäckerberuf war längst nicht mehr die Rede. 1878 wurde er bei seinem Weggang im Kirchenbuch als „Orgeltreter" eingetragen.

Und danach kommt die zweite Variante der Unterstützung zum Tragen. Für den 65-Jährigen mit Tochter und Enkel im Kindesalter gab es nach dem

---

27 Ebd., S. 573 ff.
28 Arnold Weller: Sozialgeschichte Süddeutschlands, unter besonderer Berück-
    sichtigung der sozialen und karitativen Arbeit vom späten Mittelalter bis zur
    Gegenwart, Stuttgart 1979, S. 193 f.; Nipperdey: Geschichte, S. 355 f.
29 Springer: Geschichte, S. 160 ff.

Tode seiner Frau keine Existenzmöglichkeit mehr in Waldenbuch. Für 21 Jahre fand er jetzt noch Aufnahme im Familienverband der ältesten Tochter, die in einem der neuen Viertel weit vor dem ehemaligen Mauerring Stuttgarts wohnte. Die Stadt wuchs in diesen Jahren auf das Doppelte der Einwohnerzahl an und dehnte sich im ganzen Talkessel bis an die umgebenden Hänge mit ihren Gärten und Weinbergen aus.[30] Der Großvater bearbeitete, so gut er noch konnte, für die Familie ein Stück Pachtland auf einer der nördlichen Höhen und trug durch Wachdienste etwas zum Familienunterhalt bei.

Friedrich Mayer erinnert sich in seinem Bericht an seine ersten kindlichen Gestaltungsversuche im Umkreis des großelterlichen Hauses. Wie er an anderer Stelle schreibt, erfuhr er in der Waldenbucher „Kinderschule", also im Kindergarten, seinen „ersten Ansporn zum Formen und Gestalten". Über die spätere Tätigkeit als Bildhauer blieben Enkel und Großvater bis in dessen Fieberträume vor dem Tod eng miteinander verbunden. Das Kayser'sche Haus lag an einer Straße, die nach Johann Heinrich Dannecker (1758-1841), einem der bekanntesten deutschen Bildhauer des Klassizismus, benannt war. Dannecker, Kind eines am Stuttgarter Hof beschäftigten Stallknechts, hatte offensichtlich einen Teil seiner Kindheit in dieser Straße im Haus seines Großvaters verbracht, der in einer für den Ort typischen Kombination zugleich Bauer und herzoglicher Stallknecht bzw. Vorreiter im Waldenbucher Jagdschloss gewesen war.[31] Der Bildhauer, den seit der gemeinsamen Schulzeit auf der berühmten und berüchtigten Karlsschule des Herzogs Carl Eugen eine lebenslange Freundschaft mit dem fast gleichaltrigen Friedrich Schiller verband, wurde schon in jungen Jahren zum Hofbildhauer ernannt.[32] Er war Gründungsdirektor und von 1829 bis 1838 Leiter der Kunstschule, die später ab 1886 Friedrich Mayer besuchen sollte. Zu den Hauptwerken Danneckers gehörten neben Ariadne auf dem Panther (1814) und vier Evangelisten-Statuen in der Grabkapelle der Königin Katharina (1820/21) zwei Schillerbüsten (1793 und 1805). Diese idealisierenden Darstellungen bestimmten neben

---

30 Seytter: Stuttgart, S. 710 ff.
31 Schulz: Einblicke, S. 50 ff.
32 Vgl. Christian von Holst: Johann Heinrich Dannecker. Der Bildhauer, Stuttgart
     1987; ders.: Schwäbischer Klassizismus zwischen Ideal und Wirklichkeit
     1760-1830, Stuttgart 1993.

Thorwaldsens Stuttgarter Denkmal von 1839 weitgehend das Bild Schillers in der öffentlichen Vorstellung während des 19. Jahrhunderts. Lebenslang blieb Dannecker das Vorbild für die künstlerische Arbeit Friedrich Mayers. So orientierte er sich während seiner Studienzeit in der überlebensgroßen Kohlezeichnung eines Schillerporträts an Danneckers Vorgaben und erstellte in den 20er Jahren des 20. Jahrhunderts ein Stuckrelief Johann Caspar Lavaters nach einer Porträtbüste Danneckers.[33]

Und was war mit der Person, die in der erzählten Familiengeschichte nicht vorkommt? Der Vater des Enkels war Johann Christian Mayer, selbst 1849 unehelich in Heslach, einem Stuttgarter Vorort, geboren und hatte nicht das Glück wie später sein Sohn, bei Großeltern aufzuwachsen. Er wurde in Vormundschaft gegeben und als Schreiner ausgebildet. Zur Zeit seiner Liebschaft mit der 20-jährigen Luise Katharina Kayser war er gerade einmal 19 Jahre alt. Er erkannte Jakob Friedrich als seinen Sohn an, weshalb dieser bei der Taufe auch seinen Familiennamen erhielt, hatte aber fortan keinen Kontakt mehr zu dem Kind und seiner Mutter. Weder von den Großeltern noch von der Mutter erfuhr der Junge je, wer sein Vater war, obwohl die Daten im Waldenbucher Taufregister standen.

Der Zufall wollte es, dass dieser Johann Christian im Jahre 1872 fast am gleichen Tag, an dem Luise Kayser, die Mutter seines Sohnes, in Waldenbuch mit dem Feldwächter Heinrich Gläser aus Stuttgart getraut wurde, selbst in Münster bei Stuttgart eine 25-Jährige heiratete, die ihrerseits eine zweijährige uneheliche Tochter mit in die Ehe brachte. Mayer gab seinen ungeliebten Schreinerberuf auf und machte sich in der neuen Galvanotechnik zur Verbesserung von grafischem Druckverfahren kundig. Er wurde einer der ersten Vertreter des neuen Berufs des Chemiegraphen und erhielt in der damals führenden Reproduktionsanstalt von Georg Meisenbach in München ein eigenes Atelier. Dort experimentierte er zur Weiterentwicklung von Reproduktionstechniken durch Ausprobieren („Pröbeln"), was ihm in Fachkreisen die Bezeichnung Pröblesmayer eintrug. Meisenbach gilt als der Erfinder der Autotypie, eines Verfahrens, das es erstmals ermöglichte, Fotografien in einen Text auf der Buchdruckerpresse zu drucken. Bilder werden mittels eines

---

33 Tonn: Friedrich Mayer, S. 359.

Rasters in feine Punkte zerlegt und auf fotografischem und chemischem Wege auf Zinkplatten übertragen und eingeätzt. Meisenbach und Josef Ritter von Schmädel verwerteten erfolgreich dieses schnelle und preiswerte Druckverfahren für die nun mögliche Massenproduktion von Fotos in Büchern und Zeitungen.[34] Die Familientradition berichtet, eigentlich habe Johann Christian Mayer diese innovative Technik zur Herstellung von Klischees bei Meisenbach weitgehend entwickelt, wenn nicht sogar erfunden.

Den ideenreichen, aber inkonsequenten und unsteten Mann hielt es auf die Dauer nicht im Betrieb. Von München aus, wo seine kinderreiche Familie verblieb, zog es ihn immer wieder fort zur Verbreitung der damals aufblühenden Reproduktionstechnik nach Nürnberg, Berlin, Leipzig, in die Schweiz, nach Holland, Frankreich, England, Finnland, Griechenland und Rumänien. Er hatte kein Glück mit der Einrichtung einer eigenen Reproduktionsanstalt und blieb ohne sichtbaren beruflichen Erfolg. Mittellos starb er 1916. Seiner Familie gegenüber machte er nie auch nur eine Andeutung von einem Sohn aus der Beziehung in jungen Jahren.[35]

Hier kommen nun zeitgeschichtliche Verhältnisse ins Spiel. Mitte der 30er Jahre hatte mein Vater als Lehrer seinen Ahnennachweis zu erbringen. Im Zuge seiner Recherchen in Tauf-, Heirats- und Beerdigungsregistern ermittelte er den natürlichen Vater seines eigenen Vaters und dessen Vorfahren. Für den honorigen und sehr korrekten Bildhauer war es zugleich ein erschütterndes Erlebnis und doch eine späte Sicherheit, mit 65 Jahren die Identität und Lebensgeschichte seines Vaters zu erfahren.

---

34 Brockhaus' Konversationslexikon, Bd. 51, 14. Aufl., Berlin und Wien 1896, S. 198.
35 Ottilie Bauer (Tochter von J. C. Mayer): Brief vom 13.07.1934 an Fritz Mayer (Privatbesitz).

Franz-Josef Brüggemeier

Das Reichsgericht spricht
Der typische Charakter einer Industriegegend

Vorbemerkung

Anfang 1984 wurde ich gebeten, an einem Handbuch zur Geschichte des Ruhrgebiets mitzuarbeiten und einen Beitrag über „Sozialverhalten, Kultur und Alltagsleben im Revier" beizusteuern. Da ich damals gerade meine Studie über Ruhrbergleute zwischen 1889 und 1919 abgeschlossen hatte, lag diese Anfrage nahe, doch ich hatte die Sorge, ich würde lediglich deren Befunde in abgewandelter Form wiederholen und könnte nichts Neues anbieten. In dem Handbuch war allerdings kein Kapitel zur Umweltgeschichte des Ruhrgebietes vorgesehen. Das mutet im Nachhinein erstaunlich an, denn zu diesem Zeitpunkt gab es seit vielen Jahren sehr intensive Debatten über die Umwelt, die „Grünen" saßen im Bundestag, und die Debatte über das Waldsterben, dessen Ursache weitgehend in den Schloten des Ruhrgebiets vermutet wurde, bestimmte die Medien. Damals jedoch haben Historiker – von zaghaften Ansätzen abgesehen – sich für die Umweltgeschichte noch nicht interessiert – auch ich nicht.

Dennoch: das Defizit fiel auf. Ich habe den Herausgebern deshalb dazu einen Beitrag vorgeschlagen, wusste jedoch nicht, ob das überhaupt ging, ob genügend Überlieferungen vorlagen und wann diese einsetzten. Meine Vermutung war, dass nennenswerte Debatten erst nach 1945 stattfanden und der Beitrag sich entsprechend darauf konzentrieren würde. Deshalb haben wir erst einmal vereinbart, die Überlieferung zu sichten und in einem Exposé zu beschreiben, womit sich der Beitrag befassen konnte. Dieses habe ich zusammen mit meinem Kollegen und Freund Thomas Rommelspacher erstellt und dabei festgestellt, dass die Überlieferung überaus umfangreich war und dass seit Beginn der Industrialisierung heftige und zahlreiche Debatten über die Belastungen stattfanden, welche Industriebetriebe verursachten. Als ein Schlüsseldokument erwies sich dabei die hier vorgestellte Quelle, die für mich bis heute nichts von ihrer Faszination eingebüßt hat. Sie beschreibt einen Umgang mit Natur und Umwelt, der heute unverständlich erscheint. Denn hier stellt das Reichsgericht fest, dass in industriellen Gebieten eine Vernichtung der Natur nicht nur üblich, sondern auch gesetzlich erlaubt sei. Darüber wollten wir mehr erfahren und verstehen, wie solche Positionen entstehen konnten. Das Ergebnis war ein Kapitel im Handbuch und eine Monographie zur Geschichte der Umwelt im Ruhrgebiet, die ich zusammen mit Thomas Rommelspacher verfasst habe.[1] Hinzu kamen zahlreiche weitere eigene Beiträge, darunter meine Habilitation zur Luftverschmutzung in Deutschland im 19. Jahrhundert,[2] und die immer wieder kehrende Frage, was sich seit dem Kaiserreich geändert hat und wie wir heute mit der grundsätzlichen Herausforderung umgehen, Industriegesellschaft, Umwelt und Natur auf eine sinnvolle und realistische Weise miteinander zu verbinden.

1. Die Vorgeschichte

Am 6. Oktober 1915, mehr als ein Jahr nach Ausbruch des Ersten Weltkrieges, verkündete das Reichsgericht ein Urteil, bei dem es um Schadensersatz für geschädigte Obstbäume ging. Normalerweise hatte dieses höchste deutsche Gericht wichtigere Fälle zu beurteilen als Schädigungen an Obstbäumen. Doch in diesem Fall ging es nicht bloß um Obstbäume oder einige verfaulte Früchte. Das Urteil befasste sich vielmehr mit einem Konflikt, der alle Instanzen durchlaufen hatte und bei dem es um das grundsätzliche Verhältnis von Industrie und Natur ging.

Zu diesem Zeitpunkt gehörte Deutschland mit Großbritannien und den USA zu den führenden Industrieländern, weite Teile des Landes waren von der Industrie dominiert, darunter vor allem das Ruhrgebiet. Hier hat sich die Industrialisierung ab den 1830er Jahren ausgebreitet, rückte allmählich vom südlichen Ruhrtal nach Norden vor und schuf den wichtigsten wirtschaftlichen

---

1   F.J. Brüggemeier/Th. Rommelspacher. Geschichte der Umwelt im Ruhrgebiet im 19. und 20. Jh., in: D. Petzina u. a. (Hrsg.): Handbuch zur Geschichte des Ruhrgebiets, Düsseldorf 1990, S. 510-59; dies.: Blauer Himmel über der Ruhr. Geschichte der Umwelt im Ruhrgebiet 1840-1990, Essen 1992.
2   F.J. Brüggemeier: Das unendliche Meer der Lüfte. Luftverschmutzung, Industrialisierung und Risikodebatten im 19. Jahrhundert, Essen 1996.

Ballungsraum Europas. Dessen Bedeutung beruhte auf Kohle und Stahl, zwei Industriezweige, die große Umweltbelastungen verursachten, und zwar für Wasser, Boden und Luft. Diese Belastungen haben von Beginn an zu Konflikten geführt, doch Deutschland war ein wenig entwickeltes Land und das Ruhrgebiet eine arme, wenig besiedelte Region, die keine Perspektiven bot, so dass die Industrialisierung große Hoffnungen weckte und diese weitgehend auch erfüllte. So riefen die Umweltbelastungen nur wenig Protest hervor, zumal sie anfangs gering ausfielen und erst allmählich zunahmen. Hinzu kam, dass es sich dabei um ein neuartiges Phänomen handelte, dessen langfristige Folgen nicht bekannt waren. Und schließlich wurde allgemein angenommen, die Belastungen ließen sich auf das Ruhrgebiet und andere industrielle Ballungsräume konzentrieren, während andere Teile Deutschlands davon verschont werden konnten.[3]

Allerdings nahmen in den 1890er Jahren das Tempo der wirtschaftlichen Expansion und mit ihr die Umweltschäden rasch zu. Die Betriebe, die sich anfangs kulant verhielten und Entschädigungen zahlten, sahen dazu immer weniger die Notwendigkeit. Für sie hatte sich der Charakter des Ruhrgebiets seit den 1830er Jahren grundlegend verändert. Aus einer rückständigen, weitgehend menschenleeren agrarischen Region war die größte Industrielandschaft Europas geworden, in der erhebliche Belastungen nun einmal an der Tagesordnung waren. Im Einzelfall konnten diese bedauerlich sein. Doch grundsätzlich handele es sich dabei um eine unvermeidliche Folge industrieller Produktion, für die deshalb keine Entschädigung zu zahlen sei. An die Stelle der früheren Kulanz trat also die Konfrontation mit den Geschädigten, die diese neue Argumentation nicht akzeptierten, sondern vor Gericht ihre Ansprüche durchsetzen wollten. So kam es zu zahlreichen Verfahren, von denen einige alle Instanzen durchliefen, denn jenseits des konkreten Falles ging es um die erwähnte grundsätzliche Frage, wie Industrie und Natur nebeneinander bestehen sollten.

---

3 Brüggemeier/Rommelspacher: Blauer Himmel; J. Büschenfeld: Flüsse und Kloaken. Umweltfragen im Zeitalter der Industrialisierung (1870-1918), Stuttgart 1997; U. Gilhaus, „Schmerzenskinder der Industrie". Umweltverschmutzung, Umweltpolitik und sozialer Protest im Industriezeitalter in Westfalen 1845-1914, Paderborn 1995; F. Uekötter: Von der Rauchplage zur ökologischen Revolution. Eine Geschichte der Luftverschmutzung in Deutschland und den USA 1880 – 1970, Essen 2003.

Streng genommen ging es nicht um die Natur selbst. Diese ist fraglos ein Akteur, der auf menschliche Eingriffe reagiert und nach eigenen Gesetzen handelt. Doch die Natur kann nicht ihre Interessen vertreten, über ihre Situation Auskunft geben oder gar vor Gericht klagen. Heute wird deshalb für Verbände des Natur- und Umweltschutzes das Recht gefordert, im Namen der Natur klagen zu können. Davon sind wir noch weit entfernt, und damals war davon keine Rede. Klagen konnten nur diejenigen, deren Eigentum geschädigt wurde, wenn etwa Umweltbelastungen den Wert ihrer Grundstücke reduzierten, Mieter vertrieben, die Ernteerträge minderten oder eben Obstbäume eingehen ließen.

Über einen derartigen Fall entschied das Reichsgericht im anfangs genannten Urteil. Geklagt hatte ein Grundbesitzer aus Holsterhausen, ein Stadtteil von Essen, dessen Obstbäume eingegangen waren. Dafür machte er eine benachbarte Kokerei verantwortlich und verlangte Schadensersatz. Das klang plausibel, denn Kokereien setzten besonders viele und besonders schädliche Gasmengen frei, die immer wieder zu Beschwerden führten. Die Beweisführung war deshalb recht einfach, doch das Verfahren zog sich hin. Denn im Gegensatz zu den anderen Prozessen ging es in diesem Fall nicht darum, den Schuldigen zu ermitteln. Dieser stand mit der Kokerei eindeutig fest. Zu klären war vielmehr, ob es einen Verstoß gegen das Gesetz bedeutete, wenn deren Gase Obstbäume absterben ließen. Dazu schilderte das Gericht in seinem Urteil zuerst den Sachverhalt und begründete dann ausführlich, warum die Kokerei nicht gegen das Gesetz verstieß und warum der Baumbesitzer kein Recht darauf hatte, Schadensersatz zu bekommen.

2. Die Quelle

„Um die Besitzung des Klägers liegen in einer Entfernung von 1 bis 3 Kilometer außer der Kokerei der Beklagten noch 6 andere Kokereien, von denen eine jede 100 bis 120 Öfen hat. Die Beklagte hatte früher 120 Öfen und sie hat deren Zahl im Jahre 1904 um 60 Öfen vermehrt. Der Kläger sieht in der letzteren Tatsache die Ursache der Beeinträchtigungen. [...]

Unter der Feststellung, daß die Gegend, in der die Besitzung des Klägers liegt, den ‚typischen Charakter einer Industriegegend' trägt, und daß sich dort, und zwar schon seit 1904, insbesondere Kokereibetriebe in größerer Zahl und sehr großem Umfange befinden, wird unter Hinweis auf das Ergebnis der richterlichen Augenscheinseinnahme ausgeführt, die ganze Gegend zeige weit und breit dasselbe Bild. Überall sehe man kranke und tote Obstbäume, und soweit diese vereinzelt noch gesund seien, tragen sie mit ganz verschwindenden Ausnahmen keine Früchte mehr. Damit wird deutlich zum Ausdruck gebracht, daß in der näheren und weiteren Umgebung der Grundstücke des Klägers in Folge der von den Kokereien ausgehenden Einwirkungen kein Obstbau möglich ist, daß solcher dort auch nicht mehr betrieben wird und daß sich hiermit die Bevölkerung in ihrer Allgemeinheit abgefunden hat. Die Beklagte hat, wie die Sachverständigen bekunden und das Berufungsgericht feststellt, ‚nichts getan, was nicht in der dortigen Gegend üblich wäre'. Allerdings hat die Beklagte im Jahre 1904 ihre Koksanlagen um 60 Öfen erweitert, so daß seitdem ihre Anlagen an Größe die der anderen Zechen übertreffen. Allein war das Gebiet in dem festgestellten Umfange bereits ein Kokereigebiet, so konnte ohne Rechtsirrtum angenommen werden, daß die Verhältnisse dadurch, daß zu den vorhandenen 700 Öfen oder mehr noch weitere 60 Öfen hinzugetreten sind, keine irgendwie wesentliche Veränderung erlitten haben. Die Obstbäume des Klägers würden, wie ausdrücklich festgestellt ist, auch ohne die Erweiterung der Anlage eingegangen sein."[4]

3. Die Begründung

Mit dem Urteil gaben sich die Richter große Mühe. Sie fuhren offensichtlich selbst nach Holsterhausen, betrachteten die Gegend genau und kamen zu einem eindeutigen Ergebnis: In industriellen Gegenden wie dem Ruhrgebiet seien Umweltbelastungen so verbreitet und so üblich geworden, dass die daraus resultierenden Schäden zu akzeptieren seien und nach Meinung des Gerichts auch allgemein akzeptiert wurden. Überall sehe man kranke und tote Bäume, und falls diese vereinzelt noch gesund seien, würden sie keine Früchte mehr tragen. Obstbau sei nicht mehr möglich. Er werde auch gar nicht mehr betrieben, und die Bevölkerung habe sich damit abgefunden, zumindest in „ihrer Allgemeinheit". Einzelne mochten protestieren, doch ein Recht auf Entschädigung hatten sie nicht.

---

4 Bundesarchiv, Abteilungen Potsdam: Urteilssammlung der Zivilsenate, Jahrgang 1915, Bl. 7-8.

Inhaltlich fielen die Begründungen eindeutig aus, doch sie erforderten eine juristische Basis. Diese bot der einschlägige § 906 des BGB, demzufolge der Eigentümer eines Grundstücks die Zufuhr „von Gasen, Dämpfen, Gerüchen, Rauch, Ruß, Wärme, Geräusch, Erschütterungen" und vergleichbaren Einwirkungen akzeptieren musste, wenn diese a) die Nutzung seines Grundstücks nur unwesentlich beeinträchtigten und/oder b) „nach den örtlichen Verhältnissen bei Grundstücken dieser Art gewöhnlich" waren.[5] Von einer unwesentlichen Beeinträchtigung konnte im vorliegenden Fall keine Rede sein, denn die Bäume starben ab. Entscheidend für das Urteil war deshalb die Frage, ob die die anfallenden Gase „nach den örtlichen Verhältnissen ... gewöhnlich" bzw. üblich waren. Das war nach Meinung des Gerichts der Fall. Um zu dieser Auffassung zu gelangen, nahmen die Richter einen Ortstermin vor, fanden Holsterhausen von Kokereien überzogen und stellten fest, dass der angeklagte Betrieb sich genauso verhielt, wie es „in der dortigen Gegend üblich" war. Insbesondere die zusätzlichen Öfen, die zum konkreten Verfahren geführt hatten, hätten keinen Unterschied gemacht. Die Obstbäume seien „wie ausdrücklich festgestellt ist, auch ohne die Erweiterung der Anlage eingegangen".

4. Frühere Urteile

Dieses Urteil und seine Begründung erscheinen heute schwer verständlich, zeigen jedoch, wie schwer es damals Behörden, Gerichten und den Gesetzgebern fiel, mit den neuartigen durch industrielle Emissionen verursachten Schäden umzugehen. Dazu gab es zahlreiche Anläufe, Vorschläge, Gesetze und immer wieder Urteile, die den jeweiligen Stand widerspiegeln. Eines davon war eine Entscheidung des preußischen Obertribunals, so der damalige Name des höchsten Gerichts, aus dem Jahr 1848. Hierbei ging es um eine Chemiefabrik, deren Dämpfe auf dem Nachbargrundstück „alles vegetabilische Leben zerstört haben sollten." Die Tatsache, dass eine Schädigung vorlag und dass die beklagte Fabrik diese verursacht hatte, war unstrittig. Dennoch wurde die Klage abgelehnt, da die Richter sich auf einen sehr eng gefassten Schuldbegriff stützten. Allein die

---

5   Bürgerliches Gesetzbuch für das Deutsche Reich, vom 18. August 1896, Leipzig 1896.

Tatsache, dass „menschliche Willkür zu dem schädlichen Ereignisse mittelbar oder vorbereitend Anlass gegeben habe, sei zur Begründung einer Obligation auf Schadensersatz noch nicht hinreichend". Es müsse vielmehr nachgewiesen werden, dass der Verursacher den Schaden bewusst herbeigeführt habe, nur dann könne von unrechtmäßigem Handeln und einer Verpflichtung zum Schadensersatz gesprochen werden. Davon jedoch könne im vorliegenden Falle keine Rede sein. Die Fabrik des Beklagten sei vielmehr polizeilich genehmigt worden, und ihr Besitzer habe lediglich „einen erlaubten und rechtmäßigen Gebrauch von seinem Eigenthume" gemacht.[6] Die Schädigungen seien nicht beabsichtigt gewesen und deshalb nicht ersatzpflichtig.

Dieses Urteil war problematisch. Auf der einen Seite erlaubte es eine nahezu ungehinderte Nutzung des Eigentums und Entfaltung privater Initiative, die für die wirtschaftliche Entwicklung so dringend benötigt wurden. Auf der anderen Seite bedeutete es jedoch, dass „der Nachbar die Vernichtung seines Eigentums geduldig zu leiden (habe) und keinen Anspruch auf Ersatz" stellen könne — so ein juristischer Kommentar. Dieser Rechtsauffassung zufolge „müsste eine wechselseitige Vernichtung des Eigenthums als geordneter Zustand angesehen werden ... Dabei könnte die bürgerliche Gesellschaft doch unmöglich bestehen".[7] Schon die Urteilsbegründung zeigt, dass die Richter des Obertribunals sich auf schwankendem Boden befanden. Sie gründeten ihren Beschluss auf die bereits erwähnte Auffassung, dass nur bei absichtlich herbeigeführter Schädigung eine Verantwortung gegeben sei. Davon könne im vorliegenden Fall keine Rede sein, die Schädigung durch die salzsauren Dämpfe sei nicht geplant gewesen. Dieses Argument war jedoch nur mit großen Schwierigkeiten aufrechtzuerhalten, denn die Gefahren derartiger Dämpfe waren seit längerem bekannt, so dass die entstandenen Schäden vorauszusehen waren.

Die Richter mussten deshalb begründen, weshalb keine Entschädigungspflicht bestand, und verwiesen dazu nicht nur auf die polizeiliche Genehmigung der Anlage, sondern bemühten darüber hinaus eine fragwürdige Konstruktion,

---

6   Zit. nach Justiz-Ministerialblatt für die Preuß. Gesetzgebung und Rechtspflege 14, 1852, S. 259-61, 259; im Folgenden zitiert als JM.
7   C.E. Koch: Allgemeines Landrecht für die Preußischen Staaten, 4 Bde., Berlin/Leipzig 1884, Bd. 1, S. 393, Anm. 35.

um ihr Urteil zu rechtfertigen. Die Ursache der Schäden sei „erwiesenerma-
ßen nicht das Entsteigen der Dämpfe aus den Schornsteinen", sondern erst
deren Niederschlag. Der Fabrikbesitzer sei jedoch nur für das „Entsteigen"
der Dämpfe verantwortlich, während die Frage, wie diese niedergingen, von
zahlreichen Faktoren abhänge, darunter die besondere „Beschaffenheit der
Luft und Witterung oder die Richtung des Windes". Darauf könne er keinen
Einfluss nehmen, habe den fraglichen Schaden deshalb nicht absichtlich
herbeigeführt und müsse folglich keinen Ersatz leisten.[8]

5. Eine Kollision der Rechte

Um in dieser unübersichtlichen Situation Klarheit zu schaffen, hatte der
preußische Staat 1845 eine neue Gewerbeordnung verabschiedet und in
deren § 27 ausdrücklich diejenigen gewerblichen Anlagen aufgezählt, die
„für die benachbarten Grundbesitzer Nachtheile und Belästigungen mit sich
führten". Der Staat habe, so ein beklagter Unternehmer, „deren Einrichtung
und Betrieb gestatten müssen, wenn er nicht die Industrie habe vernichten
wollen". Um nun die Interessen der Grundbesitzer und Gewerbetreibenden
auszugleichen, habe das Gesetz „zur Errichtung solcher Anlagen die Genehmigung der Regierung für nothwendig erachtet". Die Behörden mussten den
fraglichen Betrieben die Genehmigung verweigern oder sie unter gewissen
Bedingungen zulassen. Wer nun aber „sein Recht nach den Gesetzen ausübt,
ist zum Ersatze eines bey dieser Gelegenheit entstandnen Schadens nicht
verbunden." Er habe eine Genehmigung erhalten, bewege sich im Rahmen
der Gesetze, und von einer Verpflichtung zum Schadensersatz könne deshalb keine Rede sein.[9]

---

8   JM 14, 1852, 259 f.; ähnlich C.A. Hesse: Die Rechtsverhältnisse zwischen
    Grundstücks-Nachbarn, insbesondere über die cautio damni infecti und die
    aquae pluviae arcendae actio, nebst Beiträgen zur Negatorienklage und zum
    Wasserrechte, 2 Bde., Eisenberg 1859/61, S. 31 f.: Eine Klage sei nicht zulässig,
    wenn schädliche Dämpfe erst durch den Niederschlag auf Nachbargrundstücke
    gelangten, Voraussetzung sei vielmehr eine direkte Immission.
9   Archiv für Rechtsfälle aus der Praxis der Rechts-Anwälte des Kgl. Ober-Tri-
    bunals, hg. v. Th. Striethorst, Bd. 5, Berlin 1852, S. 282-96, 289; das Urteil ist
    auch abgedruckt im JM 14, 1852, S. 259-61, wobei an diesen beiden Stellen
    teilweise unterschiedliche Passagen wiedergegeben sind. Im Folgenden wird
    auf beide Fundstellen zurückgegriffen.

Angesichts so unterschiedlicher Auffassungen befasste sich 1852 das Obertribunal erneut mit diesem Problem und konstatierte eine „Kollision der Rechte". Die Berufung auf die erteilte Konzession sei zwar korrekt, doch daraus folge „keine Beschränkung der Rechte Dritter, noch weniger eine Befreiung von der ... Entschädigungsverbindlichkeit". Das Recht des Grundeigentümers, „von Niemand in der Benutzung seines Grundeigenthums, namentlich der Erzielung und Perzeption der Früchte desselben, gehindert zu werden", sei nicht weniger wichtig als die Berufung auf die Konzession. Diese schaffe eine praktikable Grundlage, löse jedoch nicht das eigentliche Problem, welche das Gericht so formulierte: „Die Fortschritte der Industrie ... (haben) in neuerer Zeit Anlass zu einem Gebrauche des Eigenthums gegeben, von welchem gesagt werden kann, dass derselbe schon seiner Natur nach in der Regel mehr oder weniger mit Nachtheilen für Andere verbunden ist". Diese Nachteile könnten zwar eingeschränkt, jedoch nicht grundsätzlich vermieden werden.[10]

Damit war das Problem auf den Punkt gebracht. Die neuartigen Emissionen entstanden nicht durch das Fehlverhalten einzelner Unternehmer. Sie waren vielmehr eine unvermeidbare Konsequenz industrieller Produktion. Es war deshalb nicht gerecht, wenn die Unternehmer jeden Schaden bezahlen mussten; es war aber ebenso wenig gerecht, wenn Geschädigte keinen Ausgleich erhielten. Es kam vielmehr darauf an, dass die Unternehmer nicht zu viele und zu schädliche bzw. – wie es damals hieß – „überflüssige Stoffe auf fremdes Gebiet" niedergehen ließen. Sie mussten vielmehr innerhalb der „gehörigen Schranken" bleiben. Damit war eine Richtung gewiesen, doch das Problem war nicht wirklich gelöst, denn zu klären war: „Welches sind im gegebenen Falle die gehörigen Schranken?" Diese Frage könne „nicht einem subjektiven Ermessen von den engeren oder weiteren Grenzen anheim gegeben werden".[11] Heute dienen dazu vor allem Grenzwerte und komplizierte technische Verfahren, um deren Einhaltung zu überwachen. Damals gab es entsprechende Bemühungen, doch die Möglichkeiten – und oft auch der Wille –, diese in der Praxis umzusetzen, blieben begrenzt. Umso mehr kam es deshalb „gar sehr auf die besonderen Umstände und auf die thatsächliche Lage des zu entscheidenden Falles an".[12]

---

10 JM 14, 1852, S. 260 f.
11 Zit. nach Abdruck im Archiv für Rechtsfälle 1852, S. 293 f.
12 Zit. nach Abdruck im JM 14, 1852, S. 260.

6. Alle auf einen Ort zusammenlegen

Diese Formulierung klingt unschuldig, hat tatsächlich aber dazu geführt, die „besonderen Umstände" je nach Ort und Region unterschiedlich zu definieren. So sind schließlich Gebiete entstanden, in denen Belastungen, wie sie in Holsterhausen herrschten, als üblich bezeichnet wurden und zu akzeptieren waren. Diese Entwicklung erfolgte anfangs zufällig, entfaltete dann jedoch ihre eigene Logik und ergab zunehmend Sinn, den 1913 der Zentrumsabgeordnete Graf v. Spree im Preußischen Abgeordnetenhaus wie folgt beschrieb:

> „Außerdem haben wir ja auch schon Gegenden, die durch solche Fabriken so verheert sind, dass eine weitere Anlage da vielleicht auch nicht mehr Schaden hat. Ich würde empfehlen, einmal Sachverständige nach Altena in Westfalen zu schicken. Ich bin einmal zufällig da durchgekommen; früher war das ein wunderschönes Hügelland, und heute wächst auf den ganzen Bergen und Hängen nicht einmal mehr ein Grashalm, kein Strauch, kein Baum, es ist alles vollständig weg, und das infolge der Dämpfe solcher Fabriken. Ich meine, wo eine solche Gegend schon ist, da kann man vielleicht sagen da sollen sie dahin gehen und sich alle auf einen Ort zusammenlegen. Aber in die hochkultivierten Gegenden gehören sie nicht."[13]

Für die Bewohner Altenas, des Ruhrgebiets und anderer industrieller Regionen allerdings ergab diese Entwicklung wenig Sinn. Sie mussten Lärm, Gestank, Ruß, Rauch und andere Emissionen in einem Ausmaß ertragen, das nicht nur Bäume abtötete, sondern auch ihre Gesundheit schädigte. Diese Befürchtung wurde schon damals geäußert, doch es fiel schwer, eindeutige Beweise zu finden. Dafür waren das medizinische Wissen und die statistischen Erhebungen nicht aussagekräftig genug.[14] Hinzu kam, dass mit dem Argument der Ortsüblichkeit weite Teile Deutschlands von den neuartigen Belastungen weitgehend frei gehalten werden konnten. Das galt schon für das Ruhrgebiet, dessen südlichen Teile sich zu bevorzugten, landschaftlich schönen und von Umweltbelastungen weitgehend freien Wohngebieten

---

13 Stenogr. Berichte des preußischen Abgeordnetenhauses, 21. Leg.Per., 5. Session, Sitzung vom 22. Februar 1913, Sp. 11872.
14 Brüggemeier, Meer der Lüfte, S. 252 ff.

der besseren Schichten entwickelten. Und das galt noch mehr für andere Ballungsgebiete und Großstädte, in denen ebenfalls eine Trennung zwischen belasteten und verschonten Gebieten stattfand, während einzelne Regionen oder Gemeinden wie Freiburg und Wiesbaden von Anfang an industrielle Belastungen gering halten konnten.

Haben die Bewohner des Ruhrgebiets sich damit abgefunden, wie das Reichsgericht feststellte? Das ist schwer zu sagen. Die Überlieferungen zeigen, dass im Ruhrgebiet während der Zeit des Kaiserreichs und lange danach nur wenige Proteste stattfanden. Das scheint ein eindeutiger Befund zu sein. Tatsächlich ist er jedoch schwierig zu interpretieren, denn angesichts der Rechtslage und von Urteilen, wie sie hier genannt wurden, bestand nahezu keine Chance, einen Erfolg zu erzielen und etwas zu ändern. Das war bekannt, so dass die geringe Zahl der Proteste nur zu verständlich ist. Zu berücksichtigen ist aber auch, dass viele der Bewohner im Ruhrgebiet von den verschmutzenden Industrien abhingen und deshalb wohl bereit waren, ungewöhnliche Belastungen hinzunehmen. Auch lagen in diesem rasch expandierenden Industriegebiet die Prioritäten nicht bei einem Schutz von Natur oder Umwelt, zumal nicht bei der großen Zahl der Zuwanderer, die hier ihr Glück und ein gesichertes Einkommen suchten. Die mittleren Schichten wiederum, auf denen nach dem Zweiten Weltkrieg die Umweltbewegung beruhte, waren in den Teilen des Ruhrgebiet, die hoch belastet waren, kaum anzutreffen und fehlten damit als Trägerschicht des Protestes. Sie wohnten überwiegend im reizvollen Süden, engagierten sich hier gegen Belastungen und stellten vor allem sicher, dass sie zwar bei der Industrie beschäftigt waren, deren Betriebe sich aber nicht vor ihrer Haustür ansiedeln durften.[15]

7. Und nun?
Diese Versuche, industrielle Belastungen „auf einen Ort zusammenzulegen", wie Graf v. Spree es formulierte, blieben bis nach dem Zweiten Weltkrieg bestehen. Erst danach erfasste die Industrialisierung ganz Deutschland, die Städte wucherten in ihr Umfeld und die Belastungen erreichten ein solches Ausmaß, dass sie nicht länger auf einzelne Gebiete beschränkt werden

---

15 Brüggemeier/Rommelspacher: Blauer Himmel, S. 19 ff.

konnten. Jetzt wurden neue Gesetze erlassen, bessere Techniken entwickelt, besonders belastende Verfahren verboten, „Dreckschleudern" stillgelegt und eine deutliche Verbesserung der Situation erreicht. Teilweise wurden die Probleme aber auch nur verlagert. So besteht mittlerweile nur noch eine Kokerei im Ruhrgebiet; neue lassen sich nicht mehr durchsetzen. Doch Koks ist weiterhin erforderlich und wird deshalb aus Regionen importiert, wo die Belastungen, die bei dessen Herstellung entstehen, weiterhin „üblich" sind.

Dies mag als ein Detail erscheinen. Doch dahinter verbirgt sich das grundlegende Problem, das – wie erwähnt – 1852 das oberste preußische Gericht formulierte, demzufolge „die Fortschritte der Industrie ... in neuerer Zeit Anlaß zu einem Gebrauche des Eigenthums gegeben (haben), von welchem gesagt werden kann, daß derselbe schon seiner Natur nach in der Regel mehr oder weniger mit Nachtheilen für Andere" verbunden ist, insbesondere – so muss man heute hinzufügen – für die Umwelt. Wir können wünschen, dass dies nicht der Fall ist. Auch können wir versuchen, diese Konsequenzen von uns fernzuhalten. Unsere Vorfahren waren hierbei sehr findig und zumindest eine Zeitlang auch sehr erfolgreich. Diese Möglichkeit besteht schon seit längerem nicht mehr. Wir müssen überzeugendere Wege finden, mit diesen Nachteilen umzugehen.

Roger Chickering

Den kriegerischen Geist wecken und stählen

Der Kampf der vaterländischen Verbände
gegen die „Irrlehren" der Friedensbewegung vor 1914

Die Quelle

„... Schon den alten Römern waren virtus, d.h. Mannhaftigkeit und Tapferkeit gleichzeitig der Begriff aller Tugend schlechtweg. Wenn irgend ein Volk es nötig hat, mannhaft-tapferen Geist zu bewahren, so ist es das deutsche, da unser Land die denkbar ungünstigste geographisch-strategische Lage im Herzen Europas hat, rings von Feinden umgeben, die es bei günstiger Gelegenheit mit Krieg zu überziehen trachten. Das ist eine nackte Tatsache, die durch alle Friedensbestrebungen und alle üblichen Friedensbeteuerungen nicht aus der Welt geschafft werden kann. Es ist ja möglich, daß es in Gottes Ratschluß liegt, nach ein paar tausend Jahren alle Menschen mit Friedfertigkeit zu erfüllen. Vorläufig ist hiervon nichts zu spüren, denn seit 1899 sind nicht weniger als drei große und blutige Kriege geführt worden.[1] Außerdem hat unser offenbar unversöhnlicher westlicher Nachbar, den niemand bedroht, in den letzten Jahren sich eine militärische Rüstung angelegt, die in gar keinem Verhältnis steht zu seiner Bevölkerungsziffer, gemessen an derjenigen Deutschlands. Jenseits der Vogesen bringt man für das Heer dauernd persönliche und finanzielle Opfer in einem Umfange, wie sie in der Geschichte aller Zeiten unerreicht dastehen. Daß Deutschland niemals daran denken wird, aus sich selbst heraus Frankreich mit Krieg zu überziehen, weil es sich dafür bedankt, französisches Gebiet zu erobern – wir haben an Elsaß-Lothringen, wie Zabern[2] beweist, schon gerade genug –, liegt so klar zutage, daß nur poli-

---

1 Gemeint sind der Burenkrieg (1899-1901), der russisch-japanische Krieg (1904-1905) und der Balkankrieg (1912-1913).
2 Im elsässischen Zabern (heute: Saverne) war es zu Unruhen gekommen, nachdem ein preußischer Leutnant die elsässische Bevölkerung beleidigt hatte. Obwohl der Reichstag das Vorgehen des Militärs in Zabern verurteilte, wurden die verantwortlichen Militärs nicht zur Rechenschaft gezogen. Die Affäre hatte negative Auswirkungen auf das ohnehin spannungsreiche Verhältnis

tische Farbenblindheit die französische Revanchelust leugnen kann. Ich halte es deshalb gleichsam für ein Verbrechen (natürlich ohne jede persönliche Spitze), wenn man Angesichts dieser politischen Lage das deutsche Volk in seiner innerlichen Wehrhaftigkeit schwächt, denn dann haben wir alle Aussicht, im nächsten Kriege geschlagen zu werden. Die Imponderabilien sind es, die im Kriege entscheiden, und diese Imponderabilien werden in anderen Ländern, Japan, Rumänien, Schweiz, Dänemark usw., vor allem aber in Frankreich, schon bei der Jugend ganz anders gepflegt wie in Deutschland. Dort wird schon das heranwachsende Geschlecht in Schule und Haus mit heißer Vaterlandsliebe erfüllt, der kriegerische Geist geweckt und gestählt, und ich habe noch nie gehört, daß z. B. die französische Geistlichkeit, trotzdem die katholische Kirche vom Staat schlecht behandelt wird, an dem Werke, die Vaterlandsliebe zu pflegen, nicht mithilft. Im Gegenteil, die katholische Geistlichkeit in Frankreich ist zuerst französisch und dann erst katholisch in allen vaterländischen Dingen.

Ich bin der festen Überzeugung, und hierin vermag mich nichts zu erschüttern, wie es unausbleiblich ist, daß durch die Bestrebungen der Friedensgesellschaft in weiten Kreise des deutschen Volkes eine Wehleidigkeit, eine Unmännlichkeit und ein Vorurteil gegen kriegerische Betätigung hineingetragen wird, die schließlich auch unbedingt die Kriegstüchtigkeit des deutschen Volkes schädigen muß ...

Wenn ich öffentlich gesagt habe, daß die Friedensbewegung dazu beiträgt, das deutsche Volk zur Feigheit zu erziehen, so nehme ich das nicht zurück. Es liegt klar zutage, daß es unmöglich ist, ein Volk, dem man den Krieg als etwas Verabscheuungswürdiges hinstellt, gleichsam als ein Verbrechen an Kultur und Christentum, ein solches Volk mit Begeisterung zu erfüllen, wenn es einmal zum Kriege kommt. Fichte sagte ganz richtig: „Nur dasjenige Volk wird im Krieg den Sieg erringen, das mehr Begeisterung besitzt wie sein Gegner." Das hat in neuerer Zeit wieder deutlich der deutsch-französische Krieg 1870/71 und der russisch-japanische Krieg gezeigt. Wer also systematisch die Begeisterungsfähigkeit des deutschen Volkes für den Kriegsfall abschwächt oder gar ertötet, der erzieht es schon von Hause aus zu Niederlagen, zu Schimpf und Schande vor dem Feinde, zu Opfern der Sieger, die uns das vae victis dann schon zurufen werden. Der heutige Krieg mit seiner furchtbaren Waffenwirkung stellt

---

zwischen dem Deutschen Reich und dem Reichsland Elsass-Lothringen. Vgl. David Schoenbaum: Zabern 1913. Consensus Politics in Imperial Germany. London 1982; s.a. unten S. 108 Anm. 4.

aber an den Soldaten solche großen Anforderungen an Seelenstärke und Opferfreudigkeit, an sein Pflichtbewußtsein, an das Gefühl für Waffenstolz und Fahnenehre, mit einem Wort an außerordentliche Selbstverleugnung, daß nur eine kriegerische und vaterländische Erziehung es ermöglichen, den Soldaten für seinen schweren Beruf, ja für den schwersten aller Berufe, denn er muß im Ernstfalle angesichts des Todes ausgeübt werden, vorzubereiten. Die Friedensbewegung bereitet aber naturgemäß einer solchen Erziehung die größten Schwierigkeiten, denn sie raubt ihr das Beste, die Begeisterungsfähigkeit! Sie raubt ihm auch den vaterländischen Geist mit ihrem Gerede von Weltbürgertum und Völkerbrei ...

Auch der Umstand, daß es in erster Linie der sozialdemokratische und demokratische Teil der Tagespresse ist, der in Pazifismus macht, sollte monarchisch und deutschgesinnten Männer doch zu denken geben. Jene Presse, die in Wahrheit die Grundlagen aller dauernder Kultur, Ordnung, Kraft und Autorität untergräbt, führt auch mit Vorliebe, ebenso wie der Pazifismus, das Wort „Kultur" im Munde. Mit diesem Worte wird aber heutzutage recht viel Unfug getrieben. Raffinement, Zuchtlosigkeit, unbeschränktes Ausleben, Feminismus, Religionsfeindschaft usw., das wird alles als Zeichen der Kultur gepriesen, während es in Wirklichkeit Zeichen völkischen und sittlichen Niedergangs sind ...

Daß ein Teil der Männer, die für die Friedensbewegung eintreten, das aus guter Absicht tut, kann an der Tatsache nichts ändern, daß die unausbleiblichen praktischen Wirkungen ihrer Tätigkeit gerade für das deutsche Volk nur verderbliche seine können und große Gefahren für seine Zukunft einschließen!"

Aus: August Keim u.a.: Die Friedensbewegung und ihre Gefahren für das deutsche Volk. Deutscher Wehr-Verein, E.V. Schrift 10, Berlin 1914, S. 2-9.

Der Autor

Der Verfasser dieser Betrachtungen, August Keim, wurde 1845 als Sohn eines hessischen Armeeoffiziers geboren.[3] Wie der Vater schlug er eine Offizierskarriere in der hessischen Armee ein und nahm 1866 an der Schlacht bei Gerchsheim gegen die Preußen teil, wo er schwer verwundet wurde.

---

3 August Keim: Erlebtes und Erstrebtes. Lebenserinnerungen von Generalleutnant Keim. Hannover 1925; vgl. auch Heinrich Claß: Wider den Strom. Leipzig 1932; Martin Kitchen: The German Officer Corps 1890-1914, Oxford 1968.

Anschließend wechselte er in den preußischen Dienst über, nachdem die hessischen Einheiten in die preußische Armee eingegliedert worden waren. Nach seiner Teilnahme am deutsch-französischen Krieg 1870-71 wurde er in den 1880er Jahren in den Generalstab berufen und lehrte kurze Zeit an der Berliner Kriegsakademie.

Abgesehen von den Nachteilen, denen bürgerliche und nichtpreußische Offiziere in der neuen preußischen Armee ausgesetzt waren, war Keims Karriere bis zu diesem Zeitpunkt eher konventionell. Dies sollte sich aber Ende der 1880er Jahre ändern, als er in Berlin als Parteigänger des Generalstabschefs Alfred von Waldersee dessen Pläne für einen deutschen Präventivkrieg gegen Russland unterstützte. Danach war Keims Karriere alles andere als konventionell. Nachdem er sich 1889 in den „Hamburger Nachrichten" kritisch über den Stand der deutschen Feldartillerie geäußert hatte, wurde er auf Drängen Bismarcks aus dem Generalstab entlassen. Dank seiner politischen Verbindungen und seiner journalistischen Begabung wurde er 1892 jedoch als Mitarbeiter des neuen Kanzlers, Leo von Caprivi, wieder nach Berlin geholt. Jetzt galt es, die parlamentarische Opposition gegen eine neue, dem Reichstag zur Verabschiedung vorliegende Heeresvorlage zu überwinden. Dank Keims effektiver öffentlichen Werbekampagne zugunsten der Vorlage – Caprivi wünschte eine Verstärkung des Heeres von ca. 85 000 Mann –, wurde diese dann vom neu gewählten Reichstag verabschiedet.[4] Nun als „fanatischer Anhänger Caprivis" und als politischer Freund des Kriegsministers Walther Bronsart von Schellendorf bekannt, machte sich Keim auch mit seiner journalistischen Kritik an verschiedenen Zuständen der Armee einen Namen.[5] Dies trug ihm die Feindschaft des Hofes und der Armeeführung ein. Den Sturz Caprivis im Jahr 1894 überstand er noch; dem Sturz des Kriegsministers Bronsart von Schellendorf im Jahr 1896 folgte aber seine Versetzung als Regimentskommandeur nach Aachen. Hier setzte

---

4   Vgl. Stig Förster: Der Doppelte Militarismus. Die deutsche Heeresrüstungspolitik zwischen Status-Quo-Versicherung und Aggression 1890-1913, Stuttgart 1985, S. 37, 63-66.
5   Alfred Graf von Waldersee: Denkwürdigkeiten des General-Feldmarschalls Alfred Grafen von Waldersee, 3 Bde., Stuttgart und Berlin 1922-23, Bd. 2, S. 355.

Keim seine publizistische Kritik an der Armeeführung fort, jetzt vor allem mit Blick auf die Infanterietaktik, die seiner Meinung nach den an moderne Feldwaffen gestellten operativen Herausforderungen nicht entsprach. Diese Kritik bezahlte er 1898 mit seiner Pensionierung.

Die militärpolitischen Aktivitäten des nunmehr 53-jährigen Generalmajors a. D. waren damit aber keineswegs beendet. Er schloss sich umgehend dem Vorstand des 1898 gegründeten Deutschen Flottenvereins an. Diese halb-amtliche Organisation zählte im Jahr 1900 bereits mehr als eine halbe Million Mitglieder. Sie hatte sich zum Ziel gesetzt, die öffentliche Meinung für den Aufbau einer deutschen Kriegsflotte zu mobilisieren. Hier fand Keim ein neues Forum für seine Energie und sein propagandistisches Talent sowie für seinen Hang zur Intrige und Kritik seiner Vorgesetzten. Im Flottenverein kam er in engen Kontakt mit dem Staatssekretär im Reichsmarineamt, dem Admiral Alfred von Tirpitz, der wohl überlegt eine neue Flottenpolitik zu schmieden begonnen hatte. Tirpitz beabsichtigte, nach und nach den Bau von Großkampfschiffen voranzutreiben. Um zu verhindern, dass Großbritannien, damals die führende Seemacht, diese Aufrüstung als Bedrohung betrachtete, versuchte er, den Schlachtflottenbau schrittweise und möglichst unprovokativ voranzutreiben. Der Deutsche Flottenverein diente Tirpitz auch als Propagandainstrument, um die innenpolitische Opposition gegen das Projekt in Schranken zu halten. Für diese vorsichtige Vorgehensweise hatte Keim, der auf einem kompromisslosen, schnellstmöglichen Flottenbau beharrte, jedoch kein Verständnis. Ihm gelang es schließlich, eine Mehrheit im Flottenvereinsvorstand für seine Position zu gewinnen. Seine Forderungen, die weit über die Pläne der Regierung hinaus-gingen, führten im Jahr 1908 zu einer Krise im Vorstand des Flottenvereins, die dessen Existenz bedrohte, bevor sie mit der Absetzung Keims unter Druck des Reichsmarineamts und des Kaisers endete.[6]

Kurz danach schloss sich Keim dem als noch radikaler geltenden, 1891 gegründeten Alldeutschen Verband an, in dem er „eine zweite politische

---

6   Wilhelm Deist: Flottenpolitik und Flottenpropaganda. Das Nachrichtenbüro des Reichsmarineamts 1897-1914, Stuttgart 1976; Geoff Eley: Reshaping the German Right. Radical Nationalism and Political Change after Bismarck, New Haven und London 1980, S. 85-94, 267-79.

Heimat" fand.[7] Bis 1910 wurde er in den Geschäftsführenden Ausschuss dieses Verbandes gewählt und diente gewissermaßen als dessen Militärbeauftragter, als 1911 im Schatten der zweiten Marokkokrise Pläne entwickelt wurden, einen „Armeeverein" nach dem Muster des Flottenvereins zu gründen. Diesmal sollte die Organisation – anders als der Flottenverein – unabhängig arbeiten, d. h. ohne Verbindung zur Regierung, um die öffentliche Meinung zugunsten einer riesigen Heeresvorlage gegebenenfalls gegen den Widerstand des Kriegsministeriums und des Reichskanzlers zu mobilisieren. Dementsprechend wurde im Frühjahr 1912 mithilfe der Alldeutschen der „Deutsche Wehrverein" ins Leben gerufen.[8] Keim wurde dessen Vorsitzender, und in dieser Funktion nahm er die Friedensbewegung ins Visier.

Die Friedensbewegung

Die Friedensbewegung zählte am Vorabend des Krieges wohl ein paar Tausend Männer und Frauen, die sich vor allem in der 1892 gegründeten Deutschen Friedensgesellschaft zusammengefunden hatten. Diese Organisation war vor allem im liberalen Südwesten verankert und rekrutierte sich überwiegend aus dem „mittleren Bürgerstand", namentlich aus Volksschullehrern und Kaufleuten.[9] Die prominentesten Führer der deutschen Friedensbewegung waren jedoch Österreicher – die Baronin Bertha von Suttner und der jüdische Journalist Alfred Hermann Fried. Als stellvertretender Vorsitzender und

---

7   Claß: Strom, S. 83-4. Vgl. Roger Chickering: We Men Who Feel Most German. A Cultural History of the Pan-German League, 1886-1914, London, 1984; Reiner Hering: Konstruierte Nation. Der Alldeutsche Verband 1890 bis 1939, Hamburg 2003.

8   Bundesarchiv (Lichterfelde), Bestand Alldeutscher Verband Nr. 406: Keim an Claß, 14.9.11. Vgl. Marilyn Shevin Coetzee: The German Army League. Popular Nationalism in Wilhelmine Germany, New York und Oxford 1990; Roger Chickering: Der Deutsche Wehrverein und die Reform der deutschen Armee, in: Militärgeschichtliche Mitteilungen, Bd. 25, 1979, S. 7-33 (neu erschienen in Roger Chickering: Krieg, Frieden und Geschichte. Gesammelte Aufsätze über patriotischen Aktionismus, Geschichtskultur und totalen Krieg, Stuttgart 2007, S. 31-64).

9   Dieter Riesenberger: Geschichte der Friedensbewegung in Deutschland. Von den Anfängen bis 1933, Göttingen 1985; Karl Holl: Der Pazifismus in Deutschland, Frankfurt /M. 1988; Roger Chickering: Imperial Germany and a World Without War. The Peace Movement and German Society, 1892-1914, Princeton 1975, S. 75.

Geschäftsführer der Friedensgesellschaft amtierte seit 1900 der Stuttgarter Stadtpfarrer Otto Umfrid. Dieser war in der Geistlichkeit aber weitgehend isoliert, denn diese – sowohl die katholische als auch die evangelische – war in den Reihen der so genannten Friedensfreunde oder Pazifisten nur äußerst spärlich vertreten.

Der von der Friedensbewegung propagierte „Pazifismus" vor dem Ersten Weltkrieg hatte nichts mit Kriegsdienstverweigerung späterer Zeiten zu tun. Er basierte auf der Überzeugung, dass ein europäischer Krieg in der modernen Zeit unmöglich sei. Dieser Glaube, der vor allem in Frieds 1905 veröffentlichtem „Handbuch der Friedensbewegung" systematischen Ausdruck fand, ging davon aus, dass die Staaten der Welt unter dem Einfluss des sich kolossal ausbreitenden Kapitalismus in einem internationalen Netz immer enger werdender Handels-, Verkehrs-, Gesellschafts- und Kulturbeziehungen miteinander verbunden seien. Zwischenstaatliche Gewalt sei daher zu einem Anachronismus geworden, zumal die technologischen Entwicklungen die zerstörerische Wirkung der militärischen Waffen derart gesteigert hätten, dass sich der moderne Krieg katastrophal auf alle teilnehmenden Staaten auswirken müsste.

Als notwendige Folge dieser Erwägungen forderten die Pazifisten die Errichtung einer internationalen politischen Organisation. Sie argumentierten, dass die Ausgestaltung der internationalen materiellen Interdependenzen auch die Keime einer internationalen Rechtsgemeinschaft hervorgerufen hätte, sodass sich in der vorhersehbaren Zukunft auch internationale politische Streitfragen auf der Grundlage des Völkerrechts und des Schiedsverfahrens friedlich beilegen lassen würden. Der von den Pazifisten vorgesehene Staatenverband sollte sich dementsprechend sowohl einen internationalen Schiedsgerichtshof, dessen Urteile auf der Grundlage eines allgemein anerkannten Völkerrechtscodexes gefällt würden, schaffen als auch ein internationales Parlament und eine internationale Exekutive, die im Namen der internationalen Gemeinschaft die Schiedsgerichtsurteile zu vollziehen hätten.

Obschon vieles reine Zukunftsmusik blieb, gelang es Fried, die Vision einer krieglosen Welt in einer Weise zu verbreiten, die nüchterner, kohärenter und weniger sentimental als die vor allem mit den Namen Bertha von Suttners verknüpfte moralistische Kriegsverwerfung wirkte. Es war jedenfalls teilweise dem „wissenschaftlichen Pazifismus" Frieds zu verdanken, dass die Friedensbewegung nach 1905 die Aufmerksamkeit breiterer politischer Kreise zu erregen begann. So gehörten 1911 etwa 100, vornehmlich links-liberale Reichstagsabgeordnete der Interparlamentarischen Union an, die in regelmäßig stattfindenden Konferenzen (1908 in Berlin) eine internationale Verständigung zu fördern trachtete. 1911 konstituierte sich auch der „Ver-band für internationale Verständigung". Als Filiale der mit Unterstützung der Carnegie-Stiftung gegründeten „Conciliation internationale" konnte dieser Verband knapp 300 deutsche Mitglieder, vor allem Universitätsgelehrte, im Namen der internationalen Versöhnung in seinen Reihen sammeln.[10]

Keim und die Friedensbewegung

Der Anlass für Keims Angriff auf die Friedensbewegung war eine Rede-schlacht in Braunschweig. Nachdem Keim im November 1913 als Redner in der Braunschweiger Ortsgruppe des Wehrvereins aufgetreten war, hielt die dortige Ortsgruppe der Friedensgesellschaft eine Gegenveranstaltung ab. Hier trat als Redner Walther Nithack-Stahn, Pfarrer an der Kaiser-Wilhelms Gedächtniskirche in Berlin, auf, der zu den wenigen evangelischen Geistlichen in der Friedensbewegung zählte. In seinem Vortrag prangerte er die Bestre-bungen des Wehrvereins als Chauvinismus an und verwarf einen europäischen Krieg als „eine Utopie, ein[en] Wahnsinn ..., ein Unding, weil mit ihm nichts erreicht wird."[11] Keims Replik auf Nithack-Stahn wurde im Frühjahr 1914 mit drei weiteren Beiträgen, die ebenfalls die Friedensbewegung attackierten, als Vereinsschrift vom Wehrverein veröffentlicht.

Keims Betrachtungen können als repräsentativ für den vom Wehrverein radikal vertretenen Militarismus gelten. Diese Organisation propagierte den Krieg nicht nur als ein unvermeidliches, sondern auch als ein erwünschtes und gar notwendiges politisches Mittel. Die Grundlage dieser Überzeugung war eine darwinistische Auffassung der internationalen Beziehungen, die

---

10 Roger Chickering: Eine Stimme der Versöhnung im Deutschen Kaiserreich. Der Verband für internationale Verständigung 1911-1914, in: Chickering: Krieg (wie Anm. 8), S. 15-30.
11 Der Völker-Frieden: Zeitschrift der Deutschen Friedensgesellschaft 15. Jg., Januar 1914, S. 9.

dem Pazifismus mit dessen Beteuerung einer im Entstehen begriffenen friedlichen Gemeinschaft der Weltmächte diametral entgegenstand. Für Keim befand sich Deutschland im Herzen Europas „von Feinden umgeben, die es bei günstiger Gelegenheit mit Krieg zu überziehen trachten". Diese politisch-militärische Sachlage stellte in Keims Augen keinen historischen Sonderfall dar; die Feinde Deutschlands, zumal Frankreich seit 1870/71, wären von „Revanchelust" und Neid auf die mannigfachen Leistungen ihres Nachbarn erfüllt. Keim zufolge hätten die anderen Länder eingesehen, dass der Krieg, das grundlegende Merkmal und prägende Verhaltensmuster aller Großmächte, die diesen Namen verdienten, ein unvermeidlicher Teil der internationalen Politik sei. Diese Wahrheit nicht zu beachten oder gar zu verleugnen, wie es die Friedensbewegung wollte, hieße notwendigerweise „das deutsche Volk in seiner innerlichen Wehrhaftigkeit" zu schwächen und es seinen Feinden auszuliefern.

Keim und seine Mitarbeiter standen der angeblichen Unvermeidlichkeit des Krieges aber keineswegs mit Resignation gegenüber. Der Krieg war vielmehr, dem gerne zitierten Heraklit zufolge, „der Vater aller Dinge". Er rief die besten menschlichen Tugenden, sowohl die kollektiven als auch die individuellen, hervor. Der Krieg, so Keim, stelle große „Anforderungen an Seelenstärke und Opferfreudigkeit", an Pflichtbewusstsein, Waffenstolz und Fahnenehre – „mit einem Wort an außerordentliche Selbstverleugnung". Das kollektive Gegenstück waren die vom Krieg und von der Kriegsvorbereitung geforderten bürgerlichen Kerntugenden, vor allem die Ehrfurcht vor „Kultur, Ordnung, Kraft und Autorität".

In diesem Lichte fiel der Friedensbewegung, gleichsam als Gegenpol zum Krieg in einer streng zweigeteilten Weltanschauung, eine zentrale symbolische Bedeutung zu. Das Begriffspaar „Krieg" und „Frieden" wurde als moralische Opposition dargestellt, als Grundlage einer Reihe von weiteren Gegensätzen, deren negativer Pol jeweils von der Friedensbewegung verkörpert wurde. Gegen Seelenstärke und Opferfreudigkeit stünden die Pazifisten, für Feigheit und Unmännlichkeit, gegen Kultur, Ordnung und Autorität, für Zuchtlosigkeit, Demokratie und „unbeschränktes Ausleben". Ferner trete die Friedensbewegung, so schlussfolgerte der Wehrverein, gegen den Idealismus (der hier von Keim als „Begeisterungsfähigkeit" hervorgehoben wurde) und für den

Materialismus ein, indem die Pazifisten – wie die Sozialdemokraten – ein materialistisches, d.h. ein völlig von der Technologie beherrschtes Bild des zukünftigen Krieges zu popularisieren suchten. Gegen nationale Stärke und Einheit stelle die Friedensbewegung den Internationalismus, „Weltbürgertum und Völkerbrei", die in Wirklichkeit zum „völkischen und sittlichen Niedergang" führen müssten. Vor die Frage nach den Ursprüngen oder nach der Motivation für diese als gefährlich eingeschätzte Friedfertigkeit gestellt, fasste Keim ein vorsichtiges Urteil, verriet aber dennoch die Ansicht, dass in der Friedensgesellschaft letztendlich böse, bewusst gegen Deutschland gerichtete Kräfte am Werk seien. So hielt er etwa die Friedenspropaganda „für ein Verbrechen (natürlich ohne jede persönliche Spitze)". Die Tatsache, dass ein Teil der Männer (wohlgemerkt aber nur ein Teil), die sich für die Friedensbewegung engagierten, „das aus guter Absicht tut," könne daran nichts ändern, „daß die unausbleiblichen praktischen Wirkungen ihrer Tätigkeit gerade für das deutsche Volk nur verderbliche sein können". Keims Mitarbeiter Hermann Müller-Brandenburg äußerte sich in seinem Beitrag in demselben Heft weniger zurückhaltend, als er von einer „vielfach unter trügerischer Maske einherschreitenden Bewegung" schrieb.[12]

Ein problematisches Weltbild

Solche Ansichten waren keine Seltenheit im Deutschen Kaiserreich. Die Position des Deutschen Wehrvereins entsprach den ideologischen Grundsätzen des Radikalnationalismus, wie diese in den so genannten „vaterländischen Verbänden" – vor allem im Alldeutschen Verband, aber auch etwa im Deutschen Ostmarkenverein, im Verein für das Deutschtum im Ausland und im Reichsverband gegen die Sozialdemokratie – vertreten wurden. In diesen Kreisen war die Auffassung verbreitet, dass der Krieg als natürlicher Bestandteil einer Weltordnung anzusehen sei, die sich nach den darwinistischen Grundregeln des Staaten- bzw. Rassenkampfes ums Dasein entwickeln würde. Man könnte also den Wehrverein als einen Teil dieses radikalnationalistischen Vereinsnetzes betrachten, der sich vor allem mit der Armee als

---

12 Hermann Müller-Brandenburg: Eine falsche Rechnung, in: Die Friedensbewegung und ihre Gefahren, S. 19-20.

nationales Symbol und in diesem Kontext auch mit militärtechnischen Fragen beschäftigte. Im Rahmen dieser Aktivitäten hat sich der Wehrverein auch besonders mit der Friedensbewegung auseinandergesetzt; daraus resultiert für die Historiker ein großes analytisches Problem.

Von der Deutung der internationalen Beziehungen und der Glorifizierung des Krieges einmal abgesehen, liegt das Problem in der verzerrten (um nicht zu sagen: absurden) Einschätzung der Macht, des Einflusses und der Absichten der Friedensbewegung. Vor 1914 bestand die Friedensbewegung in Deutschland – anders als in Großbritannien oder gar Frankreich – trotz aller kleinen Erfolge aus einer winzigen Schar wohlmeinender Männer und Frauen, deren Ziele durchaus im patriotischen Geist als Mittel für die Sicherung der deutschen wirtschaftlichen und kulturellen Machtposition in Europa formuliert wurden. Die Friedensfreunde blieben dennoch ohne nennenswerten politischen Einfluss, meist als Träumer und Schwärmer belächelt und abgetan. Einwirkungen auf die deutsche Außen- oder Innenpolitik konnten sie nicht verzeichnen. Der Zugang zu Regierungsvertretern blieb ihnen völlig versperrt. Verbindungen zu Kirchen, Schulen und Universitäten, Zeitungen, Jugendgruppen und, abgesehen vom südwestlichen Linksliberalismus, zu den politischen Parteien hatten sie fast keine. Auch die deutsche Sozialdemokratie, die in den Augen der Wehrvereinler ein treuer Verbündeter der Friedensbewegung war, stand dem Wehrverein mit ihrer Kritik an den „Friedensschwärmern" tatsächlich kaum nach. Die deutschen Sozialisten waren eher der Meinung, dass sich die Pazifisten der gefährlichen Illusion hingegeben hätten, man könne den Krieg vor der endgültigen Eliminierung seiner echten Wurzel, nämlich des Kapitalismus, aus der Welt schaffen.

Die klaffende Diskrepanz im Weltbild des Wehrvereins zwischen der Wahrnehmung einer mächtigen Friedensbewegung und der tatsächlichen Macht- und Einflusslosigkeit der Pazifisten bietet also ein methodologisches Rätsel. Eine nahe liegende Erklärung wäre, dass Keim und seine Gefolgschaft den eigenen Übertreibungen nicht glaubten, dass sie vielmehr die Friedensbewegung als bedrohliches Element in der deutschen Gesellschaft darstellen wollten, um dieses Bild in einer politischen Kampagne zu instrumentalisieren. Aus dieser Erklärung resultieren aber zwei Schwierigkeiten. Zum einen gibt es in der privaten Korrespondenz Keims etwa mit den

Führern des Alldeutschen Verbandes keine Beweise, dass er seine in Reden und Schriften immer wieder vorgetragene Vorstellung von einer unmittelbar bevorstehenden Kriegsgefahr bzw. von den Segnungen des Krieges nicht ernst gemeint haben könnte.[13] Zum anderen gibt die Instrumentalisierungsthese keine Antwort auf eine andere Frage, nämlich wie die große öffentliche Resonanz auf seine Analyse der Friedensbewegung zu erklären sei. Schließlich waren es etwa 350 000 Einzel- und korporative Mitglieder des Deutschen Wehrvereins, die Keims Darstellung der Weltpolitik offenbar als plausibel akzeptierten.

Ein Psychiater würde die Besessenheit, mit der Keim die Gefahren der Friedensbewegung beschwor, als ein Symptom für Verfolgungswahn, paranoide Denkweise oder einen „paranoiden Stil" diagnostizieren.[14] In der Literatur des Wehrvereins lassen sich mühelos die Züge eines Weltbildes nachweisen, die den Merkmalen einer „delusional disorder" entsprechen. Dazu zählen die umfassenden Verschwörungsvorstellungen wie etwa die von einigen Wehrvereinsvertretern verkündete Überzeugung, dass die Pazifisten ihre vermeintlich verbrecherische Arbeit „unter trügerischer Maske" verrichteten. Zu dieser Analyse passt auch die „Dichotomisierung" im Weltbild des Wehrvereins mit einer rigiden Zweiteilung der Welt in Gut und Böse. Ganz in diesem Sinne äußerte sich der Wehrverein etwa zu der Anfang 1913 bekannt gewordenen Heeresvorlage: „Wer die Wehrvorlage verwirft, ist ein Volksfeind!".[15] In der Literatur des Wehrvereins gibt es auch Anzeichen einer „Projektion", also für den Hang, anderen (wie zum Beispiel den Franzosen) die eigenen Charakteristika oder aggressiven Absichten zu unterstellen. So erklärt sich beispielsweise die Neigung des Wehrvereins, die französische Armee sowohl in technologischer als auch in moralischer Hinsicht als Muster für das deutsche Heer darzustellen. Aus all diesen ideologischen Tendenzen ergab sich schließlich eine apokalyptische Deutung der Weltpolitik, die

---

13 Bundesarchiv (Lichterfelde), Bestand Alldeutscher Verband Nr. 406.
14 Alistair Munro: Delusional Disorder. Paranoia and Related Illnesses, Cambridge 1999; vgl. Richard Hofstadter: The Paranoid Style in American Politics and Other Essays, New York 1967, S. 3-40.
15 Wer die Wehrvorlage verwirft, ist ein Volksfeind! Hg. Deutscher Wehrverein, Berlin 1913.

Müller-Brandenburg im Frühjahr 1914 mit den Worten zusammenfasste: „Weltmacht oder Niedergang, es gibt kein Drittes!"[16]

Die Probleme dieser Analyse des Wehrvereins liegen auf der Hand. Die Psychoanalyse der Paranoia bezieht sich auf klinische Störungen. Diese sind normalerweise auf tief verwurzelte, aus einem psychologischen Trauma entstandene Schuld-, Angst-, Demütigungs-, Frustrations- oder Unsicherheitsgefühle zurückzuführen. In einem Egoverteidigungsmechanismus werden solche Gefühle wiederum in aggressive, feindselige Neigungen anderer Personen übertragen und als Verschwörung gegen das paranoide Subjekt dargestellt. So plausibel diese Erklärung auch sein mag, sie muss die Historiker in eine Sackgasse führen, sofern diese nicht fachlich ausgebildet worden sind, um pathologische Geistesstörungen analysieren zu können. Jedoch sind weder Quellen überliefert, die im Fall des Wehrvereins eine solche Psychoanalyse im Entferntesten rechtfertigen würden, noch darf man den Mitgliedern dieser Organisation schlichtweg Geisteskrankheit unterstellen.

Es bleibt eine weitere analytische Möglichkeit, die zwar auch nicht als gesichert gelten kann, die aber doch zumindest plausiblere Anknüpfungspunkte für eine Deutung der Ideologie des Wehrvereins verspricht. Diese Analyse bezieht sich auf die soziale Zusammensetzung des Wehrvereins, vor allem auf die sozialen und kulturellen Rollen, welche die Mitglieder dieses Verbands innehatten. In dieser Hinsicht war die Laufbahn Keims von mehr als anekdotischer Bedeutung. Er war einer von mehreren nichtadligen hohen Offizieren, die in den Reihen des Wehrvereins eine führende Rolle bekleideten. Nach 1870 hatten diese in der Armee erfolgreich Karriere gemacht, ehe sie mit ihren Vorgesetzten in Schwierigkeiten gerieten. Ihr sozialer Hintergrund sowie ihre berufliche Hingabe und ihr Ehrgeiz machten sie blind für die sozialen Grundlagen des deutschen Militarismus und für die Tatsache, dass die Beibehaltung der adligen Dominanz im Offizierkorps und die Fernhaltung sozialdemokratischer Arbeiter von der Truppe feste Grenzen für die Ausweitung und technische Reform der deutschen Armee setzten. Daraus entstanden wiederholt Reibungen mit den Vorgesetzten, die zum Rücktritt oder zur Pensionierung führten. Als Folge der erfahrenen beruflichen

---

16 Die Wehr, Bd. 3, Heft 1, Januar 1914, S. 8.

Frustrationen wandten sich diese Offiziere anschließend dem Journalismus, der Politik oder den vaterländischen Verbänden zu. Sie beharrten auf ihrer Überzeugung, dass sie allein sowohl die Gefahren, die dem Deutschen Reich in Zukunft drohten, als auch die notwendige technische Modernisierung des Heeres richtig erkannt hätten und daher als die eigentlich berufenen Hüter der nationalen Sicherheit weiter wirken sollten.

Zu diesen politisierenden Generalen zählte etwa Keims Mitstreiter Eduard (seit 1900: von) Liebert.[17] Wie Keim hatte er beim Generalstab gedient, bevor er als Gouverneur in Deutsch-Ostafrika auch politische Aufgaben übernahm. Wegen seiner brutalen Politik gegenüber den Eingeborenen geriet er mit dem Auswärtigen Amt in Konflikt. Nachdem er auf Drängen des Auswärtigen Amtes versetzt worden war und nach seiner daraufhin bald erfolgten Pensionierung wurde er in der Kolonialgesellschaft, im Flottenverein und im Alldeutschen Verband sowie in dem von ihm selbst 1903 mitgegründeten Reichsverband gegen die Sozialdemokratie aktiv. Eine ähnliche Karriere machte Keims Freund Johannes von Wrochem, der in Ostafrika unter Lieberts Vorgänger gedient hatte. Nachdem er mit der zivilen Kolonialverwaltung in Konflikt geraten war, wurde er versetzt[18] und schließlich pensioniert. Nach seiner Pensionierung im Jahr 1908 fand auch er den Weg in den Alldeutschen Verband. Ein drittes Beispiel: Die beruflichen Frustrationen Karl Litzmanns hatten, vergleichbar denen des Generals Keim, eher mit den militärischen als mit den zivilen Vorgesetzten zu tun. Zuerst als Lehrer, dann als Direktor der Berliner Kriegsakademie brachten Litzmann seine Bemühungen um die Modernisierung des Lehrplans „Enttäuschung nach Enttäuschung" seitens des Generalstabes.[19] 1905 reichte er aus Protest seinen Rücktritt ein und wurde Mitglied des Alldeutschen Verbandes sowie anderer vaterländischer Vereine.

Diese Männer als „politische Generale" zu charakterisieren, geht jedoch an der Realität vorbei, da diese im Grunde kein Verständnis für die Imponde-

---

17 Eduard von Liebert: Aus einem bewegten Leben. Erinnerungen, München 1925; vgl. Dieter Fricke: Der Reichsverband gegen die Sozialdemokratie von seiner Gründung bis zu den Reichstagswahlen von 1907, in: Zeitschrift für Geschichtswissenschaft 7 (1959), S. 246 ff.
18 Claß, Strom, S. 160.
19 Kriegsheld und Volksfeind, in: Völkischer Beobachter v. 21.1.1931.

rabilien der Politik hatten.[20] Ihre Weltanschauung wurde von der Vorstellung beherrscht, dass ein Krieg unvermeidlich und für die nahe Zukunft zunehmend wahrscheinlicher sei und daher alle Bereiche der Politik den Erfordernissen des Krieges rücksichtslos untergeordnet werden müssten. Sie als Außenseiter zu bezeichnen, widerspräche allerdings ihrer Stellung im Sozialgefüge, denn Generäle waren per definitionem keine Außenseiter im Deutschen Kaiserreich. Dennoch haftete ihren Karrieren eine gewisse Marginalität an, und die Vermutung scheint plausibel, dass ihre Überempfindlichkeit gegen die potenziellen und imaginären Feinde Deutschlands ihr problematisches Verhältnis zur Autorität widerspiegelte. In diesem Licht ist ihre Sensibilität bezüglich der extremen weltpolitischen Unsicherheit Deutschlands wohl mitverantwortlich für ihre beruflichen Schwierigkeiten gewesen.

Diese Vermutung gewinnt an Plausibilität, wenn man die Zusammensetzung der Mitgliedschaft des Deutschen Wehrvereins in Betracht zieht. Seine Mitglieder waren in vielen Fällen zugleich auch Mitglieder in anderen vaterländischen Verbänden. In manchen Orten waren die Filialen des Wehrvereins als korporative Mitglieder in die Ortsvereine der anderen Verbände integriert. Um Überschneidungen in den patriotischen Aktivitäten zu vermeiden, lag der Schwerpunkt der Tätigkeit dieser anderen Organisationen in der Regel auf anderen „vaterländischen Angelegenheiten", sei es die deutschen Kolonien, die Kriegsflotte, die deutschen Schulen in Osteuropa oder die Lage der Deutschen im preußischen Osten. Die gefährdete Lage Deutschlands in einer Welt, die durch einen ununterbrochenen, rücksichtslosen Kampf beherrscht sei, war die allen vaterländischen Verbänden gemeinsame ideologische Überzeugung. Dementsprechend gab es in der weltpolitischen Analyse der vaterländischen Vereine Feinde ganz unterschiedlicher Art – sei es den kolonialen Rivalen England, das revanchelustige Frankreich oder ethnische Minderheiten, namentlich die Polen –, die sich im Hass gegen Deutschland und Neid auf die deutsche Macht und Kultur miteinander verbündet hätten.

Dass dieses angstbeladene Weltbild Resonanz in der Öffentlichkeit fand, mag auch an der sozialen Zusammensetzung der vaterländischen Vereine,

---

20 Vgl. Gerhard Ritter: Staatskunst und Kriegshandwerk. Das Problem des „Militarismus" in Deutschland, 4 Bde., München 1954-67, Bd. 2, S. 132-138.

besonders deren lokalen Führungsgruppen gelegen haben. Diese rekrutierten sich in erster Linie aus Männern, die zwei in der Bevölkerung geschätzte Charakteristika vorweisen konnten: sie waren akademisch gebildet und sie arbeiteten im öffentlichen Dienst. So hatten etwa im Alldeutschen Verband fast 70 Prozent der Vorstände der Ortsvereine ein Hochschulstudium absolviert und mehr als die Hälfte war beamtet; im Ostmarkenverein galt dies für 74 Prozent bzw. 75 Prozent, im VDA für 90 Prozent bzw. 72 Prozent des lokalen Führungspersonals. (Die Vergleichszahlen für die Deutsche Friedensgesellschaft lauten hingegen 45 Prozent bzw. 44 Prozent.)[21] Dank der mit ihrer beruflichen Position zusammenhängenden Teilhabe an der Macht konnten sich diese Männer als die Hüter der öffentlichen Autorität betrachten. Aufgrund ihrer in akademischen Studien erworbenen „Bildung" betrachteten sie sich als die Hüter der deutschen Kultur. In beiden Rollen standen sie sozusagen an vorderster Front im Kampf um die deutsche Machtstellung und Kultur. Sie waren schon aus beruflichen Gründen exponiert und sowohl im Inland als auch im Ausland sensibel gegen die Gefahren, die die deutsche Machtstellung und Kultur bedrohten.

Bei der skizzierten Personengruppe handelt es sich also nicht um Außenseiter, sondern um Honoratioren, welche führende gesellschaftliche und politische Positionen in Ortschaften und Städten in ganz Deutschland bekleideten. Trotzdem war ihre politische Bedeutung in einem gewissen Sinne auch marginal. Es ist auffallend, dass vor allem in den Führungsgruppen des dem Wehrverein am nächsten stehenden Alldeutschen Verbandes solche Beamte überproportional vertreten waren, die nicht in den am höchsten angesehenen bürokratischen Kernbereichen der allgemeinen oder politischen Verwaltung arbeiteten, sondern in den weniger traditionellen Verwaltungsbranchen: Weniger Regierungsräte oder -assessoren als Bauräte, Zollräte und Stadträte, unter den beamteten Lehrern weniger Universitätsprofessoren als Gymnasiallehrer. Eine gewisse Marginalität haftete auch der Stellung einer anderen Gruppe an, die häufig in den Ortsgruppenvorständen vertreten war. Diese rekrutierte sich aus den Kreisen akademisch gebildeter Freiberufler, die keine beamtenrechtlich abgesicherten Stellen innehatten, sondern in ihrer Eigenschaft als Justiz-, Medi-

---

21 Chickering: We Men, S. 314.

zinal- oder Sanitätsräte (oder auch als Kommerzienräte) eher beamtenähnliche Ehrenposten übernommen hatten.

In der aufgeheizten politischen Atmosphäre – eine Folge der Marokkokrise und der für das „nationale Lager" katastrophalen Reichstagswahlen des Frühjahrs 1912, als die Sozialdemokratie die meisten Mandate errang – drohte nach Ansicht der vaterländischen Verbände ein Überhandnehmen der Feinde der Macht und Kultur. Als Reaktion darauf verstärkten die Vertreter der Macht und Kultur im Deutschen Wehrverein ihre Kampagne für die Erweiterung und Modernisierung der deutschen Armee. Der Wehrverein leistete, teilweise in Verbindung mit den Radikalen um Erich Ludendorff im Generalstab, unentbehrliche öffentliche Arbeit zugunsten zweier Heeresvorlagen, deren riesiges Ausmaß – es handelte sich um mehr als 250 000 Mann – *selbst* den Widerstand sowohl des Reichskanzlers als auch des Kriegsministers hervorgerufen hatte. Diese Kampagne gipfelte in Angriffen auf die Friedensbewegung, die nun als Symbol für die verschiedenartigen Gefahren herhalten musste, denen Deutschland in den Augen der Radikalnationalisten ausgesetzt war. Damit diente die Friedensbewegung nicht nur als Zielscheibe des Wehrvereins; sie musste im Zuge dieser Kampagne erneut auch ihre eigene politische Einflusslosigkeit erfahren.

Diese Situation entbehrte nicht einer gewissen Ironie. Im Lichte der Erfordernisse des Schlieffen-Plans waren die beiden vom Wehrverein unterstützten Heeresvorlagen geradezu unentbehrlich, um die deutsche Armee im Kriegsfall in die Lage zu versetzen, die geplanten offensiven Operationen überhaupt unternehmen zu können. Dadurch, so könnte man argumentieren, würde ein langer Krieg aber nicht vermieden, sondern erst recht wahrscheinlich bzw. möglich gemacht, insofern die deutschen Streitkräfte auch nach den beiden Heeresvorlagen nicht imstande waren, die grandiosen Operationsziele zu realisieren, die einen schnellen Sieg bringen sollten. Das Ergebnis war, dass der von den Pazifisten seit langem prognostizierte Krieg dann tatsächlich auch eintrat.

Gerhard Schneider

Der Elsässer Zeichner und Karikaturist Hansi und die Deutschen

Betritt man das malerisch am Ostabhang der Vogesen gelegene Riquewihr (ehemals: Reichenweier) und folgt der nach oben führenden gepflasterten Ortstraße, kommt man nach knapp 100 Metern zu dem in einem Bürgerhaus untergebrachten Musée Hansi. Dort und eigenartigerweise nicht in Colmar, dem nur wenige Kilometer entfernten Geburtsort und langjährigen Lebensmittelpunkt Hansis, pflegt man die Erinnerung an den im Elsass und auch im übrigen Frankreich noch heute verehrten großartigen Zeichner, Maler und Karikaturisten. Das Museum birgt neben allerhand Folkloreartikeln zahlreiche Erinnerungsstücke und vertreibt auch das bis heute immer wieder nachgedruckte graphische Werke Hansis, darunter die beiden weiter unten reproduzierten Abbildungen. Hansi ist, mehr noch als sein Landsmann und künstlerischer Kollege Tomi Ungerer, dessen Werk nicht den einhelligen Zuspruch der Elsässer findet, nach wie vor eine Identifikationsfigur der Elsässer. Hansis unbeugsame Haltung gegenüber den deutschen Okkupanten, die nach dem deutsch-französischen Krieg von 1870/71 und ein zweites Mal von 1940 bis 1944 seine Heimat annektiert haben, galt lange Zeit als Vorbild; fast bis zu seinem Lebensende im Jahr 1951 beschwor er die Gefahr, die von den Bewohnern d'outre-Rhin ausging. Auch wenn hiervon heute im Elsass niemand mehr spricht und vieles von dem, was Hansi im Laufe seines Lebens geschaffen hat, jetzt dem Bereich Folklore zugeschlagen werden kann, lässt das ungebrochene Interesse an Hansis satirischen Schriften und Bildern doch vermuten, dass sein ursprüngliches Anliegen nicht ganz vergessen ist. Selbst jene, die Hansis versteckte oder offene Kritik an den „Boches" nicht teilen, werden seine Könnerschaft als satirischer Maler nicht bestreiten. Auch seine ärgsten Feinde sprechen ihm ein „starkes zeichnerisches Talent" nicht ab.[1]

---

1 Artur Babilotte: Hansi der Hetzer, in: Reclams Universum 32 (1915/16), S. 32.

Zur Person

Hansi (im Französischen oft auch „L'oncle Hansi") wird 1873 in dem kurz zuvor
nach fast 200 Jahren wieder deutsch gewordenen Colmar, der Hauptstadt
des Bezirks Oberelsass, als Jean-Jacques Waltz geboren. Er ist das jüngste
von vier Kindern des Metzgermeisters Jacques André Waltz. Die Wahl
französischer Vornamen in einer damals noch ganz überwiegend deutsch-
bzw. elsässischsprachigen Gegend dürfte kein Zufall gewesen sein; vielmehr
dokumentierte man damit seine Verbundenheit mit Frankreich, die seit der
Zeit der Französischen Revolution unter den elsässischen Notablen – das ist
die bürgerliche Ober- und Mittelschicht – immer enger geworden war. Als
Autodidakt hatte sich Vater Waltz außerordentliche Kenntnisse der Geschichte
seiner Heimatstadt erworben. Dies führte dazu, dass er zunächst Schatzmeister
der Schongauer-Gesellschaft wurde, seit 1881 auch Bibliothekar der Stadt
und schließlich zehn Jahre später Konservator des Museums Unterlinden
mit seiner unvergleichlichen Sammlung deutscher Malerei der Spätgotik und
der Renaissance, darunter als berühmtestes Werk der „Isenheimer Altar" von
Matthias Grünewald. Von seinem Vater inspiriert, beschäftigt sich Jacques,
wie Hansi in der Familie genannt wurde, schon von Kindesbeinen an mit der
Geschichte und Kunst des Elsass. Hansi ist ein schlechter Schüler. Das „lycée
boche" beschreibt er später als eine Zuchtanstalt zur Germanisierung der
aufsässigen kleinen Elsässer. Im Alltag werden die Elsässer von langweiligen
und dummen Lehrern, von arroganten Verwaltungsbeamten aus dem Altreich
und von unverschämten preußischen Offizieren drangsaliert. Trost findet
Hansi nur bei seinem Vater, der ihm erzählt, wie schön ihre kleine Stadt zur
französischen Zeit gewesen sei.[2] Das Gymnasium verlässt Hansi noch vor dem
Abitur. Er geht 1892 nach Lyon, wo er ganz entsprechend seinem schon
früh ausgeprägten künstlerischen Talent eine Ausbildung als Stoffdesigner
erhält und Kurse an der Ecole Nationale des Beaux-Arts besucht. In die
elsässische Heimat zurückgekehrt, nimmt er dort eine Stelle als Zeichner in
einer Textilfabrik an. Schon bald erscheinen Bildpostkarten („Grüße aus...")
mit Elsass-Motiven (Kinder, Landschaften, Ortsansichten). Auf manchen dieser

---

2   Nachweise zum Lebenslauf Hansis finden sich in meinem Internet-Aufsatz
    „Der Elsässer Jean-Jacques Waltz alias Hansi und seine antideutschen Texte
    und Bilder als Medien im Geschichtsunterricht" (www.deuframat.de).

Postkarten tauchen schon bald auch antideutsche Anspielungen auf. Hansis Beschäftigung mit der elsässischen Geschichte und Kunst korrespondierte mit einer allgemeinen Wiederentdeckung der elsässischen Kultur, wie sie sich um 1900 in der Malerei, im dialektsprachlichen Theater und in der auf die Region bezogenen Literatur manifestierte. Jetzt, da eine baldige Rückkehr des Elsass nach Frankreich immer unwahrscheinlicher wurde, begann man sich mit der Annexion zu arrangieren. In der Pflege der regionalen Traditionen sah man eine Möglichkeit, in Opposition zum großen Deutschland seine spezifisch elsässische Eigenart bewahren zu können. Schnell gewann Hansi Zugang zum Straßburger Kunstmilieu und zu den Initiatoren der 1899 gegründeten „Revue alsacienne illustrée". Im Umkreis dieser Zeitschrift und des 1907 in Straßburg gegründeten Elsässischen Museums kam Hansi in Kontakt mit anderen antideutschen Kulturschaffenden, darunter Henri Zislin (1875-1958), der bereits vor Hansi mit antideutschen Schriften und Bildern[3] hervorgetreten war und mehrere kürzere Gefängnisstrafen hatte absitzen müssen.

In seinen ersten antideutschen Karikaturen nimmt Hansi zunächst die in den Augen der Elsässer eigenartig kostümierten Vogesentouristen aus dem Altreich aufs Korn. Unter dem Titel „Tours et portes d'Alsace" publiziert Hansi gleichzeitig aber auch Aquarelle elsässischer Dörfer, die ganz frei von antideutscher Polemik und nur einem ausgeprägten elsässischen Partikularismus verpflichtet sind. Spätestens mit seinem Buch „Professor Knatschke. Des großen teutschen Gelehrten und seiner Tochter ausgewählte Schriften. Den Elsässern mitgeteilt und illustriert von Hansi", das 1912 erscheint und bis in die Gegenwart immer wieder (mit Ergänzungen) nachgedruckt wird, hat Hansi seinen entschiedenen Kampf gegen den „pangermanisme", das Alldeutschtum aufgenommen. In seiner „Histoire d'Alsace racontée aux petits enfants", eine politische Botschaft getarnt als Kinderbuch, leuchtet das Elsass, solange es zu Frankreich („das Land der Freiheit") gehörte, in den schönsten Farben, während Deutschland und die Deutschen von ihren germanischen Urvätern an scharf überzeichnet als das schlechtest denkbare Gegenbild zu Frankreich und den Franzosen charakterisiert

---

3   So die Zeitschriften „D'r Klapperstei", erschienen 1903-1905, und „Dur's Elsass", 1904-1914; vgl. auch Benoit Bruand: La guerre des images 1871-1914, in: Saisons d'Alsace 48. Jg. Nr. 128 (été 1995), S. 72-81. Im Internet finden sich zahlreiche satirische Postkarten von Zislin.

werden. Diese Verunglimpfung trägt ihm eine Geldstrafe ein. Im März 1914 wird Hansi zu einer dreimonatigen Gefängnisstrafe verurteilt, weil er in einer spektakulären Aktion den Sitzplatz eines deutschen Offiziers der Colmarer Garnison „purifizierte", indem er mit Alkohol getränkten Zucker darauf abbrannte. Noch vor Verbüßung dieser Strafe ereilt ihn eine Anklage vor dem Reichsgericht in Leipzig wegen Aufreizung zur Revolte und Beleidigung der Lehrer und Gendarmen im Elsass in seinem Buch „Mon village". Das Urteil vom 9. Juli 1914 lautete auf 15 Monate Haft, die er in Cottbus absitzen sollte. Auf Ehrenwort vor Antritt der Haft entlassen, um in Colmar persönliche Dinge regeln zu können, nutzte er dieses Entgegenkommen zur Flucht in die Schweiz.

Während des Krieges diente Hansi den französischen Truppen als Kundschafter in den Vogesen und als Dolmetscher beim Verhör deutscher Kriegsgefangener. Daneben produzierte er antideutsche Kriegspostkarten. Nach dem siegreichen Ende des Krieges erscheint Hansis Buch „L'Alsace heureuse", in dem er seine Prozesse, seine Haft, seine Flucht und seine Tätigkeit in der französischen Armee schildert. Noch einmal tauchen hier die verhassten deutschen Gestalten auf: der Vorsitzende des Alldeutschen Verbandes, der seit der Affäre von Zabern[4] berüchtigte Leutnant von Forstner, der Soldat mit der Pickelhaube, der Lehrer usw., allesamt als „Boches" bezeichnet. Das Buch endet mit der so lang ersehnten Ankunft der siegreichen französischen Soldaten im Elsass: „Et voici le beau temps". Noch kurz vor Ende des Krieges erschien das Doppelbild auf S. 110/111.

---

4 Ende 1913 kam es im elsässischen Zabern, in dem preußische Soldaten stationiert waren, zu Unruhen, nachdem der 20-jährige Leutnant von Forstner die elsässische Bevölkerung beleidigt hatte. Zu seinen Soldaten soll er gesagt haben: „Wenn Sie angegriffen werden, dann machen Sie von Ihrer Waffe Gebrauch; wenn Sie dabei so einen Wackes [=Schimpfwort für Elsässer; sein Gebrauch in der Armee war verboten] niederstechen, dann bekommen Sie von mir noch zehn Mark." Diese Unruhen schlug das Militär mit rechtlich nicht gedeckten Willkürakten nieder. Die dadurch ausgelöste Reichstagsdebatte dokumentierte die militaristischen Strukturen in der deutschen Gesellschaft. Die Affäre belastete das ohnehin problematische Verhältnis zwischen dem Reichsland Elsass-Lothringen und dem Deutschen Reich. Vgl. hierzu auch Hans-Ulrich Wehler: Der Fall Zabern von 1913/14 als Verfassungskrise des Wilhelminischen Kaiserreichs, in: ders.: Krisenherde des Kaiserreichs 1871-1918. Studien zur deutschen Sozial- und Verfassungsgeschichte, 2. Aufl. Göttingen 1979, S. 70-88.

Mit dem Ende des Krieges und dem Abzug der Deutschen – Hansi stand im Zenit seiner Karriere – kommt ihm der Hauptstoff seiner künstlerischen Tätigkeit abhanden: der Boche. Doch ganz kommt er nicht los von seinem Feindbild. Bald schon wittert er im Elsass eine Fünfte Kolonne am Werk, und bitter beklagte er, dass jeder Deutsche, der eine Elsässerin geheiratet hatte, damit in den Genuss der französischen Staatsbürgerschaft gelangte. In dem 1922 in Frankfurt am Main gegründeten „Wissenschaftlichen Institut der Elsass-Lothringer im Reich" sah er ein Instrument zur kulturellen Unterwanderung der Elsässer. Es unterstütze den in den Jahren der deutschen Okkupation durchaus als Opposition gegen Deutschland wirkenden elsässischen Regionalismus, der nun, nachdem das Elsass wieder zu Frankreich gehöre, eine engere Verschmelzung mit Frankreich verhindere. Deren Wortführer bezeichnete Hansi als „bezahlte Agenten Deutschlands". Dabei war Hansis künstlerische Tätigkeit als antideutscher Propagandist während der Kaiserzeit zumindest zeitweise ebenfalls von einem ausgeprägten elsässischen Partikularismus bestimmt.

Im Jahr 1923 wird Hansi Konservator des Museums Unterlinden, ein Amt, das schon sein Vater innehatte. In dieser Eigenschaft widmet er sich der elsässischen Heraldik; als Summe dieser Tätigkeit erscheint ab 1937 das Werk „L'art héraldique en Alsace".

Mit Beginn des Zweiten Weltkriegs verlässt Hansi das Elsass, um nicht in die Hände der Deutschen zu fallen. Im Sommer 1940 hält er sich in Agen (Südwestfrankreich), im unbesetzten Teil Frankreichs auf. Dort sei er im Frühjahr des folgenden Jahres mit knapper Not dem Tod entronnen, als ihn – wie es heißt – drei Totschläger in deutschem Sold niederschlugen und für tot liegen ließen.[5] Hansi flieht in die Schweiz. Erst im Juni 1946 kehrt er nach Colmar zurück. In den Jahren bis zu seinem Tod im Jahr 1951 erfährt er zahlreiche Ehrungen. Nicht müde wird er, vor den Deutschen zu warnen. Erst in seiner letzten Publikation, den 1950 erschienenen „Souvenirs d'un annexé récalcitrant", klingen versöhnlichere Töne an. Als Hansi am 10. Juni 1951 im Alter von 78 Jahren stirbt, wird er unter großer Beteiligung der Colmarer Bevölkerung zu Grabe getragen.

---

5   Es erstaunt, dass in keiner Publikation die Umstände dieser Gewaltaktion gegen Hansi näher untersucht wurden.

Abb. 1: Ein elsässisches Dorf am 4. August 1914

Abb. 2: Dasselbe Dorf am 10. August 1914

Das Doppelbild[6]

Hansis Doppelbild erschien in der Pariser Zeitschrift „L'Illustration" vom 3. August 1918, also zu einem Zeitpunkt, da der Krieg noch im Gange war, und dürfte daher damals kaum einem Deutschen unter die Augen gekommen sein. Hansi dürfte mit seinem Doppelbild auch gar nicht auf ein deutsches Publikum gezielt haben, so sehr er die anti-deutschen Stereotype bemüht, die aus seinem früheren Werk bereits bekannt sind. Ihm geht es vielmehr darum, jetzt, da ein für Frankreich siegreiches Kriegsende wahrscheinlich war, die französische Öffentlichkeit auf die Wünsche der Elsässer hinzuweisen: wieder zu Frankreich zu gehören und befreit zu werden von den „Boches". Denn was dem Elsass blühte, wenn die deutsche Herrschaft dort fortdauerte, das habe die dortige Bevölkerung zu Beginn des Krieges deutlich erfahren (s. Bild 1). Wie sehr man sich nach einer Wiederkehr der Franzosen sehnte, zeigt das zweite Bild. Tatsächlich war es den französischen Truppen gelungen, in den damals zu den Reichslanden Elsass-Lothringen gehörenden, also deutschen Sundgau einzudringen. Zeitweise hatten sie sogar Mühlhausen erobert, mussten sich dann aber wieder von dort zurückziehen, konnten jedoch bis zum Ende des Krieges einen Teil des Territoriums, das sie in den ersten Kriegstagen erobert hatten, gegen deutsche Angriffe halten. Das zweite Bild zeigt, wie fröhlich sich die Lebensumstände überall im Elsass gestalten würden, wenn nur erst die Franzosen die „Boches" vertrieben hätten.

Hansi hat den beiden Bildern selbst eine ausführliche Beschreibung beigegeben, die hier auszugsweise wiedergegeben werden soll (Übertragung G.S.):

„Das erste Bild zeigt ein elsässisches Dorf am 4. August 1914, dem Tag der Kriegserklärung. Es handelt sich hier um ein Dorf zwischen Thann und Wesserling, gelegen in jenem glücklichen Teil des Elsass, der vom Beginn des Krieges an wieder französisch geworden war. Von dem Augenblick an, da das Deutsche Reich den ‚Zustand der drohenden Kriegsgefahr' [31.7.1914] erklärt hatte, zog die politische Polizei die endlosen schwarzen Listen aus ihren Schubladen, auf denen die Namen all jener Elsässer verzeichnet waren, die man französischer Gefühle verdächtigte, und arretierte all diese Unglücklichen. [...] In allen Straßen, in allen Häusern gab es Durchsuchungen und Festnahmen. Im Vordergrund wird ein braver Bürger im Auto, von einigen Preußen flankiert, abtransportiert; eine Patrouille führt einen ehemaligen französischen Offizier ab; das gleiche Schicksal ereilt einen Arbeiter, der treu nach alter Gewohnheit die Revuen am 14. Juli in Belfort besuchte,[7] und einige junge Leute. Die jungen Burschen wurden überall aus ihren Familien gerissen und gewaltsam an die russische Front geschickt; die Boches nennen das ‚Kriegsfreiwillige machen'. So geschehen dem Sohn des Gastwirts ‚Zum Wilden Mann', was umso leichter bewerkstelligt wurde, weil man bei ihm einen Bildband fand [gemeint ist Hansis Buch „Mon Village"], der auf den Boche-Gendarmen wie ein rotes Tuch wirkte. Vor dem Brunnen sieht man den Oberpostmeister, wie er sich mit seiner Familie in voller Kriegsmontur photographieren lässt. Er selbst ist Leutnant der Landwehr, seine Frau – Frau Oberpostmeister – ist Rot-Kreuz-Dame, sein Sohn Pfadfinder [Hansi schreibt: boy-scout boche]. [Es folgt eine Eloge auf die französischen Pfadfinder, die vom Tag der Kriegserklärung an in den Dienst des französischen Roten Kreuzes getreten seien, während sich die deutschen Pfadfinder der Polizei für Spitzeldienste und zur Ausspähung französisch sprechender Elsässer zur Verfügung gestellt hätten.] Auf dem Bild sieht man, wie eines dieser schrecklichen Muster der Boche-Jugend eine Polizeipatrouille führt. Einer dieser Jungen wollte den braven Vater Pechler unter dem Vorwand verhaften lassen, Pechler habe, während er Schuhe besohlte, die Marseillaise gepfiffen. In Wirklichkeit tat der Junge dies aber, weil er weiß, dass seine Eltern es immer ‚vergessen' haben, das häufige Besohlen der Stiefel seiner zahlreichen Familie zu bezahlen. Hinter dem Brunnen sieht man den Gendarm, wie er dem Feldhüter Chambatiss den Befehl erteilt, den gusseisernen Hahn herunterzuholen, der den Brunnen seit 1848 aufs Schönste schmückt. Glücklicherweise ist der Feldhüter nicht der Schnellste; als die Franzosen am nächsten Tag ankamen, waren sie sehr glücklich, den tapferen Hahn an seinem Platz vorzufinden. Etwas weiter hinten ist das Schulhaus zu sehen; durch die offenen Fenster sieht man, wie die schönsten Prinzipien der deutschen

---

7   Am 14. Juli, dem französischen Nationalfeiertag, haben manche Elsässer in der Zeit nach 1871 ihren Widerstand gegen die Annexion durch das Deutsche Reich dadurch demonstriert, dass sie über die Grenze nach Frankreich gingen, um im nahe gelegenen französischen Belfort an den Feiern aus Anlass des französischen Nationalfeiertags teilzunehmen.

Pädagogik angewendet werden. Vis à vis der Schule ist die bewunderte Organisation am Werk, die als schönste Manifestation deutschen Genies gilt. Die Boches verwirklichen vor Ihren Augen das große Kriegsziel: Sie haben ein großräumiges Umzugsfahrzeug herbeigebracht, in dem sie Klaviere, Standuhren, Sofas und alles, was einem guten und redlichen deutschen Haushalt Freude machen kann, auftürmen. Vor dem Fahrzeug sehen Sie die lieblichen Damen des Roten Kreuzes der Boches, wie sie damit beschäftigt sind, Bettbezüge und Tischdecken zu begutachten und zusammenzufalten. Das ist eine der großen Spezialitäten der Damen des Roten Kreuzes der Boches, und wenigstens in dieser Hinsicht sind unsere lieben französischen Krankenschwestern ihnen unterlegen. Während dieses ganzen 4. August erlebt man nichts als Festnahmen, Hausdurchsuchungen und Plünderungen. Eine schwere Gewitternacht senkte sich über das Elsass. Die schwer beladenen Umzugswagen rollten zum Rhein; die Soldaten waren abgerückt und trieben die Gefangenen mit Gewehrkolbenstößen vor sich her. Terror und Angst herrschten überall und in fast allen Häusern beweinte man die Söhne und Väter, von denen man nicht wusste, wohin sie mitgenommen wurden. Plötzlich hörte man in einiger Entfernung einige dumpfe Detonationen: das waren die ersten Kanonenschüsse aus der Richtung von Belfort."

Zum zweiten Bild, das eine fiktive Situation in demselben Dorf am 10. August 1914 zeigt, also nachdem es von französischen Truppen erobert worden war, schreibt Hansi:

„Mein zweites Bild hätte ganz gut ohne Erklärung durchgehen können. Wie zu sehen ist, sind alle zufrieden, selbst der Storch auf dem Schulhaus scheint fröhlich zu sein. Es war an diesem Morgen: Vom Hügel, den Sie hinter dem Glockenturm sehen, kamen von überall her Soldaten in roten Hosen herunter. Die schrecklichen Helden der Festnahmen und der Plünderungen von gestern hatten nicht viel Zeit, sich zurückzuziehen. Sie sind alle abgehauen, und Chambatiss, der Feldhüter, der sich schon erfolgreich ein französisches Käppi verschafft hat, macht Jagd auf die letzten von ihnen. Vater Pechler, der schon bald verlangen wird, Pêchelaire zu heißen, hat seine Verdienstmedaille aus dem anderen Krieg angelegt und bemalt sein Ladenschild mit den französischen Farben. Der kommandierende General der Division wird festlich von denjenigen Mitgliedern des Gemeinderats empfangen, die am Vorabend nicht festgenommen worden waren. In der Schule lernen die Kinder – mit welcher Freude!

– die Marseillaise zu singen. Auf meinem Bild sehen sie kleine Elsässerinnen in ihrer Landestracht. Heute legt man sie an, um den französischen Soldaten eine Freude zu bereiten, aber ich warne sie, sie ist fast genau so fantastisch wie die Montur eines Fliegers. In den Regimentern der [französischen] Ost-Armee, die in den ersten Tagen des Krieges ins Elsass vorgerückt waren, dienten viele elsässische Offiziere und Soldaten.[8] In jeder Straße stießen sie auf Verwandte und Freunde. Überall herrscht Freude und Glückseligkeit. Flaschen mit dem ältesten Wein und dem edelsten Kirschwasser wurden aus ihren Verstecken geholt, um jene zu feiern, auf die man 44 Jahre gewartet hatte. […] Hier, im Zentrum Europas in Flammen, am Rande des noch immer besetzten, erdrückten, ausgebeuteten und gräulich gepeinigten Elsass, gibt es ein ganz kleines Fleckchen Erde, und dies ist das glücklichste Stückchen Land Europas. Im anderen Elsass aber gehen die Festnahmen und Verfolgungen weiter. Die Soldateska ,requiriert' – so nennt man nämlich in Deutschland diesen Diebstahl – die letzten Kartoffeln, sie durchwühlt die Häuser nach den letzten Geldstücken; Kirchenglocken, Orgelpfeifen, Kultgegenstände, Gemälde aus Museen werden zusammen mit Klavieren und Standuhren der Bürger jenseits des Rheins ,in Sicherheit gebracht'.[…] Es ist gewiss schrecklich, wenn man sieht, wie unsere alten Gegenstände, die uns lieb und wert sind, weggebracht werden, aber es ist dennoch auch ermutigend. Denn, schauen Sie, wenn ein Spitzbube, ein Bandit, ein Emporkömmling, der sich durch Bluff, durch Raub und Mord ein Vermögen verschafft hat, die Früchte seines Raubzugs bei den Hehlern seines Landes in Sicherheit gebracht hat, dann ist der Bankrott, das Debakel nahe, sehr nahe. Das wird dann der Bankrott von 40 Jahren Gewalt und Grausamkeit sein, das Ende des Martyriums; und dann werden wir im ganzen Elsass Kinder sehen, die genau so glücklich sind wie auf meinem Bild, und auch rund um Straßburg werden dann die glorreichen französischen Soldaten [Hansi schreibt: „les poilus"] von den kleinen Elsässerinnen in ihrer echten Tracht empfangen werden."

Hansis Zeichnungen und Texte sind in hohem Maße polarisierend. Die Schwarz-Weiß-Malerei der beiden Bilder kennt keine Zwischentöne: Alles, was deutsch ist, ist schlecht, alles, was französisch ist, ist gut. Ob es

---

8   In den Jahren nach der deutschen Annexion des Elsass im Jahr 1871 hatten viele Elsässer für Frankreich optiert und waren nach Frankreich gegangen, wo sie dann als französische Staatsbürger auch in der französischen Armee Dienst taten.

der Unterricht in den beiden Klassenzimmern ist oder der Umgang des französischen Militärs mit den Elsässern und deren Kindern – Liebenswürdigkeit und Freundlichkeit herrscht dort, wo noch vor wenigen Tagen Gewalt, Denunziation und Unterdrückung an der Tagesordnung waren. Selbst das Gitter vor dem Arrestzimmer der Knabenschule hat man schon beseitigt, denn der Unterricht der französischen Lehrer hat dergleichen Zwangseinrichtungen offensichtlich nicht nötig. Auch das Plakat mit dem Steckbrief Hansis, das am 4. August neben der Erklärung des Kriegszustandes und der Mobilmachung hing, ist am 10. August längst beseitigt oder überklebt worden. Hansi muss jetzt nicht mehr mit Verfolgung rechnen. Ganz im Gegenteil! Während die letzten Touristen des Vogesenvereins aus dem Dorf getrieben werden, spricht Hansi links neben dem Brunnen mit einer Elsässerin.

In der französischen Bevölkerung und bei den meisten Elsässern haben solche und ähnliche Darstellungen großen Zuspruch gefunden, während sie in Deutschland Empörung und Widerspruch ausgelöst haben. Als Deutscher fühlte man sich missverstanden, ja, mehr noch, in hohem Maße beleidigt. Die beißende Kritik Hansis an allem, was deutsch ist, empfand man als ungerecht, gerade angesichts der Tatsache, dass das Deutsche Reich beträchtliche Mittel in die Reichslande gepumpt hatte, um die Infrastruktur (Straßenbau, Eisenbahn, Kanäle) und die Industrie auf- und auszubauen und um dem elsässischen Weinbau bessere Absatzchancen zu eröffnen. Auch der Tourismus nahm in den Reichslanden einen bis dahin ungeahnten Aufschwung. Die Straßburger Universität wurde stark gefördert und gehörte schon bald nach ihrer Wiedergründung zu den führenden Universitäten des Deutschen Reiches. Sicher werden einsichtigere Deutsche erkannt haben, dass im Laufe der gut vierzig Jahre, in denen das Elsass zum Deutschen Reich gehörte, auch viele Ungeschicklichkeiten, viel Unrecht und manch unsinnige Unterdrückung des elsässischen Traditionsbewusstseins und der elsässischen Autonomiebestrebungen gegeben hat. Zu keiner Zeit wurde den Reichslanden Elsass-Lothringen jene verfassungsrechtliche Stellung im Deutschen Reich zugestanden, wie sie andere Bundesstaaten des Deutschen Reiches hatten. Immer begegneten die überwiegend aus dem Altreich stammenden leitenden Verwaltungsbeamten den Elsässern mit Misstrauen.

Und dennoch empfand man und empfindet man vielleicht auch noch heute die geballte Kritik Hansis an den Deutschen und vor allem die verklärende Darstellung der Franzosen als stark übertrieben und ungerecht, wobei dieses Unbehagen beim Betrachten der Bilder Hansis möglicherweise weniger von den dargestellten Unterdrückungsmaßnahmen herrührt, denn – so dürfte wohl die Mehrheit der Bevölkerung im Altreich gedacht haben – eine unbotmäßige und aufsässige Bevölkerung verdiente allemal die harte Hand der Obrigkeit. Dass „die Boches" zu Beginn des Krieges jenseits der ja nicht nur im Elsass, sondern überall im Reich durchgeführten Requirierungen kriegswichtiger (Versorgungs-)Güter auch Diebstahl begangen haben, noch dazu in organisierter Form, dass man den einfachen Bürgern des Elsass Standuhren, Klaviere usw. weggenommen habe, um sie östlich des Rheins im Altreich in den Bürgerfamilien wieder aufzustellen, das empfand man im Reich als Schmach und als glatte Lüge.

Darüber hinaus ertrug man es im Altreich nur schwer, wenn Hansi die Deutschen durchweg als „Boches" titulierte oder gar einen ganz kleinen Elsässer in falscher Orthographie zum Ausdruck bringen lässt: „Les boches son pas des personnes comme nous. Ils sont des cochons."[9] Der Deutsche, das ist bei Hansi der Andere, der Fremde, meist in Gestalt all jener, die Hansi als Träger der Germanisierung des Elsass glaubte identifizieren zu können: Der Lehrer an Volksschule und Gymnasium, Militärs und Gendarmen, Verwaltungsbeamte. Dazu kommen die von ihm verspotteten Touristen und Wanderer, die in ihren grünen Jacken und ihren Hüten mit Pinsel ins Elsass einfielen und die Höhen der Vogesen stürmten. In seiner „Histoire d'Alsace", die 1913 in Paris erschienen war, hatte Hansi die 1871 mit der Annexion einsetzende Invasion des Elsass beschrieben: Eine „Horde hungriger, struppiger Geschöpfe, grün gekleidet, mit durchlöcherten Schuhen an den Füßen" habe sich über das Elsass ergossen. „Ihre brummenden Massen erinnerten an die ersten feindlichen Einfälle der Barbaren. Fort und fort kamen sie, Rothaarige, Blonde, Dicke, Dünne, Badener, Bayern, vor allem aber rohe und großmäulige Preußen. Fast alle trugen ihre gesamte bewegliche Habe

---

9   „Die Deutschen sind keine Menschen wie wir; sie sind Schweine"; aus: Le Paradis tricolore, par l'oncle Hansi, Paris 1918, S. 6.

in einem Taschentuch mit sich; das war die Auslese der Herren der Erde
...“[10] Jetzt, nach dem Ende des Krieges, hat man sie im Winter 1918/19
aus dem Elsass wieder vertrieben. In einem damals im Elsass umlaufenden
Gedicht heißt es: „Pack den Schwob am Kragen,/ Setz ihn in den Wagen,/
Fahr ihn über den Rhein:/ Das Elsass ist nicht sein!“[11]

Hansis Texte, das fällt auf, sind in den meisten Fällen sehr viel aggressiver
als seine Bilder, die bei aller inhaltlichen Zuspitzung doch etwas Humoristi-
sches, Folkloristisches haben.[12] Auch für unser Doppelbild trifft dies zu. Der
Text, den Hansi seinen beiden Bildern als Erläuterung anfügt, lässt an den
Deutschen kein gutes Haar, während der Charme der Bilder die Überzeich-
nungen erträglicher erscheinen lässt. Der Deutsche bzw. der Boche tritt nur
selten als Individuum auf. In der Regel bricht er als Gruppe oder gar als
Horde über das Elsass herein. Auf seinen frühen Bildern sind es die Wanderer im grünen Habit, die sich in den Vogesen breitmachen. Dann sind es
die Bildungsbürger, die Lehrer an den Volksschulen und die Professoren
an den Gymnasien, die Hansi aufs Korn nimmt, und immer wieder die
Soldaten, in erster Linie preußische Soldaten, die mit ihren Pickelhauben
für den preußisch-deutschen Militarismus stehen. Wohl nur im Grad, nicht
aber in der grundsätzlichen Zielsetzung unterscheiden sie sich in ihrem Ziel:
der Durchsetzung dessen, was Hansi als „pangermanisme“ bezeichnet. Dem
Alldeutschtum in preußischer Gestalt stellt Hansi das idyllische, noch sehr
traditionsbewusste, durch Modernismus scheinbar nicht angekränkelte Elsass
entgegen, das er zu verteidigen gewillt ist.[13] Im Schoße Frankreichs sieht er
die Identität des Elsass besser aufgehoben als im Deutschen Kaiserreich. Die
Zeitgenossen im Altreich dürfte diese Argumentation Hansis stark verärgert
haben, denn sie waren überzeugt davon (und die Wirtschaftszahlen gaben

---

10 L'Histoire d'Alsace, racontée aux petits enfants d'Alsace et de France par
     l'oncle Hansi. Avec beaucoup de jolies images de Hansi et de Huen, Paris
     1913; zit. nach Babilotte (wie Anm. 1), S. 34.
11 Mit „Schwob“ wird im Elsass allgemein der Deutsche bezeichnet.
12 Vgl. hierzu auch Daniel Poncin: Un pays mal conquis: Les Allemands vus par
     l'Alsacien Jean-Jacques Waltz, dit Hansi, in: L'étranger dans l'image satirique,
     hrsg. v. Jean-Claude Gardes und Daniel Poncin, Poitiers 1994, S. 135.
13 Dass diese elsässische Idylle einer vorindustriellen Lebenswelt zum Zeitpunkt,
     da Hansi sie zeichnete, schon nicht mehr existierte, scheint er zu keinem
     Zeitpunkt realisiert zu haben.

ihnen recht), dass das Deutsche Reich mehr für das Elsass tat, als dies der französische Staat in der Vergangenheit getan hatte. Ein Ärgernis war ihnen auch, dass ein Großteil der elsässischen Honoratiorenschicht in den Gemeinden demonstrativ einen französischen Lebensstil pflegte und untereinander gerne französisch sprach. Deutscherseits wurde dies als mangelnde Dankbarkeit, ja, als Affront betrachtet.

Was nun Auslöser bzw. Ursache des individuellen Deutschenhasses Hansis gewesen ist und wie es dazu kam, dass er ein derart einseitiges, vergröbertes Deutschenbild ausbildete und verbreitete, lässt sich nur schwer sagen. Eine Rolle mögen seine Schulerfahrungen gespielt haben. Noch in seinen späteren Lebensphasen erinnert er sich seines preußischen Lehrers, der ihn so ungerecht behandelt habe, dass ihm die Schule schnell verleidet war. Doch diese privaten Erfahrungen allein, auch wenn sie viele Elsässer geteilt haben mögen, können seinen Deutschenhass nicht hinreichend erklären. Er erkannte auch, dass die Deutschen aus dem Altreich sich nur wenig Mühe gegeben haben, die Individualität der Elsässer zu achten. Auch die Sonderstellung der „Reichslande Elsass-Lothringen" im Deutschen Reich, die erst kurz vor dem Ersten Weltkrieg, 30 Jahre nach dem Anschluss des Elsass und Teilen von Lothringen an das Reich, gewährte Verfassung, das geringe Vertrauen, das man den Elsässern seitens der Behörden entgegenbrachte, mögen dazu beigetragen haben, dass Hansi seinen Deutschenhass zu keinem Zeitpunkt glaubte überprüfen oder gar revidieren zu müssen.

Christian Heuer

Erich Schönberg –
Ein studentisches Augusterlebnis 1914

Die Quelle

Freiburg i.Br., den 1. August 1914
(in der Mobilmachungsnacht um 3 Uhr).

Liebe Mutter!

Die Würfel sind gefallen. Das Vaterland ruft, und ich folge diesem Rufe auf der Stelle. Es waren erhabene, weihevolle Tage, im Banne jubelnder Begeisterung und banger Erwartung zugleich. Was wir da gefühlt und empfunden, vermögen Worte nicht zu beschreiben. Wie gerne hätte ich Dich vorher noch einmal gesehen! Doch es wird uns nicht mehr vergönnt. Das hat auch wieder sein Gutes, indem es uns den schweren Abschieds-schmerz erleichtern hilft. Vertraue darum auf Gott und wisse, daß ja doch nicht jede Kugel trifft. Wohl tut es weh, so von seinen Liebsten zu scheiden, in aller Ungewißheit. Dennoch aber werde ich mit jauchzender Freude dem Feuer entgegengehen! Ist es doch der Kampf für die gute Sache, um unser Liebstes, unser Vaterland, also auch um Dein Wohl. Und die gute Sache wird Gott nicht verlassen! Mit welcher Begeisterung hat auch das ganze Volk dieser Entscheidung entgegengesehen! Unter jubelnden Kriegs- und Vaterlandsliedern ging ein endloser Zug von Menschen zum Siegesdenkmal. Da hat's mich nimmer gehalten. Da hat's mich hinauf getrieben auf den Sockel, um einer atemlos lauschenden Menge den Ruf hinauszuschmettern:

Es durchweht ein gewaltiges Brausen
Germaniens heiligen Hain,
Von den Alpen zum wogenden Meere,
Von der Memel zum rauschenden Rhein!
Bis in die entlegensten Täler,
Zu den ragendsten Höhen hinauf
Schallt schmetternd der Ruf der Fanfaren:
„Jungdeutschland! Wach auf! Wache auf!!"

Die Helden von Jena und Leipzig,
Von Weißenburg, Spichern und Wörth,
Sie haben's stolzschlagenden Herzens
In der Tiefe des Grabes gehört!
Laut mahnend nun tönt ihre Stimme:
Jung Deutschland! Wach auf! Wache auf!!

Hebe trotzig zum Streite gerüstet
Die Hand an den Degenknauf!!!

Wer möchte noch schlafen und träumen
Und tändeln in sorgloser Ruh',
Da von allen vier Winden schon schleichen
Die fährlichsten Wetter hinzu!?
O, achte das Grollen der Donner,
Der Wolken schwarzdrohenden Hauf'
Zu gering nicht im Wahn [...] deines Ruhmes!
Jung Deutschland! Wach auf! Wache auf!!

Heraus mit dem Schwert aus der Scheide!!
Laß es klirren bei Tag und bei Nacht,
Und leuchten im Glanz der Gestirne,
Das Zeichen germanischer Macht!!
Nur so wirst im heißesten Feuer,
Den Geist deiner Ahnen vorauf,
Mit Gottvater dein Feld zu behaupten!
Jung Deutschland! Wach auf! Wache auf!!

Daß ich damit in aller Herzen traf, brauche ich wohl kaum zu erwähnen. Welcher echte Deutsche dächte wohl anders!? So ist es nun ein seltsames Gemisch von Freude und Weh, das uns heute bewegt. Doch die Freude soll und muß überwiegen in dem Gedanken: Mit Gott für Kaiser und Vaterland!

In dem Sinne, liebe Mutter, lebe wohl und Gott befohlen! Auf Wiedersehen hier oder droben.

Mit 1000 Grüßen   Dein Erich.

Aus: Universitätsarchiv Freiburg i.Br. D26 „Feldpostbriefe 1914-1915. Abschriften von Briefen des Soldaten NN aus Elberfeld an seine Mutter"; alle nachfolgend zitierten Auszüge aus den Briefen Erich Schönbergs sind dieser Sammlung entnommen.

Herkunft

Der „Abschiedsgruß eines deutschen Studenten an seine Mutter", wie die Zeitung den eingeschickten Brief Erichs nachträglich titulieren sollte, war – man würde es auch ohne die Überschrift schnell erlesen – ein Abschiedsbrief und zugleich der Beginn einer schwierigen Kommunikation zwischen Sohn und Mutter, zwischen Front und Heimat. Der Brief selbst wurde kurz nach Kriegsbeginn wahrscheinlich von der Mutter einer der damals existierenden fünf Elberfelder Tageszeitungen „zur Verfügung gestellt". Überliefert ist er jedoch in einer Sammlung von Feldpostbriefen, die im Freiburger Universitätsarchiv verwahrt werden und auf die ich im Zuge einer Arbeit über studentische Korporationen gestoßen bin. In diesen überlieferten knapp zwanzig Briefen und Gedichten schildert der Kriegsfreiwillige Erich Schönberg seiner Mutter sein individuelles „Kriegserlebnis" des ersten Kriegsjahres an der Westfront in Flandern. Obgleich die Schilderungen des eintönigen Kriegsalltags zwischen Essenszubereitung und Nahrungsbeschaffung, zwischen Pionierarbeiten und Langeweile einen Großteil der überlieferten Briefe ausmachen – und spätestens bei der zweiten Lektüre übersprungen werden –, so stockt dem Leser doch der Atem, wenn zwischen diesen Banalitäten des Alltäglichen immer wieder Spuren der schonungslosen Realität des ersten industrialisierten Krieges aufscheinen und damit den Blick frei geben auf die individuellen Sinnstiftungen und Bewältigungsstrategien angesichts der „biographischen Krise" Krieg: das Schweigen gegenüber seiner Mutter, als sich der blumenbeschmückte Held zum lehmüberzogenen, vom „Trommelfeuer" verrückt gewordenen Menschenleib in Feldgrau wandelte; der Untergang eines am Deutsch-Französischen Krieg von 1870/71 orientierten Kriegsbildes angesichts der Realität eines hoch technisierten Kriegs; das verzweifelte Festhalten an Gott und Vaterland, als es für ihn offensichtlich wurde, dass aus einem „fröhlich[en] Schützengefecht auf blumigen, blutbetauten Wiesen"[1] ein Massensterben in einer aus unzähligen Trichtern, Sappen, zerfetzten Toten, verkohlten Baumstümpfen und pulverisierten Trümmern bestehenden unwirklichen Kriegslandschaft geworden war.

---

1   Ernst Jünger: In Stahlgewittern, in: ders.: Werke. Bd. 1. Tagebücher 1, Stuttgart o. J. , S. 9.

Dabei lenken die Briefe des Freiburger Studenten den Blick des Lesers und der Leserin auf die individuellen Bewältigungsstrategien, den eintönigen „Kriegsalltag" und auf die Kriegserlebnisse des einzelnen Soldaten. Jedoch sind die Feldpostbriefe als „Ego-Dokumente" – wie zu zeigen sein wird – nicht allein Quellen für die „identifikatorische Rekonstruktion des Krieges",[2] sondern auch und besonders eine mentalitätsgeschichtliche Quelle, die durch Kontextualisierung der Rezeptionsgeschichte den Blick frei geben kann auf die folgenreiche akademische Erinnerungskultur der Zwischenkriegszeit.

Inhalt und Kontext

In der Nacht vom 1. August 1914 wird es für den Studenten Erich wohl länger gedauert haben als sonst, von der Stadtmitte Freiburgs aus sein Pensionszimmer am Rande der Stadt zu erreichen. Denn nachdem Kaiser Wilhelm II. am Nachmittag den Kriegszustand und die allgemeine Mobilmachung verkündet hatte, bildete sich in der Freiburger Innenstadt schnell eine „Kopf an Kopf gedrängte Schar"[3] aus nervösen, aufgeregten und angespannten Männern, Frauen und Kindern. Der Sozialdemokrat Wilhelm Engler nahm diese Menschenansammlung bereits am frühen Abend als „Ameisenhaufen"[4] wahr. Auf der Hauptgeschäftsstraße der Stadt, der Kaiserstraße, hatte es kein Durchkommen mehr gegeben. Dabei stellten auch an diesem Abend Freiburger Studenten mit ihren schwarz-weiß-roten Fahnen den Großteil eines schnell gebildeten Zuges, der sich zum Siegesdenkmal vorschob. Dieses Denkmal, das zur Erinnerung an den Sieg von 1870/71 errichtet worden war, war bereits in der jüngsten Vergangenheit mehrfach Versammlungsort für patriotische und chauvinistische Versammlungen gewesen. Besonders die Studenten der Stadt verliehen an diesem Abend ihrer „Kampfbereitschaft" durch das laute Singen vaterländischer Lieder nachhaltig Ausdruck. Ein Großteil der Studenten hatte in den zahlreichen Kneipen und Cafés der Stadt diesem

---

2   Peter Knoch: Feldpost – eine unentdeckte historische Quellengattung, in: Geschichtsdidaktik 11 (1986), S. 154-171, hier S. 155.
3   Freiburger Zeitung, Nr. 202 vom 27. Juli 1914; erstes Morgenblatt.
4   Wilhelm Engler: Freiburg, Baden und das Reich. Lebenserinnerungen eines südwestdeutschen Sozialdemokraten 1873-1938, berab. v. Reinhold Zumtobel, hg. und eingeleitet von Wolfgang Hug, Stuttgart 1991, S. 24.

„Ereignis" „entgegengesehen" und versucht, ihre Anspannung, Erregung und vereinzelt auftretende Angstzustände mit exzessivem Alkoholgenuss zu kompensieren.[5] Unter diesen „patriotisch gesinnten Jünglingen"[6] befand sich auch der Autor des oben zitierten Briefes. Als die Menschenmenge schließlich das Siegesdenkmal erreichte, gab es für den 24-Jährigen kein Halten mehr. Auf dem Sockel stehend, rief er der atemlosen Menge voller Inbrunst zu: „Jung Deutschland! Wach auf! Wache auf!".[7]

Angesichts eines drohenden Krieges wird diese öffentlich artikulierte „Kriegsbegeisterung" den heutigen Leser verwundern, in den meisten Fällen verstören und kopfschüttelnd angesichts der Naivität eines knapp 25-jährigen Studenten weiterlesen lassen.

Dabei darf jedoch die Verdrängungsleistung dieser öffentlichen und gemeinschaftlichen Zurschaustellung der eigenen „Wehrhaftigkeit" nicht unterschätzt werden. Die allgemeine Verunsicherung angesichts eines Krieges und angesichts sich häufig widersprechender Pressemeldungen im Vorfeld suchte sich auch in solcherlei Kundgebungen ein Ventil. Doch wenn der Autor hier schreibt, dass die Begeisterung vom ganzen Volk getragen wurde, so irrt er. Selbstverständlich gab es auch andere Stimmungen und Stimmen „banger Erwartung" vor dem, was kommt. Von einer das ganze Volk umfassenden Kriegsbegeisterung konnte sowohl in Freiburg wie auch im übrigen Reich keine Rede sein. Vielmehr wurde die Begeisterung in Freiburg in erster Linie von akademischen und studentischen Kreisen getragen. Diese bereits in den ersten Zeilen an seine Mutter offen zur Sprache gebrachte „Kriegsbegeisterung" des jungen Mannes stellte für einen männlichen Studenten und Akademiker der damaligen Zeit keine Seltenheit dar. „Der Geist von 1914", wie er kurz darauf von Gelehrten, Publizisten, Schriftstellern und Politikern (darunter so bedeutende wie Max Weber, Werner Sombart oder Thomas Mann) beschrieben wurde, konnte gerade innerhalb der Akademikerschaft

---

5 Vgl. Engelbert Krebs: Die Siegesfeier. Erinnerungen und Ahnungen. In: Unseren Kommilitonen. Ein Weihnachtsgruß, Freiburg 1915, S. 10-15.
6 S. Anm. 3.
7 Zur Lage in Freiburg im August 1914 allgemein vgl. Christian Geinitz: Kriegsfurcht und Kampfbereitschaft. Das Augusterlebnis in Freiburg. Eine Studie zum Kriegsbeginn 1914, Essen 1998. Zum „Augusterlebnis als Kriegsbegeisterung", s. ebd., S. 410 ff.

auf eine lange Tradition zurückgreifen. Denn gerade dort wurde bereits in den Jahren vor Kriegsausbruch in zahlreichen Schriften einer spezifisch deutschen Staatsgesinnung, der späteren „Volksgemeinschaft", und einer Überlegenheit der deutschen „Kultur" gegenüber anderen europäischen „Zivilisationen" das Wort geredet.[8] Die Überzeugung, von der Überlegenheit der deutschen Kultur war weit verbreitet.

Die „Kriegsbegeisterung" eines großen Teils der Freiburger Studentenschaft speiste sich aus Motiven der Abenteuerlust, überhöhten Männlichkeitsvorstellungen und -stereotypen, eines romantisch-verklärten Kriegsbildes und bürgerlichen Fluchtphantasien, aus eben jener im akademischen Milieu tief verwurzelten Einstellung, wonach es gerade angesichts einer nationalen Bedrohung die Pflicht eines jeden Studenten sei, die bereits in Friedenszeiten propagierten „Ideen von 1914" gegen „eine Welt von Feinden" zu verteidigen. Dabei ging es um nichts Geringeres als um die sozialdarwinistische Deutung des Krieges als eines Daseinskampfes der deutschen Kultur gegen eine modern geartete, westliche „Zivilisation". Mitmenschlichkeit, Brüderlichkeit, Ehrlichkeit und Gemeinschaft waren die Schlagwörter der Zeit. Doch galten diese Werte nur dem eigenen Volk: „Ist es doch der Kampf für die gute Sache", schreibt Erich. „Welcher echte Deutsche dächte wohl anders!?", fragt er am Ende. Der Satz „Am deutschen Wesen soll die Welt genesen" fand hier seine Entsprechung.[9]

Die Intellektuellen und Akademiker des Reiches nahmen bei der Propagierung dieses Krieges eine Vorreiterrolle ein. Denn so wie die Universitäten in Friedenszeiten von zahlreichen Akademikern, Intellektuellen und

---

8 Vgl. Wolfgang Mommsen: Der Geist von 1914. Das Programm eines politischen „Sonderweg" der Deutschen, in: ders.: Der autoritäre Nationalstaat. Verfassung, Gesellschaft und Kultur des deutschen Kaiserreiches, Frankfurt/M. 1990, S. 407-421. Vgl. auch Wolfgang Mommsen (Hrsg.): Kultur und Krieg. Die Rolle der Intellektuellen, Künstler und Schriftsteller im Ersten Weltkrieg, München 1996.

9 Vgl. Jeffrey Verhey: Ideen von 1914, in: Enzyklopädie Erster Weltkrieg, hg. v. Gerhard Hirschfeld, Gerd Krumeich, Irina Renz in Verbindung mit Markus Pöhlmann. Paderborn, München, Wien, Zürich 2004, S. 568 f.; und ders.: Der „Geist von 1914" und die Erfindung der Volksgemeinschaft, Hamburg 2000. Der sprichwörtlich gewordene Satz stammt aus dem Gedicht „Deutschlands Beruf" von Emanuel Geibel aus dem Jahr 1861. Dort heißt es: „Und es mag am deutschen Wesen/ Einmal noch die Welt genesen".

Publizisten dazu aufgefordert worden waren, der Nation als Erzieherin zu dienen, so stellte der Kriegsausbruch den Prüfstein eben dieser Erziehung, des „Lebens in allgemeiner geistiger Wehrpflicht"[10], dar. Die akademische Jugend sollte dabei „durchdrungen von ihrer großen Aufgabe, beseelt von tiefer Vaterlandsliebe, durchglüht vom Feuer der Jugend, mit den Offizieren das Rückgrat des Heeres sein".[11] Diese Stilisierung des Krieges zur nationalen Bewährungsprobe des akademischen Standes verfehlte ihre Wirkung nicht. Der Journalist Franz Servaes, der im Auftrag der Vossischen Zeitung ein Jahr nach Kriegsbeginn eine Rundreise durch die deutsche Universitätslandschaft unternahm, schilderte das Gespräch mit einem Freiburger Historiker, der „mit Ergriffenheit von den Tagen des Kriegsausbruchs" zu ihm sprach: „Der Geist, der damals über diese Stadt kam und zumal die Jugend ergriff, war ein gewaltiger".[12]

Aber nicht nur innerhalb der akademischen Institutionen beschwor man den Glauben an einen unausweichlichen Verteidigungskrieg. Bereits zu Friedenszeiten wurde innerhalb der zahlreichen studentischen Verbindungen der Stadt (Corps, Burschenschaften und Landsmannschaften) eine geistige Bereitschaft zum Krieg gefördert, die sich als ein weiteres Glied in der Tradition nationaler Erhebungen seit den Befreiungskriegen von 1813 wähnte und der sich zu Kriegsbeginn auch die nicht korporierten Studenten weitgehend unterwarfen. Gerade die studentischen Verbindungen mit schlagendem Prinzip übernahmen aufgrund ihres aristokratischen Ehrenkodexes nicht nur in der städtischen Bevölkerung, sondern auch innerhalb der Studentenschaft eine dominierende Rolle und schufen ein Umfeld, in dem nationalistische und militärische Tugenden hochgehalten wurden. Dabei sahen sich die studentischen Korporationen in der Tradition der Freiheitskriege und des

---

10   Theobald Ziegler: Der deutsche Student am Ende des 19. Jahrhunderts. Vorlesungen gehalten im Wintersemester 1894/95 an der Kaiser-Wilhelms-Universität zu Straßburg, 6. Aufl. Leipzig 1896, hier S. 15.

11   So der Leipziger Professor für Geschichte Walter Goetz, zit. n. Friedrich Schulze/Paul Sysmank: Das deutsche Studententum von den ältesten Zeiten bis zur Gegenwart. 4. Aufl. München 1932, hier S. 455.

12   Servaes, Franz: Deutschlands Hochschulen im Kriege. Eine Rundreise. Heidelberg und Freiburg, in: Vossische Zeitung vom 15. Juli 1915, zit. n. Universitätsarchiv Freiburg B1 4348.

Deutsch-Französischen Krieges stehen. Das gemeinsame Singen vaterländischer Lieder aus den Befreiungskriegen – „Das Volk steht auf, der Sturm
bricht los, wer legt noch die Hände feig in den Schooß?"[13] – in den Kneipen
und auf Festen gehörten auch in Friedenszeiten zum festen Bestandteil
studentischen Brauchtums.[14]

Nach dem siegreichen Deutsch-Französischen Krieg und nach der Reichsgründung war es zu einer Reihe von Neugründungen und organisierten
studentischen Zusammenschlüssen gekommen. Diese stellten jedoch in der
Regel keine Anpassung in Form einer den Zeitumständen entsprechenden
Verbindung an die Herausforderungen der heraufziehenden Moderne dar,
sondern waren Zusammenschlüsse, die sich viel eher an einer „germanischen"
mythischen Vergangenheit, voll von Traditionen, Ritualen und Symbolen
orientierten.[15]

Die Kriegsbegeisterung der Studentengeneration von 1914 knüpfte an
die als kollektive Befreiungs- und Einigungsakte stilisierten Kriege des 19.
Jahrhunderts an. Die „Denkmuster aggressiver Selbstbehauptung"[16] waren
besonders nach der Reichsgründung auf den institutionalisierten National-
feiern gepflegt worden. Die Studenten waren in ihrer „Kriegsbegeisterung"
dem Mythos vom wehrhaften Mann und der Einheit von 1813 und 1871
erlegen. Auch der Brief Erichs weist Anleihen an diese Tradition wehrhafter
Männlichkeit auf, wenn er dort die „Helden" der ruhmreichen Schlachten
von Jena (1806) und Leipzig (1813) und den Grenzschlachten des Deutsch-
Französischen Krieges aus dem August 1870 wie Weißenburg, Spichern und

---

13 Karl Theodor Körners sämmtliche Werke, 1. Band, mit einer Einleitung von
    Ernst Hermann, 2. Aufl. Berlin 1873, S. 31. Dieser Gedichtanfang wird meist
    nach der von Goebbels in seiner Sportpalastrede vom 18. Februar 1943
    benutzten Variante zitiert: „Nun, Volk, steh auf, und Sturm brich los".
14 Vgl. Konrad H. Jarausch: Deutsche Studenten 1800-1970, Frankfurt/M. 1984;
    Thomas Weber: Studenten, in: Enzyklopädie Erster Weltkrieg (wie Anm. 9),
    S. 910ff.
15 Vgl. Konrad H. Jarausch: Korporationen im Kaiserreich. Einige kulturge-
    schichtliche Überlegungen, in: Brandt, Harm-Hinrich; Stickler, Matthias (Hrsg.):
    „Der Burschen Herrlichkeit". Geschichte und Gegenwart des studentischen
    Korporationswesens, Würzburg 1998, S. 63-83, hier S. 67 f.
16 Ute Frevert: Nation, Krieg und Geschlecht im 19. Jahrhundert, in: Hettling,
    Manfred; Nolte, Paul (Hrsg.): Nation und Gesellschaft in Deutschland. Histo-
    rische Essays, München 1996, S. 151-170, hier S. 153.

Wörth beschwört. Gerade diese Schlachten hatten im kulturellen Gedächtnis des Deutschen Kaiserreiches ihren festen Platz, wurden jährlich gefeiert und in der Schule ausgiebig behandelt. Das Ansehen des Militärischen war im Zuge der lang ersehnten Einigung unter kriegerischen Vorzeichen stark angestiegen. Kinder trugen Matrosenanzüge, Zinnsoldaten waren beliebtes Spielzeug, und zahlreiche lokale Kriegervereine hielten das Andenken an ihre Veteranen und die ruhmreiche Einigung hoch. Gerade durch diese Sozialisation und die Ausbildung eines wilhelminischen Gesinnungsmilitarismus wurde der Blick auf die Realität eines modernen Krieges verstellt. Der Deutsch-Französische Krieg lag für die jungen Männer lange zurück, war Erinnerung alter Männer, hatte nur kurz gedauert, und am Ende stand ein leichter Sieg Deutschlands über Frankreich. Die Hoffnung auf einen ebenso kurzen wie erfolgreichen Krieg war sicherlich mit ein Grund dafür, dass zahlreiche junge Männer begeistert zu den Waffen eilten: „Dennoch aber werde ich mit jauchzender Freude dem Feuer entgegengehen!"

Die Überhöhung wehrhafter Männlichkeit findet im zitierten Brief ihre Entsprechung in der Konstruktion eines vormodernen Kriegsbildes – „Hebe trotzig zum Streite gerüstet// Die Hand an den Degenknauf!!!" – und greift gleichzeitig den Topos studentischer Wehrhaftigkeit auf. Die Realität eines modernen und hoch technisierten Krieges an der Westfront um Ypern (Flandern) sollte den Kriegsfreiwilligen jedoch schnell einholen.[17] So schrieb er im April 1915 an seine Mutter: „Gestern Nacht hatte ich wieder die Geisterwache. Da zogen in aller Deutlichkeit all die Schrecken von Kaiberg (21. Oktober) mit seinen Leichen und Strömen von Blut in meiner Erinnerung an mir vorüber. Fast glaubte ich auch das Wimmern und Stöhnen der sterbenden Kameraden von dort wieder zu hören. Und unwiderstehlich habe ich ein paar Minuten dazu geweint."

Auch der aus Elberfeld (Westfalen) stammende Student war von der angespannten Stimmung, der Erregung und der vorangegangenen „geistigen Mobilmachung" (Kurt Flasch) tief ergriffen. Aufgewühlt durch die „elementare Wucht der letzten weihevolle[n] Tage" schrieb er noch in der Nacht des 1.

---

17 Vgl. Christian Heuer: „Man wird durch und durch ein andrer Mensch." Erlebnis und Erinnerung. Briefe des Freiburger Studenten Erich Schönberg (Flandern 1914/15), in: Badische Heimat 86 (2006) 1, S. 44-52.

August an seine Mutter daheim in Elberfeld: „Die Würfel sind gefallen. Das Vaterland ruft und ich folge diesem Rufe auf der Stelle." Kurze Zeit darauf fand er sich als Kriegsfreiwilliger bei der Artillerie an der Westfront in Flandern wieder und ist gleich in seinen ersten Frontmonaten an den beiden verlustreichen Flandernschlachten beteiligt, die besonders für die Briten untrennbar mit dem Namen der alten Marktstadt Ypern verbunden ist.[18]

Knapp vier Jahre zuvor, zum Wintersemester 1910/11, hatte sich der 1890 in Elberfeld geborene Erich Schönberg an der mathematisch-naturwissenschaftlichen Fakultät der Albert-Ludwigs-Universität Freiburg als Student eingeschrieben.[19] Zusammen mit seinem drei Jahre älteren Bruder Friedrich war er von Jena nach Freiburg gewechselt, um dort am physikalischen Institut sein Studium mit der Promotion abzuschließen. Am Institut fühlte er sich schnell wohl. Besonders die Beziehung zum dortigen Direktor und seinem späteren Doktorvater, Professor Franz Himstedt, hatte beim vaterlos aufgewachsenen Schönberg einen tiefen Eindruck hinterlassen. So schrieb er am 20. Dezember 1914 an seine Mutter, dass ihm vor „Freude die Tränen" gekommen seien, als er einen Brief von seinem akademischen Lehrer ins Feld erhalten hatte. In dieser engen Beziehung zu Himstedt wird ein weiterer Aspekt der Kriegsbegeisterung Erichs zu finden sein. Mit seiner ihm attestierten national gesinnten Einstellung wird der Doktorvater sicherlich seinen Anteil daran gehabt haben, dass neben Erich sämtliche Doktoranden des Institutes „in reiner freudiger Begeisterung"[20] als Freiwillige ins Feld zu den Waffen geeilt waren.

In den ersten Wochen nach der Mobilmachung hatten sich von den 2237 in Freiburg immatrikulierten Studenten 1526 zum Kriegsdienst gemeldet. 556 von ihnen kehrten nicht in die Hörsäle zurück. Zu diesen gehörte auch Erich Schönberg, der seiner Mutter noch in der Mobilmachungsnacht in

---

18 Vgl. James J. Bloom: Ypres, First Battle of, in: Tucker, Spencer C. (Ed.): The European Powers in the First World War. An Encyclopedia. New York; London 1996, S. 756-759. Ders.: Ypres, second Battle of, in: Tucker, S. 759 ff.

19 Vgl. Universitätsarchiv Freiburg A66/11. Matrikel Universität-Freiburg WS 1907/08-WS 1910/11.

20 Nachruf Himstedts auf den außerordentlichen Professor und 1. Assistenten am physikalischen Institut Maximilian Reinganum, in: Akademische Mitteilungen (1914) 2, S. 5 f.

seiner „lauten und jubelnden Begeisterung" mit dem Deutschlandlied auf den Lippen und Theodor Körners „Opfertod als dem einzigen Glück" im Herzen ein „Wiedersehen hier oder droben" gewünscht hatte. Auch noch nach den ersten Niederlagen und der verlustreichen ersten Ypern-Schlacht schrieb er in seinem Weihnachtsbrief an seine Mutter: „Nur ausgeruht hat sich der deutsche Aar und neue Kräfte weise aufgespeichert. [...] Denn die Kraft Gottes steckt in ihm, festgewurzelt in dem tiefen Glauben eines starken Volkes! Und diese Kraft führt in keinen Abgrund!" Knapp vier Jahre nach dem Brief vermerkte Prof. Himstedt in seinem Beitrag zur Kriegschronik der Universität Freiburg kurz und lapidar: „Schönberg trat als Kriegsfreiwilliger ein, machte gleich anfangs die schweren Kämpfe bei Ypern mit, ist im Frühjahr 1917 gefallen."[21]

Schluss

Nach Kriegsende und verstärkt in der zweiten Hälfte der zwanziger Jahre wurde der „jugendliche Idealismus" der Studentengeneration von 1914 zum nationalistischen „Erinnerungsort" akademischen Lebens stilisiert.[22] Bereits im Dezember 1915 hatte der spätere Herausgeber der wohl bekanntesten Sammlung von „Kriegsbriefen gefallener Studenten", der Freiburger Germanist Philipp Witkop, in einem an der Universität Freiburg gehaltenen Kriegsvortrag „Die Feldpostbriefe unserer Krieger" in den Mittelpunkt gestellt, um „Geist und Seele des deutschen Krieges" zu beschreiben.[23] Hatte für die Freiburger Universität der damalige Prorektor Schultze noch drei Wochen nach Kriegsbeginn gegenüber der „Akademischen Rundschau" geäußert, dass man „über die Schicksale der im Felde stehenden Studie-

---

21 Universitätsarchiv Freiburg B1 4336. Kriegsangelegenheiten. Kriegschronik der Universität.

22 Vgl. Christian Heuer: „... die Hochschuljahre sind ihr Tag von Langemarck" – Akademische Erinnerungskultur, in: Badische Heimat 85 (2005) 2, S. 286-291.

23 Freiburger Universitätsarchiv B1 4358 und B1 4336. Zu Witkop siehe auch Manfred Hettling und Michael Jeismann: Der Weltkrieg als Epos. Philipp Witkops „Kriegsbriefe gefallener Studenten", in: „Keiner fühlt sich hier mehr als Mensch ..." Erlebnis und Wirkung des Ersten Weltkriegs. Hg. v. G. Hirschfeld, G. Krumeich und I. Renz, Frankfurt/M. 1996, S. 175-198. Verwunderlich ist jedoch, dass Witkop von den insgesamt 21 Briefen Schönbergs nicht einen in seine Sammlung aufgenommen hat.

renden unserer Hochschule [...] kaum etwas anderes als vielleicht deren Tod erfahren"[24] werde, so bemühte sich das Freiburger Universitätsarchiv bereits kurz nach Kriegsende, „in nicht ferner Zeit" eine Sammlung von Kriegsbriefen herauszugeben, „die dem Leser zeigen, wie unsere Helden dachten, wie sie litten, wie sie starben."[25] Es kann davon ausgegangen werden, dass die überlieferten Briefe Erich Schönbergs ebenfalls zu diesem Zweck archiviert worden waren. Die Konstruktion eines einheitlichen studentischen Kriegserlebnisses der Generation von 1914, zu der vornehmlich die breite Rezeption der Witkop'schen Briefesammlung beigetragen hatte, fand reichsweit in den jährlich stattfindenden Gedächtnis- und Langemarckfeiern der Universitäten ihre Entsprechung. Dabei ging es den Apologeten des studentischen Kriegserlebnisses im Besonderen darum, die Kriegsjugendgeneration, diejenigen Studenten, „die diesen Kampf nur als Kinder erlebt und diese Opfer nicht gebracht haben", an die Taten ihrer „Brüder im Geiste, die dem Ruf des bedrohten Vaterlandes folgten und, ohne zu schrecken, ihr junges, hoffnungsvolles Leben zum Opfer brachten",[26] zu erinnern. Der „Geist von 1914", das „studentische Augusterlebnis", die Idee der „Volksgemeinschaft" und die „Bewährung von Mannhaftigkeit, Wehrhaftigkeit, Mut und Tapferkeit studentischer Ehre",[27] der Mythos des akademischen Frontsoldaten, wurde von zahlreichen studentischen Verbänden und anderen akademischen Kreisen propagiert. So sprach der „Deutsche Hochschulring", der Dachverband für die völkischen Gruppierungen der Studentenschaft, in seiner Erlanger Fassung von 1921 unmittelbar den „Geist von 1914" an und beschwor das Gemeinschaftsgefühl des studentischen Augusterlebnisses, um „in Erfüllung unserer studentischen Pflicht allen Deutschen ein Vorbild völkischer Einheit zu werden."[28] Auch in den Revolutionswirren unmittelbar nach Kriegsende wurde der Zusammenhang zwischen Studentenschaft

---

24 Brief an die Schriftleitung der Akademischen Rundschau vom 24. August 1914. Universitätsarchiv Freiburg B1 4348.
25 Akademische Mitteilungen Nr. 4 v. 9. April 1919, S. 23.
26 Der Rektor der Albert-Ludwigs-Universität Freiburg, Brie, in seiner Ansprache vor der Kranzniederlegung, in: Akademische Mitteilungen Nr. 5 v. 15. Dezember 1927, S. 86 f.
27 Akademische Mitteilungen Nr. 5 v. 15. Dezember 1927, S. 86.
28 Zit. n. Schulze/Sysmank (wie Anm. 11), S. 482.

und Mobilmachung 1914 besonders ausdrücklich formuliert. So hieß es in einem „Aufruf an die akademische Jugend Preußens": „Noch einmal ruft das Vaterland seine waffenfähige junge Mannschaft. Noch einmal heißt es: Freiwillige vor ... Schulter an Schulter mit euren Altersgenossen aus dem Arbeiterstande sollt ihr jungen Akademiker der Regierung helfen, die Ordnung aufrechtzuerhalten. Schützt das bedrohte Kulturerbe eurer Väter, rettet eure eigene Zukunft. Hilf, deutsche Jugend!"[29]

Feldpostbriefe wie die des Kriegsfreiwilligen Erich Schönberg aus Elberfeld dienten gerade im akademischen Milieu der Zwischenkriegszeit zur Tradierung des studentischen „Kriegserlebnisses". Mit ihrer Hilfe sollte die Sinnlosigkeit des vergangenen Krieges angesichts der verheerenden Niederlage und den als katastrophal empfundenen Folgen – wie die des „Schmachfriedens" von Versailles – umgedeutet und die „Lebensarbeit" der akademischen Jugend darauf ausgerichtet werden, „[...] dass aus der Asche eines unvermeidlichen Zusammenbruchs ein neuer Phönix, ein innerlich und äußerlich neu gefestigtes Deutschland erstehe".[30] Gerade auf den zahllosen Gedächtnis- und Langemarckfeiern wurde der Mythos vom heldenhaft kämpfenden Studenten hochgehalten: „Es war ein Selbstopfer, wie es die Welt in solchem Ausmaße, in solcher Erhabenheit noch nie gesehen hatte", sprach Professor Fabricius 1929 auf der Langemarckfeier der Universität. „Noch heute stockt uns das Blut, wenn wir an dieses entsetzliche Hinsterben von jungen, edelsten Menschenleben denken, und es wallt wieder hoch auf in Bewunderung eines solchen Heldentums."[31]

Auch dem heutigen Leser wird bei der Lektüre dieser Briefe so manches Mal der Atem stocken. Angesichts der Erfahrungen und Folgen der zahllosen Kriege und Menschheitsverbrechen des vergangenen Jahrhunderts, sei es in Verdun, Stalingrad, Vietnam, Kambodscha, Ruanda oder jüngst im Irak,

---

29 Zit. n. Wolfgang Zorn: Die politische Entwicklung des deutschen Studententums 1918-1931, in: Stephenson, Kurt u.a. (Hrsg.): Darstellungen und Quellen zur Geschichte der deutschen Einheitsbewegung im 19. und 20. Jahrhundert. Bd. 5, Heidelberg 1965, S. 223-307, hier S. 239.
30 Der erste Vorsitzende der Freiburger Studentenschaft bei der Einweihung des Denkmals an die gefallenen Studenten der Albert-Ludwigs-Universität, in: Akademische Mitteilungen (Donnerstag, 15. Dezember 1927), S. 87.
31 Akademische Mitteilungen (Dienstag 17. Dezember 1929), S. 76.

muss man der in diesen Briefen artikulierten exponierten Todessehnsucht mit Unverständnis und Abwehr begegnen. Deswegen kommt diesen Briefen, neben der bereits erwähnten Rekonstruktion des Kriegsalltags, die bereits zu früheren Zeitpunkten geforderte Aufgabe einer nachhaltigen Friedenserziehung zu. Denn dass das Kriegsleben so gar nichts mit Heldentum und Sehnsucht zu tun hat, musste auch Erich Schönberg bald erkennen: „Man wird durch und durch ein andrer Mensch", schrieb der Student bereits am 14. Dezember 1914 an seine Mutter: „Ein ganz neues Leben fängt man im Kriege an."

Gerhard Schneider

Walther Rathenau –
Deutscher und Jude

Ich war zwanzig, als ich im Frühjahr 1964 auf die zwei Bände Rathenau-Briefe stieß. Nach zwei Jahren Militärdienst hatte ich zum Sommersemester 1964 an der Heidelberger Universität mein Studium begonnen. An der Außenwand der dortigen Heilig-Geist-Kirche gab es damals neben Souvenirständen auch ein oder zwei Bouquinisten nach Pariser Art, die neben Heftchen-Romanen, die man tauschen konnte (drei alte gegen einen neuen), auch antiquarische Bücher verkauften. Für acht Mark waren die beiden Bände zu haben. Warum ich sie kaufte, weiß ich nicht mehr. Dass Rathenau mich besonders interessiert hätte, ist mir nicht erinnerlich. Wenig wusste ich von ihm: dass er ein Politiker der Weimarer Republik gewesen ist und dass er ermordet wurde, das ja. Darüber hinaus nichts. Als ich einen der Bände aufschlug, stieß ich auf den nachstehenden Brief. Man kennt das: Ein wenig gelesenes Buch klappt genau auf der Seite auf, die schon einmal von einem früheren Leser aufgeschlagen, glatt gestrichen, jedenfalls mit einer Art Knick versehen worden war. Dieser Zufall führte mich zu Walther Rathenau, einer der wohl bedeutendsten Persönlichkeiten des 20. Jahrhunderts. Seitdem habe ich diesen Brief immer wieder gelesen, vor allem jene Stelle, an der Rathenau seinen Willen bekundet, Deutscher zu sein und Jude bleiben zu wollen. Wie ich viel später feststellte, waren solche Bekenntnisse deutscher Juden nicht selten. Seit der zweiten Hälfte des 19. Jahrhunderts finden wir sie. Der Philosoph Moses Hess (1812-1875)[1], der

---

1   Hess schrieb 1862: „Der deutsche Jude ist wegen des ihn von allen Seiten umgebenden Judenhasses stets geneigt, alles Jüdische von sich abzustreifen und seine Rasse zu verleugnen. Keine Reform des jüdischen Kultus ist dem gebildeten deutschen Juden radikal genug. Selbst die Taufe erlöst ihn nicht vom Alpdruck des deutschen Judenhasses. Die Deutschen hassen weniger die Religion der Juden als ihre Rasse, weniger ihren eigentümlichen Glauben als ihre eigentümlichen Nasen." M. Hess: Rom und Jerusalem. Die letzte Nationalitätenfrage, Neudruck Wien/Jerusalem 1935, S. 25.

Schriftsteller Berthold Auerbach (1812-1882)[2] und der Völkerpsychologe
Moritz Lazarus (1824-1903)[3], um nur drei zu nennen, verzweifelten daran,
dass sich die deutsche Mehrheitsbevölkerung mit einer umfassenden Akkulturation der deutschen Juden ohne gleichzeitige Preisgabe ihres Jüdischseins
nicht zufrieden gab. Als sich Rathenau mit dieser Forderung konfrontiert sah,
hatte die Judenfeindschaft in Gestalt des Rassenantisemitismus bereits eine
solche Verschärfung angenommen, dass selbst eine vollständige Assimilitation
der Juden sie nicht vor antisemitischen Anfeindungen verschont hätte.

Die Quelle

Berlin, 23. 1. 1916

Lieber Wilm!

Den Schmerz, den Dein erster Brief mir gab, hat der zweite gemildert.
Von Bitterkeit war und bleibt kein Hauch; doch muß ich, der Wahrheit
und meinem innersten Empfinden zulieb, versuchen, in herzlicher Freundschaft und menschlicher Freiheit auszusprechen, was zwischen uns geklärt
werden muß, damit alles beim alten bleibe. Kein Wort darf und soll Dich
verletzen, jedes Wort bleibt von Freundschaft getragen.

Lieber, unser Werk ist und bleibt das einige und gleiche, soweit wir
u n s e r e m Lande und u n s e r e m Volke dienen, u n s e r e s Volkes
Seele suchen und sie lieben.

---

2   In einem Brief vom 4. 11. 1875 schreibt Auerbach: „Ein neuer Judenhaß […]
    wird von allen Seiten geschürt. Da liest man Dinge, die man nicht mehr für
    möglich gehalten hätte. […] Vor mir liegt eine Broschüre ‚Der zerstörende
    Einfluß der Juden im Deutschen Reich‘. Die Verfasser wissen, daß sie lügen
    und tuns doch! Da muß man sich wieder zu seinen Stammesgenossen stel-
    len." B. Auerbach: Briefe an seinen Freund Jakob Auerbach, hg. von Jacob
    Auerbach, 2 Bände, Frankfurt/M. 1884, S. 263 f.
3   Lazarus, seit 1859 Honorarprofessor an der Universität Bern, scheibt 1861
    in einem Brief, dass er eine große Zahl Zuhörer in seiner Vorlesung habe.
    Das sei für ihn „Ursache zur innigsten Genugtuung, die ich vor allem als
    Deutscher empfinde, als Deutscher auch gegenüber dem Schweizer gel-
    tend zu machen hoffe, obgleich mein deutsches Vaterland es mir zur Zeit
    noch unmöglich macht, in der Heimat dasselbe zu wirken, was mir hier als
    Fremder gelingt. Im deutschen Geiste bin ich heimisch, ihm verdanke ich
    des Gedankens und der Rede Kraft, seine Fahne erhebe und trage ich, ob
    auch Regierende und Fakultätsprofessoren mich zwingen, sie in die Fremde
    zu tragen" (Nahida Lazarus: Ein deutscher Professor in der Schweiz. Nach
    Briefen und Dokumenten im Nachlaß ihres Gatten, Berlin 1924, S. 45 f.).

Hierin ist mein Werk beschlossen; Deines geht weiter. Du dienst einer Aufgabe, die schon deshalb mir würdig und achtungswert ist, weil D u ihr dienst, und von der ich nie gefragt habe, ob sie mein Dasein fördern oder vernichten will, denn auf mein Dasein kommt wenig an.

Diese Aufgabe scheint mit auf folgenden Voraussetzungen zu beruhen – wenn ich irre, so weise mich zurecht; aber ich glaube, in Deinen Blättern und Schriften die Bestätigung zu finden:

1. Stamm und Blut trennen.

2. Es gibt edleren und unedleren Stamm, edleres und unedleres Blut.

3. Das unedlere Blut hat auf deutschem Boden kein unbedingtes, unerschütterliches Heimatrecht.

Ich nehme zu diesen Sätzen keine Stellung. Ich achte sie als ehrliche Meinung ehrlicher und guter Menschen, die überdies Deine Freunde sind, und denen ich, weit über das Gebiet menschlichen Meinens und Deutens hinaus, die unberührte Empfindung deutscher Brüderlichkeit entgegenbringe.

Aber ich erkenne diese Meinung nicht als die meine an. Nicht, weil sie mein Dasein aufhebt – das ist kein Grund –, sondern weil mein Fühlen und Denken ihr widerspricht.

Ich habe und kenne kein anderes Blut als deutsches, keinen anderen Stamm, kein anderes Volk als deutsches. Vertreibt man mich von meinem deutschen Boden, so bleibe ich deutsch, und es ändert sich nichts.

Du sprichst von meinem Blut und Stamm, selbst einmal von meinem Volk, und meinst die Juden. Mit ihnen verbindet mich das, was jeden Deutschen mit ihnen verbindet, die Bibel, die Erinnerung und die Gestalten des Alten und Neuen Testaments.

Meine Vorfahren und ich selbst haben sich von deutschem Boden und deutschem Geist genährt und unserem, dem deutschen Volk erstattet, was in unseren Kräften stand. Mein Vater und ich haben keinen Gedanken gehabt, der nicht für Deutschland und deutsch war; soweit ich meinen Stammbaum verfolgen kann, war es das gleiche.

Wilm, ich mache keinem einen Vorwurf daraus, der anders denkt, am wenigsten Dir. Ich suche niemand zu bekehren und zu überzeugen. Ich bin in der Kultgemeinschaft der Juden geblieben, weil ich keinem Vorwurf und keiner Beschwernis mich entziehen wollte, und habe von beidem bis auf den heutigen Tag genug erlebt. Nie hat eine Kränkung dieser Art mich unwillig gemacht. Nie habe ich meinem, dem deutschen Volke, mit einem Wort oder einem Gedanken derlei vergolten. Mein Volk und jeder meiner Freunde hat das Recht und die Pflicht, mich zurechtzuweisen, wo er mich unzulänglich findet.

Eine andere Frage aber ist es, ob ich ein Werk, das auf solchen Voraussetzungen ruht, zu dem meinen machen kann. Ich würde es tun, unbeschadet der Wirkungen, die es gegen mich übt, wenn ich die Voraussetzungen teile.

Ich teile sie nicht. Ich bin der Überzeugung, daß Glaube, Sprache, Geschichte und Kultur hoch über den physiologischen Dingen der Blutmischung schwebt und sie ausgleicht. Ich glaube, daß die göttliche Seele in jedem menschlichen Geiste schwebt und ihn emporträgt zu einer Schicht, in der das Materielle zum Staube wird. Ich glaube an eine Gottheit, der wir alle mit gleichen Kräften zustreben.

Soweit wir in diesem Glauben einig sind, ist unser Werk das gleiche. Soweit soziale und Tagesfragen hinzutreten, sind unsere Wege gesondert.

Niemand kann Dein Werk, auch das soziale, höher stellen als ich. Und wenn ich mir manchmal sagte – besonders bei den Schilderungen Deiner lieben und prächtigen Kameraden, zu denen Du mich einludest –, wie schmerzlich ist es, daß diese Menschen Deine (meine) Neigung nie erwidern können, daß ihre Abneigung gegen mein Denken, ja gegen mein Dasein, gerade durch Erzieherwerk von Geschlecht zu Geschlecht sich vererbt –, so habe ich mich damit getröstet, daß überall da, wo guter Wille ist, schließlich die Erlösung und der Frieden einkehren muß. Deshalb habe ich mich auch nicht gefürchtet, gelegentlich um Deinetwillen Deinem Werk zu dienen; es wird wie alles Gutgemeinte schließlich zum Guten führen.

Wenn Du aber verlangst, ich solle Deinem Werke dienen um seiner selbst willen, so würde ich meinen Glauben an unsere Gemeinschaft verleugnen, wenn ich Dir folgte. Lasse uns das Viele und Schöne, das uns verbindet, hochhalten und es zur Bekräftigung unserer Freundschaft immer wieder gemeinsam verehren; die Gegensätze der Zeit werden ihren Ausgleich dereinst im Zeitlosen finden.

Ich habe diesen Brief in Ruhe von neuem gelesen, um zu prüfen, ob ein Wort oder Gedanke Dich bekümmern könnte. Ich glaube es nicht. Ich habe mich gefragt, ob die soziale Anschauung, von der ich sprach, durch die drei Leitsätze objektiv und ohne Verzeichnung wiedergegeben ist. Ich glaube, ja. Ich habe, nicht mit Gedanken des Kopfes, sondern des Herzens erwogen, ob diese Aussprache uns menschlich trennen oder entfernen kann. Ich glaube, sie ist gut, weil sie Zweifel und Irrtum zerstreuen soll, und weil ihr erster und letzter Grund der Wille zur Gemeinschaft und Freundschaft ist.

Dein Walther R.

Aus: Walther Rathenau: Briefe, Erster Band, Dresden 1926, Nr. 191, S. 202-205.

Die Zeitumstände

Als Walther Rathenau diesen Brief schrieb, war der Krieg in seine vorentscheidende Phase getreten. Längst war der Bewegungskrieg, der in den ersten Kriegsmonaten den deutschen Armeen an allen Fronten große Siege gebracht hatte, in einen Stellungskrieg übergegangen, der kaum noch Gebietsgewinne ermöglichte. Jetzt, im Jahr 1916, dürfte sich innerhalb der Generalität der kriegführenden Mächte die Überzeugung verfestigt haben, dass keine der Armeen stark genug sein würde, die andere in kühnem Angriff zu überwinden. Der Sieg sei nur noch mit einer neuen Strategie zu erringen, die auf Ermattung und physische und psychische Abnutzung des Gegners setzte. Das Jahr 1916 wird geprägt sein von zwei großen Materialschlachten, in denen über eine Million Soldaten ihr Leben lassen werden: der Schlacht um Verdun, die im Februar 1916 begann und fast bis zum Ende des Jahres weitergeführt wurde, und der Schlacht an der Somme, die vom Juli bis in den Herbst dauerte und noch opferreicher war als die Schlacht um Verdun.

Dass zwei derart materialintensive Schlachten vom Deutschen Reich über Monate hinweg überhaupt geführt werden konnten, hatte auch mit Rathenaus kriegswirtschaftlichem Engagement aus den ersten Kriegstagen zu tun. Als Leiter der von ihm angeregten und organisierten Kriegsrohstoffabteilung[4] hatte er in kürzester Zeit die vorhandenen kriegsrelevanten Rohstoffe des Deutschen Reiches erfasst und bereits auch Überlegungen anstellen

---

4　Zur Kriegsrohstoffabteilung: Wolfgang Brenner: Walther Rathenau. Deutscher und Jude, München/Zürich ²2006, S. 310 ff. (Zitat, S. 317). s.a. Christian Schölzel: Walther Rathenau. Eine Biographie, Paderborn usw. 2006, S. 172 ff.

lassen, wie diese nach der eingetretenen englischen Seeblockade knapper gewordenen Rohstoffe durch Beschlagnahme in den im Westen eroberten Gebieten beschafft werden könnten.[5] Hätte Rathenau die Umstrukturierung der deutschen Wirtschaft nach den Erfordernissen des Krieges nicht in die Hände genommen, wären die kriegsrelevanten Rohstoffvorräte des Deutschen Reiches innerhalb weniger Monate erschöpft gewesen.

Ein weiteres Ereignis des Jahres 1916 mag sich zum Zeitpunkt, da Rathenau diesen Brief schrieb, bereits abgezeichnet haben: die „Judenzählung" vom 1. November 1916, die der Kriegsminister am 11. Oktober 1916 per Erlass angeordnet hatte.[6] Mit dieser statistischen Erhebung sollte der Anteil der Juden in den deutschen Streitkräften festgestellt werden. Angestoßen wurde diese Zählung durch immer lauter werdende Propaganda aus den Reihen antisemitischer Organisationen, wonach Juden sich als feige Drückeberger mit allen möglichen Ausreden dem Kriegsdienst entzogen hätten oder auf Posten in der Etappe, also weitab von den Kampfhandlungen bequemen Dienst täten. Das Ergebnis der Erhebung wurde nicht veröffentlicht. Heute kennt man es: Es brachte nicht den von den Antisemiten erhofften Beweis. Die deutschen Juden waren vielmehr weniger häufig vom Frontdienst befreit als Nichtjuden. Rathenau mussten die Unterstellungen der Antisemiten zutiefst getroffen haben, auch wenn er die Hoffnung vieler Juden bei Kriegsbeginn nicht teilte, ihr jetzt im Krieg bewiesener Patriotismus würde den Antisemitismus in Deutschland für alle Zeiten auslöschen. In dieser trügerischen Hoffnung hatte der „Central-Verein deutscher Staatsbürger jüdischen Glaubens" seine Mitglieder unter Betonung ihrer uneingeschränkten Zugehörigkeit zum deutschen Volk geschlossen zum Kriegsdienst aufgerufen: „Wir deutschen Juden kennen trotz aller Anfeindungen in den Zeiten des Friedens heute keinen Unterschied gegenüber anderen Deutschen. Brüderlich stehen wir mit allen im Kampf zusammen."[7] Überwunden

---

5   Schölzel (wie Anm. 4), S. 177.
6   Arnold Zweig: Die Judenzählung (1. November 1916), in: L. Heid,/J. H. Schoeps: Juden in Deutschland. Von der Aufklärung bis zur Gegenwart. Ein Lesebuch, München 1994; Jacob Rosenthal: Die Ehre der jüdischen Soldaten. Die Judenzählung im Ersten Weltkrieg und ihre Folgen, Frankfurt/M. 2007.
7   Aus dem Aufruf in der „Jüdischen Rundschau"; hier zitiert nach: Nachhum T. Gidal: Die Juden in Deutschland von der Römerzeit bis zur Weimarer Republik, Köln 1997, S. 13.

glaubte man schon die Zeiten, in denen sie bitter hatten erfahren müssen, dass sie ausgegrenzt, diskriminiert, in ihrem beruflichen Fortkommen (vor allem in der Armee und in der Universität) benachteiligt worden waren, sofern sie sich nicht zur Konversion entschlossen. In seinem Aufsatz „Staat und Judentum" (und in dem oben zitierten Brief klingt dies auch an) hatte Rathenau Jahre vor dem Krieg geschrieben: „In den Jugendjahren eines jeden deutschen Juden gibt es einen schmerzlichen Augenblick, an den er sich zeitlebens erinnert: wenn ihm zum ersten Male bewusst wird, daß er als Bürger zweiter Klasse in die Welt getreten ist und daß keine Tüchtigkeit und kein Verdienst ihn aus dieser Lage befreien kann."[8] Wie der Erlass der sog. Judenzählung zeigte, war dies keine Fehleinschätzung; der zu Beginn des Krieges proklamierte Burgfriede hatte den Antisemitismus nicht beseitigt.

Der zitierte Brief enthält weder Hinweise auf das Kriegsgeschehen an den Fronten noch auf antisemitische Kampagnen in der Heimat. Von Antisemitismus spricht er gleichwohl. Es ist ein ganz privater Brief an einen Freund, in dem der eine, Rathenau, sich der Basis ihrer intimen Freundschaft zu vergewissern versucht, die der andere, Wilhelm Schwaner, mit seinem Antisemitismus belastet zu haben schien. Und dennoch enthält der Brief neben allen Intimitäten auch Aspekte von allgemeiner Bedeutung, Ansichten, die in der Gesellschaft des Kaiserreichs weit verbreitet waren und die vor allem in den beiden letzten Jahrzehnten des 19. Jahrhunderts das politische Leben durchdrangen. Rassenanthropologische Fragen wurden nicht nur in völkischen Kreisen diskutiert; sie fanden auch Resonanz im Bürgertum, unter der Professorenschaft und den Studenten.[9]

8　Walther Rathenau: Staat und Judentum, 1912; zit. nach Berglar a.a.O., S. 302 f. – Rathenau hat sich als Bürger zweiter Klasse, der in Friedenszeiten nicht einmal Leutnant werden könne, auch in einem Gespräch mit der Frau des Generalfeldmarschalls v. Hindenburg bezeichnet; s. Helmuth M. Böttcher: Walther Rathenau. Persönlichkeit und Werk, Bonn 1958, S. 70 (mit erkennbar antisemitischen Untertönen).

9　S. hierzu mit zahlreichen Quellenbelegen: Friedrich Lenger: Werner Sombart 1863-1941. Eine Biographie, Stuttgart 1994, v. a. Kapitel IX: „Judaismus und Kapitalismus: von der historischen Soziologie zu Kollektivpsychologie und Rasenanthropologie" (S. 187-218).

Zur Person Walther Rathenaus

Walther Rathenau[10], geboren 1867 in Berlin, Sohn Emil Rathenaus, des Gründers der Deutschen Edison-Gesellschaft (1883), die 1887 in Allgemeine Elekricitäts-Gesellschaft (AEG) umbenannt wurde, hatte Physik, Chemie und Philosophie und nach seiner Promotion in Berlin an der Technischen Hochschule München auch Maschinenbau studiert. Auch wenn er in der Folgezeit wichtige Aufgaben in der AEG wahrnahm, so scheinen seine Interessen in den Jahren vor dem Ersten Weltkrieg doch immer stärker auf philosophische Fragen gerichtet gewesen zu sein. Jedenfalls hat sich Walther Rathenau, ein Visionär, zu jener Zeit wohl kaum mehr ausschließlich als Mann der Wirtschaft verstanden. Da ihm, dem bei Kriegsbeginn 1914 fast Fünfzigjährigen, der aktive Einsatz an der Front verwehrt blieb, bemühte sich Rathenau an der „Heimatfront" im Kontakt mit Politikern und Wirtschaftsfachmännern, den Krieg zu einem siegreichen Ende zu führen. Schon früh ahnte er, dass dies nicht möglich sein würde. Folgerichtig richtete sich sein Blick auf die Zukunft Deutschlands nach dem Kriege, dessen Ende – da war sich Rathenau ganz sicher –, unabhängig von seinem Ausgang, eine Umwälzung der Verhältnisse in ganz Europa bedeuten würde. Und diesen veränderten Verhältnissen wird Rathenau sich stellen: Nach dem Krieg tritt er der Deutschen Demokratischen Partei bei und nimmt 1920 an der Konferenz von Spa teil, auf der über die deutschen Kohlelieferungen an die Alliierten verhandelt wird. Im Mai 1921 wird er als Wiederaufbauminister in das Kabinett Wirth berufen. 1922 erreicht er als Vertreter der Reichsregierung auf der Konferenz von Cannes die Herabsetzung der laufenden deutschen Reparationszahlungen. Am 1. Februar 1922 wird er Außenminister im zweiten Kabinett Wirth. In dieser Eigenschaft schließt er während der Konferenz von Genua am 16. April 1922 mit Russland den Rapallo-Vertrag. Mit diesem Vertrag nahmen das Deutsche Reich und Russland ihre durch Krieg und Revolution unterbrochenen diplomatischen und wirtschaftlichen Beziehungen wieder auf und verzichteten wechselseitig auf Reparationen. Zugleich versuchte Deutschland damit, den Boykott zu durchbrechen, den die westlichen Siegermächte über deutsche Waren verhängt

---

10 Zu seiner s. Lebensgeschichte s. jetzt die in Anm. 1 genannten Titel, ferner den tabellarischen Lebenslauf Rathenaus auf der Website der Walther-Rathenau-Gesellschaft e.V. (http://www.walther-rathenau.de).

hatten. Dieser diplomatische Erfolg schützte Rathenau keineswegs. Am 24. Juni 1922 wird er auf der Fahrt von seiner Wohnung in das Auswärtige Amt von zwei jungen Offizieren der rechtsextremen „Organisation Consul" ermordet.[11] Diese Tat, zu der in der antisemitischen Presse aufgefordert worden war, richtete sich zugleich gegen den verhassten jüdischen „Erfüllungspolitiker" und gegen die Weimarer Republik („Judenrepublik"), für die Rathenau als einer der führenden Politiker stand. Rathenau war sich seiner Gefährdung bewusst, hatte aber stets einen besonderen Schutz seiner Person abgelehnt. Am Tag nach dem Mord würdigte Reichskanzler Wirth seinen Außenminister Rathenau in einer unter zeitweise tumultuarischen Begleitumständen gehaltenen großen Rede. Mit Blick auf die politische Rechte im Parlament, die er für den Mord verantwortlich machte, schloss Wirth: „Da steht der Feind, der sein Gift in die Wunden eines Volkes träufelt. – Da steht der Feind – und darüber ist kein Zweifel: dieser Feind steht rechts!"[12] Die Erinnerung an Rathenau und sein Platz im nationalen Gedächtnis der Deutschen haben im Widerstreit der politischen Systeme und Orientierungen fast vom Tag seiner Ermordung an bis heute viele Wandlungsprozesse durchgemacht: Der „Mann vieler Eigenschaften" (Tilmann Buddensieg) war „ein Abbild vieler Zuschreibungen".[13]

Zur Person Wilhelm Schwaners

Wer war dieser Mann, dem Rathenau in dem zitierten Brief eine Art Glaubensbekenntnis ablegte? Wilhelm Schwaner[14] kommt am 10. November 1863 in Korbach (Waldeck) zur Welt. Er entstammt einer dort seit vielen Generationen

---

11 Hierzu Martin Sabrow: Der Rathenaumord. Rekonstruktion einer Verschwörung gegen die Republik von Weimar, München 1994; ders.: Die verdrängte Verschwörung. Der Rathenau-Mord und die deutsche Gegenrevolution, Frankfurt/M. 1999.

12 Zit. nach www.zeit.de/reden/die_historische_rede/200113_historisch_wirth

13 Martin Sabrow: Walter Rathenau, in: Deutsche Erinnerungsorte, hrsg. v. Etienne François und Hagen Schulze, Bd. II, München 2001, S. 601-619; Zitat S. 619; s.a. Wolfgang Michalka/Christiane Scheidemann: Walther Rathenau o.O. 2006, S. 11 ff.

14 Über sein Leben berichtet am ausführlichsten die 1939 bei Peter Petersen in Jena entstandene, teilweise sehr unkritische und passagenweise hagiographisch anmutende Dissertation von Christoph Carstensen: Der Volkserzieher. Eine historisch-kritische Untersuchung über die Volkserzieherbewegung Wilhelm Schwaners, Würzburg-Aumühle 1941.

ansässigen Familie von Kleingewerbetreibenden und Landwirten. Der Vater scheiterte mit mehreren Unternehmen und landete im Armenhaus. Trotz dieser sozialen Katastrophe erfährt Schwaner Förderung durch einen Pfarrer. Auf dessen Empfehlung hin tritt er 1877 in das Gymnasium Korbach ein. Nach der Schulzeit besucht er die Präparandenanstalt Herborn und das Lehrerseminar Homberg. In zahlreichen autobiographischen Schriften charakterisiert Schwaner später diese Ausbildungsstätten als „Lehrerzuchtanstalt", „Lehrerkaserne" und „Lehrerkloster" mit überwiegend schlechten Lehrern, die eine veraltete Methode lehrten und die Lehreranwärter nicht förderten, sondern gängelten und bevormundeten. Nach der ersten und zweiten Lehrerprüfung übernimmt Schwaner nacheinander verschiedene Lehrerstellen in seiner Waldecker Heimat. In dieser Zeit beginnt er damit, sich mit religiösen Problemen zu beschäftigen. Nach einem gegen ihn angestrengten Disziplinarverfahren, in dem es um Glaubensfragen geht, verlässt Schwaner den Schuldienst und übernimmt nacheinander in Kiel und Berlin Redakteursstellen in Zeitungen. In beiden Stellungen scheitert er, erkennt aber offensichtlich die Zeitung bzw. Zeitschrift als geeignetes Medium, um seine religiösen und zunehmend völkischen Ideen unters Volk zu bringen. In Berlin gewinnt er einen Geldgeber für seine Zeitschrift „Der Volkserzieher. Organ für Familie, Schule und öffentliches Leben", die ab dem 1. Juli 1897 erscheint und die er nach und nach zur Plattform seiner missionarischen Idee eines neuen Christentums ausbaut. Nach schwieriger Anfangszeit soll die Zeitschrift im Jahr 1904 eine Auflage von 4500 Stück gehabt haben. Schwaner entwickelt nun eine immense Publikations- und Vortragstätigkeit, die ihn in engen Kontakt mit anderen völkisch-religiösen Gruppen bringt. Im Laufe der Jahre erscheinen neben zahlreichen Artikeln im „Volkserzieher" seine Anthologie „Germanenbibel – Aus heiligen Schriften germanischer Völker" (1904; 7. Aufl. 1941),[15] sein erstmals mit dem Hakenkreuz geschmücktes Buch „Vom

---

15 Kritik und Ergänzungen hierzu finden sich in einem Brief Rathenaus an
    Schwaner vom 19.12.1918: „[...] Du hast dem Lande mit Deiner schönen
    Germanenbibel ein wundervolles Lesebuch geschenkt, und doch komme
    ich, wie ich Dir wohl schon einmal sagte, über ein paar Fragen nicht hinweg,
    die Du mir vielleicht in einer ruhigen Stunde mündlich erklärst. Warum Gilm?
    Warum Geibel? Warum Schäfer? Warum nicht Meister Eckart, Gottfried von
    Straßburg, Fichte und Kant? Warum nicht Dante, Shakespeare, Walt Whitman,
    Tolstoj und Dostojewski?" (Briefe, 2. Bd., Nr. 477, S. 93 f.).

Gottsuchen der Völker. Aus heiligen Schriften aller Zeiten" (1908), „Unterm Hakenkreuz" (1913) und weitere ähnliche Schriften, ferner verschiedene Lieder , Sprüche- und Gedichtsammlungen. Noch vor dem Ersten Weltkrieg kehrt Schwaner wieder in seine Waldeck'sche Heimat zurück, wo er im Uplande ein „Bundesheim" und den Hermannstein, eine „Opferstätte" (Feueraltar mit Sonnenrad und hölzernem Runentor) für die Volkserzieherbewegung, errichtet. 1913 wird er auf dem „Allthing" der „Germanischen Glaubens-Gemeinschaft" zu deren erstem Hochwart berufen. Den aufkommenden Nationalsozialismus habe er, so sein Biograph Carstensen, nicht als „die Erfüllung seiner Sehnsucht" erkannt, ja, er sei dieser „völkischen Freiheitsbewegung" ablehnend begegnet und erst ab 1933 habe er sich „rückhaltlos" zu Hitler bekannt. Sein Bund und seine Häuser sowie seine Zeitschrift „Der Volkserzieher" mussten aber – so Carstensen – „im Zuge der staatlich notwendigen Gleichschaltungen eingehen." Schwaner stirbt am 13. 12. 1941, nachdem er noch in zwei Telegrammen aus Anlass seines 75. Geburtstages von Hitler und dem Gauleiter Wächtler als „völkischer Vorkämpfer" geehrt worden war.

Schwaner war mit dem, was er dachte und schrieb und wofür er seit den 1890er Jahren kämpfte, in der unübersichtlichen völkischen Bewegung[16] kein Einzelgänger. Wie so viele in jenen Jahren des Fin de Siècle verfocht er die Idee einer Erneuerung oder Veränderung des Christentums zu einem „arteigenen", auf der Germanenideologie gründenden Deutschchristentum. Bestimmend blieb für ihn jedoch die Überzeugung, dass die Begründung einer neuen Religion Basis einer veränderten nationalen Identität sein müsse, denn nur durch diese neue Religion könne die geistig-sittliche Erneuerung des deutschen Volkes, dessen Überlegenheit gegenüber anderen Völkern für ihn außer Frage stand, überhaupt gelingen.

Man fragt sich, wie ein so gebildeter, dabei mit seiner praktischen Tätigkeit mitten im Wirtschaftsleben und in der Politik stehender Mann wie Walther Rathenau, ein Politiker, Philosoph, Industrieller und Weltmann, eine so obskure Gestalt wie Schwaner überhaupt kennen lernen konnte, ja, warum er sich von

---

16 Hierzu jetzt mit der älteren Literatur: Uwe Puschner: Weltanschauung und Religion – Religion und Weltanschauung. Ideologie und Formen völkischer Religion, in: zeitenblicke 5 (2006), Nr. 1; URL: http://zeitenblicke.de/Puschner/index_html (13.6.2006).

diesem kruden Denker – Peter Berglar nennt ihn „einen völkischen Sektierer obskuren Winkeldaseins"[17] –, der einer seiner ganz wenigen Duzfreunde gewesen ist, angezogen fühlte, und zwar so sehr, dass er ihm seine intimsten Gedanken offenbarte.[18] Schon allein die Tatsache, dass Schwaners Anhänger und die mit ihm gedanklich verbundenen anderen Völkischen durchweg Antisemiten waren, hätte Rathenau veranlassen müssen, zu Schwaner Abstand zu halten, auch wenn dieser dem Antisemitismus seiner Gefolgsleute zeitweise distanziert gegenüberstand. Wir kennen die Beweggründe Rathenaus nicht, weder wissen wir etwas über den Anlass, der beide zusammenführte und ihn auch in Kontakt mit anderen völkisch orientierte Zeitgenossen treten ließ (Hermann Burte, Gustav Frenssen, Wilhelm Schäfer), noch kennen wir die Motive,[19] die ihn an dieser Freundschaft bis zu seinem Lebensende geradezu schwärmerisch festhalten ließen. Carstensen behauptet, die Initiative sei von Rathenau ausgegangen.[20] Die Innigkeit, die sich zwischen beiden entwickelte, ja, die Liebe, mit denen sie sich begegneten, ist in fast jedem Brief, den sie zwischen 1914 und 1922 austauschten, mit den Händen zu greifen.[21] Nach einem Besuch Schwaners bei Rathenau schreibt er diesem: „Wie ein Senkblei werfe ich diese Frage in Deine Seele: Hast Du mich lieb? Ich habe Dich sehr lieb! Ich will nichts von Dir, wenigstens nichts Materielles

---

17 Berglar a.a.O., S. 315; s.a. Schwaners Charakterisierung ebd., S. 324 f.

18 Zum Verhältnis Rathenau – Schwaner s. Berglar a.a.O., S. 321-326; jetzt auch Brenner (wie Anm. 4), S. 336-342; Schölzel (wie Anm. 4), S. 143 ff.

19 Vgl. die insgesamt wenig überzeugenden Vermutungen bei Schölzel a.a.O., S. 145f.

20 Carstensen a.a.O., S. 141. Der Duktus des ersten Rathenau-Briefes vom 4.12.1913 als Antwort-Brief an Schwaner (noch per Sie!) lässt aber erkennen, dass es eine vorgängige schriftliche oder mündliche Äußerung Schwaners gegeben haben muss. „[…] Sie können mir nie ein Unrecht getan haben, denn ehrliche Überzeugung ist nie ein menschliches Unrecht. Um so freudiger ergreife ich Ihre Hand und fühle mich einig mit Ihnen in guter und zuversichtlicher Gesinnung. […]" (Walther Rathenau: Briefe, 1. Bd., Dresden 1926, Nr. 107, S. 127). Bestätigt wird diese Annahme durch eine bei Berglar a.a.O., S. 321 zitierte Passage aus einem Brief Schwaners vom 3.12.1913. – Rathenau selbst schreibt am 14.4.1914, dass der völkische Schriftsteller Willy Lentrodt [1864-1914] geholfen habe, sie zusammenzuführen (ebd., Nr. 122, S. 138).

21 Ob Rathenau homosexuell gewesen ist (s. hierzu Schölzel a.a.O., S. 152), ist für die Interpretation der Kernaussage des von mir ausgewählten Briefes ohne Belang.

und auch sonst nicht mehr, als ich Dir nicht ‚heimzahlen' könnte. Kannst Du ja sagen? Und auch Freund und Bruder? Wie glücklich wäre ich! Fast möchte ich Dich dann bitten, laß uns immer nur unter vier Augen bleiben! Oder nie uns wieder sehen! Ich möchte, daß unsere Freundschaft Veilchen bliebe, Veilchen zartester Seelenfreundschaft."[22] Der diese schwärmerische Liebeserklärung schrieb und mit „Dein sehnender und bald sich erfüllender Br. Wilm Schwaner" unterschrieb, war zu diesem Zeitpunkt bereits über 50 Jahre alt, der Empfänger immerhin auch schon 47! In dem Brief, in dem Rathenau dem Freund den Tod des Vaters berichtet, heißt es: „Du bist der letzte Mensch, dem ich mich im Herzen genähert habe, und wirst wohl der letzte bleiben, denn mein Leben beginnt still zu werden und der Abend bricht an."[23] In einem Brief vom 16. September 1915 heißt es: „Wäre ich noch so frisch und bildsam, daß ich eine Genossenschaft wählen dürfte, so wäre die Deine mir von Herzen willkommen, und die Erde, die Du liebst, würde auch mir lieb sein. Daß es Dinge gibt, an die wir von außen von verschiedenen Seiten herantreten, hat nichts zu bedeuten, denn die innere Kraft ist die gleiche, und Kontraste des Denkens befruchten. [...]"[24] Die Verbundenheit mit Schwaner geht so weit, dass Rathenau im Frühjahr 1918 offensichtlich den Eintritt in Schwaners völkische Organisation beabsichtigte.[25]

Der Inhalt des Briefes

Der Brief thematisiert zwei Aspekte völkischer „Philosophie", mit denen sich Rathenau intensiv beschäftigt hat. Zunächst spricht Rathenau Ideen an, die in Schwaners Umfeld kursierten und die damals Allgemeingut völkischen Denkens gewesen sind: Demnach gäbe es auf deutschem Boden edlere und unedlere

---

22 Zit. nach Berglar a.a.O., S. 322.
23 Walther Rathenau: Briefe, 1. Bd., Nr. 169, S. 182 v. 30.6.1915; am 20.6.1915 war Emil Rathenau gestorben.
24 Ebd., 1. Bd., Nr. 176, S. 192 f.
25 Ebd., 2. Bd., Nr. 394, S. 40f. (Brief vom 30. April 1918). – Möglicherweise ist mit dem in Rathenaus Brief genannten Orden der seit dem 24.12.1917 existierende und von Schwaner gegründete „Deutschmeisterorden" gemeint; vgl. hierzu Justus H. Ulbricht: Völkische Erwachsenenbildung. Intentionen, Programme und Institutionen zwischen Jahrhundertwende und Weimarer Republik, in: Handbuch zur „Völkischen Bewegung" 1871-1918, hrsg. v. Uwe Puschner u.a., München usw. 1996, S. 260.

Stämme, edleres und unedleres Blut. Das unedlere Blut habe hier „kein unbedingtes, unerschütterliches Heimatrecht." Dazu will sich Rathenau allerdings
nicht äußern; er achte aber diese Meinung, ja – und diese Selbstentäußerung
Rathenaus überrascht doch sehr –, er bringt jenen, die diese Meinung vertreten und die Schwaners Freunde sind, „die unberührte Empfindung deutscher
Brüderlichkeit" entgegen, auch wenn ihm klar ist, dass eine solche Denkweise
sein „Dasein" unmittelbar bedroht, sein „Dasein aufhebt".

Den Kern dieses Briefes bildet aber ein zweiter Aspekt, der mir deshalb
wichtiger erscheint, weil er nicht nur Einblicke in das innerste Wesen Rathenaus[26] und in sein Selbstverständnis als Deutscher gewährt, sondern weil er als
das Selbstverständnis vieler deutscher Juden angesehen werden kann, deren
Akkulturationsprozess zum Zeitpunkt, da dieser Brief geschrieben wird, weitgehend abgeschlossen war. Schon in seinem 1897 pseudonym veröffentlichten,
im Titel an das Glaubensbekenntnis der Juden („Schma Israel") erinnernden
Appell „Höre, Israel!" hatte er festgestellt: „Viele meiner Stammesgenossen
kennen sich nur als Deutsche, nicht als Juden." Von den „Stammesdeutschen"
würden sie sich „auch äußerlich nicht mehr allzu sehr unterscheiden."[27] Auch
wenn die meisten dieser Juden ihr Selbstverständnis wohl weniger emphatisch
ausgedrückt haben würden, wie dies Rathenau in dem oben zitierten Brief an
Schwaner tut, dürften sie mit Rathenaus Bekenntnis übereingestimmt haben:
Durch Erziehung, durch Übernahme der Werte ihrer kulturellen Umwelt, durch

---

26 Auf die ganz außergewöhnliche Persönlichkeit haben viele Zeitgenossen
    hingewiesen; als Beispiel sei hier nur eine Passage aus der Autobiographie
    des Arztes Carl Ludwig Schleich hingewiesen: „Dieser Plutarch unserer Zeit
    läßt mich bisweilen tiefe, wohl wenigen gewährte Einblicke in sein kompli-
    ziertes Innere tun, und ich muß gestehen, daß ich allezeit bewundernd vor
    der Größe dieser geistigen Natur, die wohl die bedeutendste lebende Per-
    sönlichkeit unserer Zeit umfasst, mich frage, was hier mehr zu beachten ist,
    die Präzision eines vollendeten Denkvermögens oder der schwere Ernst, mit
    dem sein großes Herz die Probleme dieser Welt erschöpfen möchte" (C. L.
    Schleich: Besonnte Vergangenheit. Lebenserinnerungen [1859-1919], Berlin
    1930 [zuerst 1920], S. 338).
27 Ich zitiere den Artikel aus: Walther Rathenau: Impressionen, Leipzig 3. Aufl. 1902,
    S. 3-20; hier S. 3. Rathenau hat sich 1919 in einem Brief an Lore Karrenbrock
    (1895-1928), Redakteurin des „Vorwärts", von dieser Schrift distanziert; s. W.
    R.: Briefe an eine Liebende, Dresden 1931, S. 92. – S. zu dieser Schrift auch
    die eindringliche Analyse bei Peter Berglar: Walther Rathenau. Seine Zeit – Sein
    Werk – Seine Persönlichkeit, Bremen 1970, S. 294 ff., bes. S. 299 ff.

langes Zusammenleben mit den übrigen Deutschen, durch ihre unmittelbare Lebenspraxis und durch ihr unbedingtes Wollen verstanden sie sich als Deutsche. Sie entsprachen damit dem, was Heinrich von Treitschke in seinen Artikeln, mit denen er 1878 der Berliner Antisemitismusstreit auslöste, von den deutschen Juden verlangt hatte: sie „sollen Deutsche werden, sich schlicht und recht als Deutsche fühlen". Hierfür war für Treitschke die Konversion keine zwingende Voraussetzung. Er schrieb: Sie sollten Deutsche werden „unbeschadet ihres Glaubens und ihrer heiligen Erinnerungen, die uns Allen ehrwürdig sind; denn wir wollen nicht, daß auf die Jahrtausende germanischer Gesittung ein Zeitalter deutsch-jüdischer Mischcultur folge."[28]

Gerade der „Kulturfrage" widmete sich Rathenau in seinem von vielen antisemitischen Klischees durchsetzten Pamphlet ausführlich, während ihn das seinerzeit heftig diskutierte Problem, ob Juden einen übermäßigen Einfluss in der Wirtschaft besäßen, weniger interessierte. Dies ließe sich s. E. mit entsprechenden Gesetzen regeln. „Drohender erhebt sich die gesellschaftliche, die Kulturfrage. Wer ihre Frage vernehmen will, mag an Berliner Sonntagen mittags um zwölf durch die Thiergartenstraße gehen oder abends in den Vorraum eines Theaters blicken. Seltsame Vision! Inmitten deutschen Lebens ein abgesondert fremdartiger Menschenstamm, glänzend und auffällig staffirt, von heißblütig beweglichem Gebahren. Auf märkischem Sand eine asiatische Horde. Die gezwungene Heiterkeit dieser Menschen verräth nicht, wie viel alter, ungesättigter Haß auf ihren Schultern lastet ... In engem Zusammenhang unter sich, in strenger Abgeschlossenheit nach außen: so leben sie in einem halb freiwilligen, unsichtbaren Ghetto, kein lebendes Glied des Volkes, sondern ein fremder Organismus in seinem Leibe" (S. 3 f.). Für die „nördlichen Stämme" habe die „südöstlich

---

28 Heinrich von Treitschke: Unsere Ansichten, in: Walter Boehlich (Hrsg.): Der Berliner Antisemitismusstreit, Frankfurt/M. 1988 (Erstaufl. 1968), S. 13 und 10. Zum Kontext: Massimo Ferrari Zumbini: Die Wurzeln des Bösen. Gründerjahre des Antisemitismus: Von der Bismarckzeit zu Hitler, Frankfurt/M. 2003, S. 182 ff.; Ulrich Langer: Heinrich von Treitschke. Politische Biographie eines deutschen Nationalisten, Düsseldorf 1998, S. 292-326. S. a. die Auseinandersetzung Rathenaus mit Curt von Trützschler-Falkensteins, der ebenfalls in der Konversion der Juden zum Christentum die einzige Möglichkeit zur Lösung der „Judenfrage" erblickte (s. Berglar a.a.O., S. 304 ff.)

gestimmte Erscheinung [der Juden] nichts Sympathisches" (S. 12). Was ist
zu tun? Dem „Stammesdeutschen", so Rathenau, sei die Frage „so zuwider
wie ihr Gegenstand. Er ist zufrieden, wenn das schwärzliche Volk ihm vom
Leibe bleibt … Und was thut Israel, um vom Banne befreit zu werden?
Weniger als nichts" (S. 6). Dabei sollten die Juden dafür Sorge tragen, dass
sie sich „inmitten einer militärisch straff erzogenen und gezüchteten Rasse"
nicht „durch verwahrlost schiefes und schlaffes Einhergehen zum Gespött"
machten (S. 12). „In Ballen von Atlas, Wolken von Spitzen und Nestern
von Brillanten" würden sie sich hüllen, ohne dadurch an Schönheit zu gewinnen; in Gesellschaften fänden sie „zwischen wedelnder Unterwürfigkeit
und schnöder Arroganz" nur schwer einen „Mittelweg" (S. 13). Und obwohl
der deutsche Staat sie zu Bürgern gemacht habe, um sie „zu Deutschen
zu erziehen", seien sie Fremde geblieben. Rathenau glaubt zu wissen, dass
es unter diesen Juden einzelne gäbe, „die sich aus der Ghettoschwüle in
deutsche Waldes- und Höhenluft sehnen" (S. 7). An sie allein wendet er
sich. Allerdings empfiehlt er ihnen nicht den leichteren Weg der Taufe, um
in Staatsstellen, an Universitäten und in der Armee avancieren zu können.
Dabei hat er Verständnis für jene, die diesen Weg gehen. Die Judenfrage
würde die Konversion aller Juden allerdings nicht lösen, denn für diesen
Fall entstünde „ein leidenschaftlicher ‚Antisemitismus gegen Getaufte'" (S. 9).
Rathenau kritisiert auch die Neigung der Juden, sich vor allem jenen politischen Parteien zuzuwenden, „die rückhaltlos für die Gleichstellung eintreten: Sozialismus und Freisinn"; dies bedeutete aber eine „Beförderung der
latenten Verjudung und eine gewaltsame Stärkung der destruktiven Parteien"
(S. 17 f.). Als Lösung empfiehlt Rathenau „die bewusste Selbsterziehung
einer Rasse zur Anpassung an fremde Anforderungen", allerdings nicht im
Sinne der Darwin'schen Mimikry, sondern als „eine Anartung in dem Sinne,
dass Stammeseigenschaften, gleichviel ob gute oder schlechte, von denen
es erwiesen ist, daß sie den Landesgenossen verhaßt sind, abgelegt und
durch geeignetere ersetzt werden … Das Ziel des Prozesses sollen nicht
imitirte Germanen, sondern deutsch geartete und erzogene Juden sein."
Als vorläufiges Zwischenglied zwischen „Deutschthum und Stockjudenthum"
schwebt ihm zunächst „ein jüdisches Patrizierthum – nicht des Besitzes,
– sondern der geistigen und körperlichen Kultur" vor (S. 10).

Einiges spricht dafür, dass das, was er hier als erwünschten Gang der Dinge skizziert, sein eigenes Lebensziel, seine eigene Lebensplanung beschreibt. Er, der hochgebildete Weltbürger und preußische Patriot, der aus dem Gefühl und der eigenen Erfahrung heraus den Weg weitestgehender Akkulturation gegangen war, hat zeitlebens bei all seinem Reichtum in großer persönlicher Bescheidenheit und gesellschaftlicher Zurückhaltung[29] genau das Gegenbild jener Juden abgegeben, die er in „Höre, Israel!" bis ins Karikaturhafte überzeichnete. All das, was er den neureichen jüdischen Aufsteigern vorwirft – Prunksucht, Oberflächlichkeit, ironisierende und mit Übertreibungen gespickte Rede, übertriebener Ehrgeiz, Gier nach Orden und Auszeichnungen, geringes Nationalbewusstsein, dafür Betonung der Internationalität ihrer Familien, demonstrative Mildtätigkeit –, war ihm fremd.

In „Höre, Israel!", in dem eingangs abgedruckten Brief wie auch in vielen anderen Briefen und in seinen zahlreichen philosophischen und sozialpolitischen Schriften hat sich Rathenau wiederholt uneingeschränkt zum Deutschtum und Deutschsein bekannt, allerdings oft mit skeptischem Unterton, inwieweit bzw. ob die deutsche Mehrheitsbevölkerung einem solchen Bekenntnis eines Juden auch Glauben schenken würde. Wenige Monate nach Kriegsbeginn schreibt er Weihnachten 1914 an Schwaner: „[…] Einig sind wir sicher in der Ehrfurcht vor der Größe des Geschehenden, in der Liebe und im Vertrauen zu unserem Volke, und in der Zuversicht, daß Deutschland niemals vergehen kann. […]"[30] Deutschland zu dienen, ist ihm eine Selbstverständlichkeit. Dies bekräftigt er in einem weiteren Brief an Schwaner: „Es ist eine verfluchte Pflicht eines jeden von uns, zu tun, was er dem Lande schuldet."[31] Immer wieder kommt Rathenau auf seine Zugehörigkeit zum deutschen Volk zurück. In sei-

---

29　Äußerungen der Einsamkeit sind in seinen Briefen häufig anzutreffen, auch in den Briefen an Schwaner; s. z.B. „… mein Leben beginnt still zu werden und der Abend bricht an" (Walther Rathenau: Briefe, 1. Bd., Nr. 169, S. 182). – „[…] Ich bin lange an innere Einsamkeit gewöhnt; die läßt sich nicht mehr brechen. Bis vor kurzem habe ich beklagt, daß leidenschaftliche Erlebnisse, die meine mittleren Jahre erfüllten, nicht zum Hausstand und Familienleben führten. Nun ist es vorüber. […]" (ebd., 1. Bd., Nr. 176, S. 192 f. v. 16. 9. 1915).

30　Ebd., 1. Bd., Nr. 158, S. 174.

31　Ebd., 1. Bd., Nr. 163, S. 178 (5. Februar 1915).

nen (nicht erhaltenen) Briefen spricht Schwaner gelegentlich – ob mit Absicht oder gedankenlos, ist nicht zu klären – von „Deinem Volk", nämlich dem der Juden. Dagegen wehrt sich Rathenau mit deutlichen Worten: „[…] Du sagst gelegentlich ‚mein Volk' und ‚Dein Volk'. Ich weiß, daß es nur ein verkürzter Ausdruck ist, aber ich möchte ein Wort dazu bemerken. Mein Volk sind die Deutschen, niemand sonst. Die Juden sind für mich ein deutscher Stamm, wie Sachsen, Bayern oder Wenden. Du lächelst, denn Du kennst alle Rassenlehren. Diese Wissenschaft ist mir aber ganz gleichgültig. Die Wissenschaft sagt heute dies und morgen das; in Gefühl und Idee, in Ideal und Transzendenz hat sie nicht hineinzureden. Ich frage nicht, ob die Juden Hethiter oder die Sachsen Mongoloiden sind; ich frage nicht, ob Christus, Goethe und Beethoven blond waren; für mich entscheidet über die Zugehörigkeit zu Volk und Nation nichts anderes als Herz, Geist, Gesinnung und Seele. In diesem Empfinden stelle ich die Juden etwa zwischen die Sachsen und Schwaben; sie sind mir weniger nah als Märker und Holsteiner, sie sind mir vielleicht etwas näher als Schlesier und Lothringer. Ich rede natürlich nur von deutschen Juden; östliche Juden gelten mir wie jedem anderen Deutschen als Russen, Polen oder Galizier; Westjuden als Spanier oder Franzosen. Antisemitismus und Partikularismus sind für mich so ziemlich das gleiche; wenn ich mich genau befrage, so ist es mir, glaube ich, unangenehmer, wenn ein Bayer über Preußen als wenn er über Juden herzieht. […]"[32]

Auf vielen Seiten seines Buches „Von kommenden Dingen" (1917), das einem Vermächtnis gleicht, zählt sich Rathenau immer wieder mit großer Selbstverständlichkeit zu „den Deutschen".[33] Und er versteht sich nicht als Einzelner. Noch ganz unter dem Eindruck des Krieges und in entschiedener Ablehnung des Zionismus schreibt er am 16. November 1918: „Die überwältigende Mehrzahl der deutschen Juden, unter ihnen viele, deren Vorfahren seit ungezählten Jahrhunderten in Deutschland leben, hat nur ein einziges Nationalgefühl: das deutsche. Wir wollen wie unsere Väter in Deutschland und für Deutschland leben und sterben. Mögen andere ein Reich in Palästina

---

32 Ebd., 1. Bd., Nr. 208, S.220 (18. August 1916)
33 S. Walther Rathenau: Von kommenden Dingen, Berlin, 70. bis 72. Aufl. 1924, v.a. S. 259 ff.

begründen: Uns zieht nichts nach Asien."[34] Ganz in diesem Geiste versteht er auch seine politische Tätigkeit in der Weimarer Republik als Arbeit für Deutschland. Am 26. Juni 1921 schreibt er an Schwaner: „[…] Deutschland ist jung und neu im politischen Leben, in solcher Zeit ist der einzelne wenig, die Gemeinschaft alles. Ich hoffe, daß Männer nach mir kommen, die gleichfalls ihr ganzes Lebenswerk verlassen, um unserem Volk zu dienen, das Dein Volk und mein Volk ist. […] *Mein höchstes Glück wäre es, die Zeit zu erleben, wo Deutschland seinen inneren Hader vergißt und als wahrhafte Volksgemeinschaft zusammenhält.*"[35]

Der Brief Rathenaus enthält nichts Anklagendes, weder gegen den Freund noch gegen dessen Parteigänger, die Rathenau sein Deutschsein absprachen. Was diesen Brief aus den vielen Briefen Rathenaus besonders heraushebt, ist sein Ton, in dem wegen seines Bekenntnischarakters etwas Melancholisches, fast Verzweifeltes mitschwingt. Hier spricht einer, der genau zu wissen scheint, dass alle seine Anstrengungen und die seiner Vorfahren, als Deutscher und Jude akzeptiert zu werden, vergeblich sein würden. Zugleich ist das Bemühen zu spüren, mit diesem Bekenntnis zum Deutschsein, das sein Festhalten an seinem Judentum nicht ausschließt, den Freund nicht zu verlieren, der ih[n] zwar persönlich zu schätzen scheint und ihm freundschaftlich verbunde[n] von dem Rathenau aber weiß – und er schreibt es in seinem Bri[ef] deutlich –, dass dessen Vorstellungen von „Blut" und „Stamm" [und] eigenen Denkweise keine Gemeinsamkeiten haben konnten.

Schluss

Auch wenn Rathenau im Kaiserreich und in der Weim[ar] seiner sozialen, wirtschaftlichen und politischen Ste[llung] außergewöhnlichen Bildung aus dem Durchschn[itt] weit herausragte, in seinem Bekenntnis zum als repräsentativ für den größeren Teil

---

34 Zit. Nach Böttcher a.a.O., S. 74
     gertums kam gar der Vorschla[g]
     G.S.] Staatsbürgerrechte z[u]
     als die deutsche" (zit. nach
35 Ebd., 2. Bd. Nr. 731, S. 323 f.;

jüdischen Bürgertums gelten.[36] Der zitierte Brief dokumentiert den entschiedenen Willen Rathenaus, in erster Linie Deutscher zu sein, ohne indes seine
Zugehörigkeit zum Judentum preiszugeben. Er ist Deutscher und Jude und
will dies auch bleiben. Im Ton mag dies Bekenntnis im Brief an Schwaner
pathetisch klingen. Für Rathenaus Briefe an Schwaner ist dieser Stil[37] jedoch
nicht ungewöhnlich. Ihm und nur ganz wenigen anderen Personen seiner
Zeit ist er so begegnet: mild und weich, hinnahmebereit und entsagungsvoll,
melancholisch und sentimental. In einem Nachruf auf Rathenau berichtet
Schwaner in seiner Zeitschrift „Der Volkserzieher", er habe Rathenau bei
der Übernahme des Wiederaufbauministeriums im Jahr 1921 geraten, er
möge sich auf den nahen Tod vorbereiten. Darauf habe dieser „in der ihm
eigenen herzlichen und geradezu priesterlich ruhigen Weise" geantwortet:
„Mein lieber Wilm! Dein Volk ist mein Volk! Und für das deutsche Volk gebe
ich gerne mein Leben – wenn es nur zu seinem Heile ist."[38] In seinen schriftlichen Äußerungen ist Rathenau so zerrissen, widersprüchlich und rätselhaft,
wie er es in seiner ganzen Erscheinung gewesen ist.[39] Sein Bekenntnis zum
deutschen Vaterland und zu den Deutschen, denen er zugehören will, ist auf
dem Hintergrund dessen, was nur gut 10 Jahre nach seinem Tod begann und
20 Jahre später den von Rathenau geahnten und befürchteten schrecklichen
Höhepunkt fand, eine auch heute noch beklemmende Lektüre.

---

36 Nüchterner, wenngleich ebenso entschieden wie Rathenau äußert sich der
    Arzt, Soziologe, Nationalökonom und Publizist Franz Oppenheimer (Berlin
    1864/Los Angeles 1943), ein Berliner Urgestein par exellence, in seiner um
    1930 entstandenen Autobiographie: „Ich habe niemals … das geringste Hehl
    daraus gemacht, daß ich vollkommen ‚assimiliert' sei: ich fände, wenn ich
    [mic]h hineinfühlte, neunundneunzig Prozent Kant und Goethe und nur ein
    [Pr]ozent Altes Testament, und auch das noch wesentlich durch Vermittlung
    [Sp]inozas und der Lutherbibel. Ich fühlte mich durchaus als Deutschen, aber ich
    [habe] niemals verstehen können, warum mein jüdisches Stammesbewußtsein
    [mit m]einem deutschen Volks- und Kulturbewußtsein unvereinbar sein sollte
    [(F.] Oppenheimer: Erlebtes, Erstrebtes, Erreichtes. Lebenserinnerungen,
    [Düssel]dorf 1964, S. 211 f.).
37 [Rath]enaus Briefstil, s. Berglar a.a.O., S. 309 f.
38 [W.]Schwaner: Walter Rathenau, in: Der Volkserzieher 26. Jahr, Berlin
    [1926,] S. 109; zit. nach Walther Rathenau: Hauptwerke und Gespräche,
    [hg. Er]nst Schulin, München/Heidelberg 1977, S. 836 f.
39 [Wid]ersprüchlichkeiten Rathenaus, s. Berglar a.a.O., S. 316 f.

Jürgen Reulecke

„Wenn einer von uns müde wird ..."

Kameradenlyrik à la Herybert Menzel

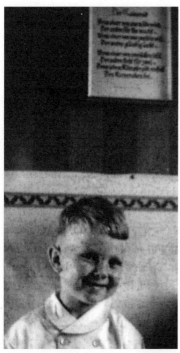

Der Autor als Dreijähriger, Foto 1943

Manchmal haben Nachlässe von Verstorbenen „es in sich", selbst wenn es sich objektiv eigentlich nur um Winzigkeiten handelt. In meinem Fall war es ein Foto im Nachlass meiner verstorbenen Mutter, das mich im August 1943 als Dreijährigen vor einer Wand zeigt, auf der – kaum zu entziffern – ein eingerahmtes achtzeiliges Gedicht in Kunstschrift zu sehen ist. Das Foto hatte mein Vater bei seinem letzten Urlaub gemacht – vor seiner Rückkehr an die Ostfront, wo er einen Monat später, wie es damals hieß, „für Volk und Vaterland gefallen ist." Das Gedicht hatte er meiner Mutter bei diesem Urlaub – er übte sich gerne im Kunstschriftschreiben – aufgezeichnet und es gerahmt an die Wand jener winzigen Wohnung in Halberstadt gehängt, wohin wir aus dem zerbombten Wuppertal evakuiert worden waren. Das Gedicht an der Wand hat mich dann während meines Aufwachsens vom Kleinkind zum Jugendlichen in den weiteren Wohnungen der Familie wie eine Ikone begleitet – ich konnte es frühzeitig auswendig aufsagen, ohne dass der Inhalt für mich eine besondere Bedeutung besaß –, ehe es dann irgendwann verschwand und ich es auch vergaß. Nun war es im Nachlass meiner Mutter auf dem Foto wieder präsent; die Zeilen und der Titel „Der Kamerad" kehrten wieder ins Gedächtnis zurück. Nur der Name des Dichters, sehr viel kleiner geschrieben, war nicht lesbar. Spurensuche war angesagt, aber: Internet macht's möglich: Es handelte sich um einen NS-Poeten namens Herybert Menzel! Zunächst aber der Gedichttext:

> „Der Kamerad.
> Wenn einer von uns müde wird,
> Der andre für ihn wacht.
> Wenn einer von uns zweifeln will,
> Der andre gläubig lacht.
> Wenn einer von uns fallen sollt',
> Der andre steht für zwei.
> Denn jedem Kämpfer gibt ein Gott
> Den Kameraden bei."[1]

Geboren im Jahre 1906 in Obornik bei Posen, also in einer damals noch zum Deutschen Reich gehörenden preußischen Provinz, die dann Ende 1918 zu Polen kam, hatte der Autor bereits mit 24 Jahren den Roman „Umstrittene Erde" geschrieben, mit dem er rasch bekannt wurde.[2] Es geht darin um die Auseinandersetzungen zwischen Deutschen und Polen in der Grenzmark Westpreußen-Posen nach dem Weltkriegsende. Zwar hatte er zunächst in

---

1   Vielfach abgedruckt und auch mehrfach vertont, hier zitiert nach Heinz Kindermann (Hrsg.): Deutsche Wende. Das Lied der Jungen, Leipzig 1937, S. 54.

2   Lisa Lader/Wulf Segebrecht: Herybert Menzel, in: Wulf Segebrecht (Hrsg.): Der Bamberger Dichterkreis 1936-1943, Bamberg 1985, S. 192-197.

Breslau und dann in Berlin ein Jurastudium begonnen, es jedoch dann nach kurzer Zeit wieder abgebrochen, um sich in Tirschtiegel (heute Trzciel) bei Posen als freier Schriftsteller niederzulassen. In einer Selbstcharakterisierung aus dem Jahre 1934 für eine Sammlung mit „heldischer Dichtung" mit dem Titel „Rufe in das Reich" schrieb er, nachdem er auf vielfältige Anregungen seines an Heimatforschung interessierten Vaters, eines Postsekretärs, und die ihn als Heranwachsenden stark prägenden Erlebnisse bei den Grenzkämpfen 1918/19 hingewiesen hatte: „Für Deutschlands Erwachen durfte ich als SA-Mann kämpfen, der ich heute noch bin. Als Schriftsteller bin ich meiner Heimat Meldegänger. In meinen Sagen und Balladen suche ich den Auftrag zu erfüllen, den sie mir gab."[3] Bei diesem heimatbezogenen „Auftrag" sollte es aber nicht bleiben, wie seine Dichtungen in der Folgezeit ausweisen, denn in der SA avancierte er mit seinen Erzählungen, Gedichten (von denen viele vertont wurden) und Kantaten recht bald zu einem der meistgenannten Dichter, erhielt entsprechende Preise, so 1938 den „Literaturpreis der Reichshauptstadt Berlin" und 1939 den „Kulturpreis der SA", und war zeitweise Mitglied im Vorstand des Reichsverbandes Deutscher Schriftsteller. Im Krieg kämpfte er an der Ostfront und kam 38-jährig im Februar 1945 beim Vormarsch der Russen in seinem Heimatort um.

Menzel gehörte im „Dritten Reich" zu jener „jungen Mannschaft" unter den damaligen Dichtern, die – Kriegskinder des Ersten Weltkriegs, also meist geboren zwischen 1906 und 1914 und oft vaterlos aufgewachsen – mit den von ihnen seit etwa 1930 geschaffenen Texten und Liedern an die Stelle der bisher vor allem in der Bündischen Jugend der 20er Jahre weit verbreiteten, oft melancholischen Landsknechts- und Soldatenlieder einen neuen Liedtypus setzten, der keine romantische, rückwärtsgewandt-wehmütige Gefühligkeit mehr erzeugen, sondern – umgekehrt – auch noch „den letzten Schläfer wachrütteln" und unter der Fahne in den mitreißenden Marsch der Kolonnen einreihen sollte – dies „fest im Glauben" und „froh im Werk".[4]

---

3   Herbert Böhme (Hrsg.): Rufe in das Reich. Die heldische Dichtung von Langemarck bis zu Gegenwart, Berlin 1934, S. 378 f.; das oben zit. Gedicht Menzels findet sich dort auf S. 309.

4   S. dazu Jürgen Reulecke: „Wir reiten die Sehnsucht tot" oder: Melancholie als Droge. Anmerkungen zum bündischen Liedgut, in: ders.: „Ich möchte einer werden so wie die ...“. Männerbünde im 20. Jahrhundert, Frankfurt/New York 2001, S. 103-128, hier S. 117.

Solche Zielsetzung bestimmte dann in ausgreifender Weise die Kulturarbeit der HJ, vor allem unter ihrem für die musikalische Ausbildung zuständigen Sachgebietsleiter Wolfgang Stumme (geb. 1910) im Sinne eines „Dienstes an den Altären der Seele".[5] Besonders die Rundfunkarbeit der HJ wurde von nun an mit Texten, Liedern und Kantaten einer Arbeitsgemeinschaft „Junge Künstler" gestaltet, die geeignet erschienen, die gesamte deutsche Jugend „von der Seele her zum Erlebnis der nationalsozialistischen Weltanschauung zu führen."[6] Gedichte von Menzel, der sich für diese Rundfunkarbeit gewinnen ließ, erlebten nun eine große Verbreitung, wurden in fast allen NS-Gedichtbänden abgedruckt, oft vertont und tauchten dann ebenso wie viele Lieder mit Texten von Baldur von Schirach, Hans Baumann, Herbert Napierski, Georg Blumensaat und anderen aus dieser Altersgruppe seit Mitte der 1930er Jahre in den meisten Liederbüchern der HJ und des BDM, der SA und SS, des Reichsarbeitsdienstes usw. auf. Zwar stammten von ihm auch z.B. einige NS-Weihnachts- und Heimatlieder, aber die meisten seiner Texte lassen sich als eine dichterische Überhöhung der männlichen Kameradschaft und als pathetische Beschwörung der männerbündischen, im Krieg dann soldatischen Kampfbereitschaft und -bewährung charakterisieren. Mit Menzels Gedichtanfängen kann man geradezu ein Art Karrieremuster für eine NS-männliche Kollektivbiographie konstruieren – angefangen mit „Deutschland, heiliges Deutschland, du schaust aus der Jungen Gesicht", „Gott ist mit den fröhlichen Jungen" und „Jugend, wir tragen die Fahnen, wir tragen und bauen das Reich" über „Aufwächst der Mann im Bund der Kameraden", „Hört ihr den Marsch der Kolonnen", „In unsrer Fahne lodert Gott", „In dieser Fahne, Kamerad, sind du und ich verbunden", denn: „Die Welt gehört den Führenden" bis hin zu „Soldaten sind immer Soldaten", „Der Kampf ist schwer, der Kampf ist hart", „Männer werden und Kolonnen fallen", um dann auf „Wir schreiten ernst, wir schreiten still, wir schreiten in die Ewigkeit", „Kamerad, schreib einen Abschiedsbrief" und schließlich „Wenn wir in Staub zerfallen, was bleibt von uns zurück" hinauszulaufen – dies vor

---

5   S. hierzu und zum Folgenden Michael Buddrus: Totale Erziehung für den totalen Krieg. Hitlerjugend und nationalsozialistische Jugendpolitik, 2 Bände, München 2003, Bd. 1, S. 120 f. (Anm. 294) und S. 140-147.
6   Zit. ebd. S. 142.

dem quasi anthropologisch-allgemeingültigen Hintergrund „Alle Mütter in der Welt gingen tief durch Glück und Schmerzen“. Das eingangs zitierte Gedicht „Wenn einer von uns müde wird“[7] gehört in die hier angedeutete letzte Etappe bündisch-kameradschaftlicher Mannwerdung, die in letzter Konsequenz auch den soldatisch-heldischen Tod als Selbstopfer auf dem Altar von Volk und Nation umfasst, denn:

> „Von solchem Volke wird viel Kraft genommen,
> was leuchten soll, muss stark durch Leiden geh'n.
> Und wenn das Schwere düster ist gekommen,
> groß muss die Frau dem Mann zur Seite steh'n.“[8]

In seiner Analyse der deutschen Literatur in der NS-Zeit kommt der Siegener Germanist Ralf Schnell zu einer Reihe von Charakteristika der NS-Lyrik, die er in mehreren Thesen zusammengefasst hat.[9] Ausgehend vom Grundmuster der Beschwörung eines Aufbruchs ins Ungewisse (der – verbunden mit Kampf und Gefahr – immer in einem „unversöhnlichen Widerspruch zur homogenen Ordnung“ stehe), hat Schnell auf die durchgehend dualistische Grundstruktur der gesamten NS-Dichtung, ob sie nun „Kampflyrik“, „Weihedichtung“, Blut-und-Boden-Roman oder Ähnliches war, hingewiesen – eine Grundstruktur, die sich darin zeige, dass als Antriebskräfte für den Aufbruch immer Aufbegehren und Rebellionen gegen Feinde beschworen würden, die jedoch nie eindeutig bestimmt gewesen seien. Bei einem solchen Aufbruch einer verschworenen Gemeinschaft in eine heldische Zukunft seien die Möglichkeiten von „Blutorgie und Opfertod“ immer schon mitgedacht. Als besonders typischen Vertreter einer solchen Blickweise nennt er nicht zufällig an erster Stelle Herybert Menzel und zitiert ein Gedicht von ihm, das dem Dichter die Rolle eines soldatischen Kämpfers zuweist:[10]

---

7   In vertonter Form findet es sich übrigens in dem Liederbuch „Lieder der Arbeitsmaiden“, hg. vom Reicharbeitsdienst, hier zit. nach der 3. Auflage Potsdam 1943, S. 12 f., Weise und Satz von Hans Lamparter.
8   Letzte Strophe des Menzel-Gedichts „Aufwächst der Mann im Bund der Kameraden“.
9   Ralf Schnell: Dichtung in finsteren Zeiten. Deutsche Literatur und Faschismus, Reinbek b. Hamburg 1998, S. 105-119.
10 Ebd., S. 106 f.

„Das allerdings:
Es ziemt dem deutschen Dichter
Kampf gegen's Gelichter,
gegen Feinde ringsum.
In seinen Versen muss er Trommeln schlagen,
das Sturmband tragen
ums schmale Gesicht.
Aufpeitschen muss er, zum Kämpfen, zum Hassen
und die Grimassen
der Feinde verhöhnen:
Sturm sein Gedicht."

Viele weitere lyrische Produkte Menzels zeigen, dass er diese Rolle als Dichtersoldat ausdrücklich selbst zu spielen versucht hat. Die Kraft dazu, sowohl den Aufbruch ins Ungewisse zu wagen als auch den möglichen eigenen Tod bei einem solchen Unternehmen positiv als Opfertod zu begreifen, lieferte die männerbündische Kameradschaft, „denn jedem Kämpfer gibt ein Gott den Kameraden bei" – wie es bei Menzel heißt. Kameradschaft als „soziales Kapital", als Mythos und Ritual, als vertrauenstiftende Erwartung (aber auch als Illusion) und als gelebte Erfahrung im Zweiten Weltkrieg hat Thomas Kühne in eine Reihe von Veröffentlichungen umsichtig und einfühlsam – allerdings ohne Eingehen auf deren Ausmalung in der damaligen Lyrik – analysiert; darauf sei hier verwiesen.[11]

Ausgegangen war die vorliegende Annäherung an die Kameradschaftslyrik Herybert Menzels von der eigenen Beziehung zu einem einzelnen Gedicht des Dichters. Wenn die Kunstschrift-Niederschrift des Textes durch meinen Vater bei seinem letzten Urlaub nicht nur eine spielerische Fingerübung und Ablenkung vom „Kriegshandwerk" an der Ostfront war, dann steht der Sohn vor einer Reihe von Fragen, für die er leider keine Antwort mehr bekommt. Wie stark war die Fixierung dieses Vaters auf die soldatische Männerkameradschaft, die er nun für ein paar Tage hinter

11 S. vor allem Thomas Kühne: Zwischen Männerbund und Volksgemeinschaft. Hitlers Soldaten und der Mythos der Kameradschaft, in: Archiv für Sozialgeschichte Bd. 38 (1998), S. 165-189, sowie ders.: Vertrauen und Kameradschaft. Soziales Kapital im „Endkampf" der Wehrmacht, in: Ute Frevert (Hrsg.): Vertrauen. Historische Annäherungen, Göttingen 2003, S. 245-278.

sich gelassen hatte, um seine Familie zu besuchen? War die Auswahl des Gedichts eher unüberlegt oder enthielt sie eine versteckte Botschaft an seine Frau über die derzeitigen oder sogar grundsätzlichen Hierarchien in seinem Leben? Lief für ihn die in dem Gedicht angesprochene Möglichkeit seines eigenen Soldatentodes im Kreise der Kameraden auf eine Tröstung hinaus? Tatsächlich war es in seinem Fall dann so, dass es einen Monat später zwei seiner Kameraden waren, die ihm nach schwerster Verwundung bei seinem Sterben zur Seite standen und ihm versprachen, hinterher der Witwe ausführlich darüber zu berichten. Und was hätte er zu folgendem lyrischen Produkt desselben Dichters gesagt (falls er es nicht sogar gekannt hat); hätte er die darin enthaltene martialische Botschaft – an ferne Enkel und *nicht* an den konkreten Sohn gerichtet – geteilt?

„Wenn wir in Staub zerfallen,
was bleibt von uns zurück,
von unsern Gütern allen,
von dem erbauten Glück?
Die Mauern werden brechen,
und Gras wächst über'm Grund,
doch sollen Enkel sprechen
von uns mit frohem Mund.

Wir können nichts erwerben
für alle Ewigkeit,
wenn wir uns selbst vererben,
das dauert durch die Zeit.
Wenn einst in bangen Tagen
die Enkel fragend steh'n,
dann soll in starken Sagen
von uns ein Mut ausgeh'n.

Dann sollen sie es wissen,
was nur ein Knecht erträgt,
und dass sie schlagen müssen,
wenn sie ein andrer schlägt.
Da gibt es nichts zu büßen,
fließt Feindblut noch so rot,
wir woll'n sie lachend grüßen
hin über unsern Tod.“

Wie geht ein Sohn mit einer solchen Selbststilisierung bzw. mit solcher über ihn als Sohn hinausreichenden Sinnzuweisung des Gefallenen an seinen Tod um, eine Sinnzuweisung, die sich übrigens in einer Vielzahl von Gedichten auch anderer Dichter so oder ähnlich, oft auch an die zurückbleibenden Frauen und Mütter gerichtet, in der Kriegszeit findet? Wie im einleitenden Satz gesagt: Nachlässe können „es in sich haben", ganz konkret in Form eines anrührenden, aufrüttelnden oder auch provozierenden Einzelteils oder im übertragenen Sinn als mentales Gepäck, das uns die Vorausgegangenen hinterlassen und auf die Schulter geladen haben, so dass wir es auf unsere Art weitertragen (müssen) und dann auch weitergeben – „Generativität" heißt das wissenschaftliche Etikett dafür, das im vorliegenden Fall auf etwas verweist, was im Alten Testament an mehreren Stellen, z.B. in den Klageliedern angesprochen wird, wo zu lesen ist: „Saure Trauben haben die Väter gegessen, und den Kindern sind die Zähne stumpf geworden" …

Hans-Dieter Schmid

Finanzverwaltung und Judenverfolgung:

Die „Tortenheberliste"

Die Quelle

I. AUFSTELLUNG

Über Vermögenswerte, (Uhren u. Schmuckgegenstände) die bei der Judenevakuierung (Transport II) eingezogen wurden.

Name	Vorname	Kennz. Nr.	Gegenstände
A l e x a n d e r,	Leontine	665	1 Ring
XXXXXXXXXXXXX	XXXXXXX	XXX	XXXXXXXXXXXXXXX
F r e n s d o r f f,	Liselotte	682	1 Kette 1 Uhr
√ J u d e n b e r g,	Bernhard	687	1 Uhr — Leth
√ XXXXXXXXXXXXXXXXX	XXXX	XXXX	XXXXXX
L ü d e r,	Anna	694	1 Armbanduhr 1 Ring
J u r m a n n,	Philip	697	1 Uhr Armbanduhr
v.d. W y k,	Siegmund	700	1 Uhr m. Kette
K a u f m a n n,	Karl	703	1 Uhr m. Kette
de V r i e s,	Albert	709	1 Uhr m. Kette
L e b e n s t e i n,	Berthold	(711)	1 Uhr m. Kette
C r a m e r,	Siegfried	714	1 Uhr m. Kette
P h i l i p p s o h n,	Julius	717	1 Uhr m. Kette
P h i l i p p s o h n,	Martha	722	1 Uhr
Dav i d s o h n,	Karl	724	1 Uhr
D a v i d s o h n,	Anna	726	1 Armbanduhr
K l e e b e r g,	Julius	727	1 Uhr m. Kette
A s c h,	Horst	734	1 Uhr m. Kette
H e i n e m a n n,	Hermann	735	1 Uhr m. Kette
H e i n e m a n n,	Edith	736	1 Armbanduhr 5 Ringe 1 Armreif 7 Armketten 2 Uhrketten 1 Nadel
L e v y,	Philipp	739	1 Armbanduhr
L e v y,	Käte	741	1 Trauring
A r e n s b e r g,	Arnold	745	1 Uhr
H e i z m a n n,	Ier.	749	1 Uhr m. Kette
P l a u t,	Klara	757	1 Brosche
L a z a r u s,	Ludwig	766	1 Armbanduhr

Blatt 2

Name	Vorname	Kennz.Nr.	Gegenstände
A p t ,	Benjamin	775	2 Perlenketten 2 Broschen 1 Ring 2 Armbänder
L e v y,	Albert	777	2 Halsketten 2 Broschen 2 Armreifen 1 Ring 1 Stck Haarschmuck 1 Armbanduhr
L e v y,	Johanna	778	1 Armbanduhr
A b r a h a m s o h n, Bertha		780	4 Broschen
A b r a h a m s o h n, Ella		781	3 Broschen 2 Nadeln 1 Ring 1 Halskette 1 Armbanduhr
L e v y,	Karl	791	1 Uhr m. Kette
G o l d s c h m i d t, Siegfried		794	1 Uhr m. Kette
M o s e s,	Martha	799	1 Armbanduhr
B l u m e n t h a l, Louis		806	1 Uhr m. Kette
B l u m e n t h a l, Hennie		807	1 Armbanduhr
B l u m e n t h a l, Martha		808	1 Armbanduhr
R o b e r g,	Sophie	814	1 Uhr
S i l b e r b e r g, Rosalchen		815	1 Armbanduhr
S a m e n f e l d, Moritz		817	1 Uhr m. Kette
S a m e n f e l d, Arthur		819	1 Uhr m. Kette
H ü n e r b e r g, Albert		821	1 Uhr
R o b e r g,	Martha	822	1 Uhr 2 Halsketten 1 Armreif 2 Broschen
D e i c h m a n n, Siegfried		824	1 Uhr
L ö w e n s t e i n, Adele		825	1 Uhr 1 Brosche
L ö w e n s t e i n, Selma		826	1 Uhr
K r e t h l o w, Paula		835	1 Uhr
B e e r m a n n, Inge		841	1 Armbanduhr
A l e x a n d e r, Günter		842	1 Armbanduhr
B i r k e n r u t h, Alfred		843	1 Uhr m. Kette
F r e u n d l i c h, Else		850	1 Uhr 3 Ketten 1 Brosche
S i l b e r b e r g, Walter		865	1 Armbanduhr

Fortsetzung

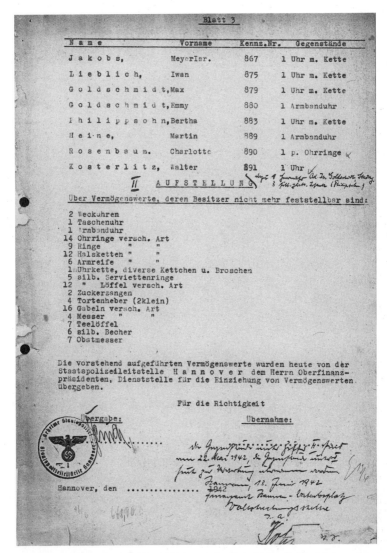

Abb.: Die „Tortenheberliste" (Faksimile) – Aufstellung über die Vermögenswerte, die bei dem zweiten Deportationstransport der Gestapoleitstelle Hannover – am 31. März 1942 nach Warschau – von der Gestapo beschlagnahmt wurden, 13. Juni 1942.

Quelle: Niedersächsisches Landesarchiv-Hauptstaatsarchiv Hannover, Hann. 210, Acc. 160/98, Nr. 7

2. Herkunft und Inhalt

Im Laufe des Jahres 1998 bot das Hauptstaatsarchiv Hannover einen Job
für Geschichtsstudenten an, bei dem es darum ging, einen umfangreichen
Aktenbestand, der in das Archiv übernommen werden sollte, vorläufig zu
erfassen. Der etwa 200 laufende Meter umfassende Bestand, der unter der
Bezeichnung „Reichsfluchtsteuerakten" firmierte, lagerte noch in Räumen der
Bundesvermögensverwaltung und sollte 1999 wegen Ablaufs der Aufbe-
wahrungsfrist in das Hauptstaatsarchiv übernommen werden. Durch eine
Studentin wurden wir auf den Bestand aufmerksam gemacht, und in der
Folge entstand daraus ein vom Historischen Seminar der Universität Hanno-
ver und dem Hauptstaatsarchiv Hannover gemeinsam durchgeführtes und
von der Deutschen Forschungsgemeinschaft gefördertes Forschungsprojekt
unter dem Titel „Finanzverwaltung und Judenverfolgung am Beispiel des
Oberfinanzpräsidenten Hannover". Denn um die Akten dieser Behörde der
Reichsfinanzverwaltung handelte es sich bei dem Bestand.

Die Oberfinanzpräsidenten waren aus den Landesfinanzämtern der Weimarer Zeit hervorgegangenen. Ihre Devisenstellen waren das zentrale Instrument
zur Durchsetzung der rigorosen Devisenbewirtschaftung seit der Weltwirtschafts-
krise, zu der auch die 1931 eingeführte Reichsfluchtsteuer gehörte. Ab 1933
waren die Devisenstellen federführend bei der Ausplünderung der Juden,
die auswanderten bzw. ins Ausland flüchteten. Die 1941/42 eingerichteten
Vermögensverwertungsstellen „verwerteten", d.h. versteigerten oder verkauften
die Vermögenswerte der ab 1941 deportierten Juden, die beim Grenzübertritt
der Deportierten an das Deutsche Reich fielen. Außerdem übernahmen sie
ab 1943 das Vermögen der Reichsvereinigung der Juden in Deutschland, in
die 1939 alle jüdischen Institutionen im Reich zwangseingegliedert worden
waren, und zwar mit dem Ziel, dieses Vermögen entweder zugunsten des
Reiches zu verwerten oder im Auftrag des Reiches zu verwalten.

Der Aktenbestand des Oberfinanzpräsidenten Hannover enthielt etwa
12 000 Einzelfallakten und knapp 20 Generalakten, die als erste in das Archiv
übernommen wurden. Bei der Durchsicht dieser Akten stieß ich eines Tages
auf das oben wiedergegebene Dokument. Selbst nach vielen Jahren der
Beschäftigung mit dem Holocaust und der damit unweigerlich verbundenen
Gewöhnung an einen sachlichen Umgang mit Schilderungen selbst grausamster

Verbrechen, ist es nicht vorauszusehen, wann einen plötzlich eine Filmszene oder ein Dokument emotional so anrührt, dass man alle professionelle Sachlichkeit hinter sich lässt und sich im eigentlichen Sinn zutiefst „betroffen" fühlt. Mir ging es so mit dieser einfachen Liste, die so gar nicht danach aussieht, Emotionalität hervorzurufen. Es war wohl die Alltäglichkeit der aufgeführten Gegenstände, die Gabeln und Messer, Serviettenringe, Zuckerzangen und Tortenheber, die den Schock herbeiführte, aber auch die Menge der Uhren. Ich versuchte mir vorzustellen, was der Beamte des Finanzamts Hannover-Waterlooplatz, der die abgenommenen Gegenstände und die Liste am 13. Juni 1942 von der Gestapo übernommen hatte, wohl empfunden hatte, als er die Liste ordnungsgemäß in einer Akte ablegte. Was hatte er sich unter „Judenevakuierung" vorgestellt, bei der den Betroffenen vorher die Uhren abgenommen wurden und in einem Fall sogar der Ehering, obwohl das in den Vorschriften ausdrücklich ausgenommen war?[1] Hatte er mit jemand darüber gesprochen – mit Kollegen, Freunden, seiner Frau – oder hatte er Stillschweigen bewahrt, wie von ihm erwartet wurde?

3. Kontext: der Warschau-Transport

Das Dokument trägt auf der ersten Seite in der linken oberen Ecke die römische Ziffer II, die sich durch die Überschrift als „Transport II" der „Judenevakuierung", also den zweiten Deportationstransport aus dem Bereich der Gestapoleitstelle Hannover, bestimmen lässt.[2] Der erste Transport aus Hannover mit 1 001 jüdischen Bürgern aus der Stadt hatte am 15. Dezember

---

1 Rundschreiben der Staatspolizeileitstelle Hannover, 19.3.1942, abgedruckt bei Marlis Buchholz: Die hannoverschen Judenhäuser, Hildesheim 1987, S. 264-267, hier S. 266. In der Situation konnte ich nicht wissen, dass der Käte Levy aus Rinteln abgenommene Trauring nicht ihr eigener sein konnte, da sie nicht verheiratet war. Vgl. die Deportationsliste in: Niedersächsisches Landesarchiv – Hauptstaatsarchiv Hannover (= NLA-HStAH), Hann. 210, Acc. 160/98, Nr. 17.

2 Zu den hannoverschen Deportationstransporten vgl. zusammenfassend Marlis Buchholz: Ahlem als Schauplatz von Deportationen, in: Hans-Dieter Schmid (Hrsg.): Ahlem. Eine jüdische Gartenbauschule und ihr Einfluss auf Gartenbau und Landschaftsarchitektur in Deutschland und Israel, Bremen 2008. Zum Warschau-Transport außerdem: Alfred Gottwaldt/Diana Schulle: Die „Judendeportationen" aus dem Deutschen Reich 1941-1945. Eine kommentierte Chronologie, Wiesbaden 2005, S. 188 f.

1941 Hannover mit dem Ziel Ghetto Riga verlassen. Der zweite Transport, der in Gelsenkirchen eingesetzte Sonderzug Da 6, sollte „fahrplanmäßig" am 31. März 1942 um 18.36 Uhr den Bahnhof Fischerhof in Hannover-Linden in Richtung Trawniki bei Lublin verlassen. In Wirklichkeit kam der Zug, der schon in Gelsenkirchen und Bielefeld 400 Juden aus dem Bereich der Gestapoleistelle Münster aufgenommen hatte, in Hannover mit etwa sechs Stunden Verspätung an – Stunden, die die 491 Juden aus den Regierungsbezirken Hannover und Hildesheim, die in Hannover einsteigen sollten, ungeschützt im strömenden Regen auf dem Bahnsteig ausharren mussten. So war es schon nach Mitternacht, als der Zug weiterfuhr, nachdem die Opfer in hektischer Eile in die Wägen gedrängt worden waren. Kurz vor der Abfahrt war auch noch einmal das Ziel geändert worden: nicht nach Trawniki sollte der Zug fahren, sondern nach Warschau.

Am 16. April meldete die Gestapoleitstelle Hannover dem Oberfinanzpräsidenten in kaum zu überbietender Sprachverschleierung, dass „die am 1.4.1942 nach dem Osten abgewanderten Juden am 2.4.1942 die Reichsgrenze überschritten" hätten.[3] Das war der Zeitpunkt, an dem nach der 11. Verordnung zum Reichsbürgergesetz vom 25. November 1941[4] die Deportierten automatisch die deutsche Staatsangehörigkeit verloren mit der Folge, dass ihr Vermögen dem Reich „verfiel". Hans Günther Adler hat diesen Vorgang in seiner akribischen Studie über die Deportation der Juden aus Deutschland angesichts der Radikalität der fiskalischen Ausplünderung als „Finanztod" bezeichnet.[5] Das zurückgebliebene Vermögen der Deportierten wurde von der Gestapo sichergestellt und – häufig erst nachdem man Gegenstände, die man für die eigenen Dienststellen gebrauchen konnte, vorher abgezweigt hatte – dem zuständigen Oberfinanzpräsidenten zur „Verwertung" übergeben. „Verwertung" hieß dabei in der Regel Verkauf oder

---

3   NLA-HStAH, Hann. 210, Acc. 160/98, Nr. 7.
4   RGBl. 1941 I, S. 722 ff.
5   H. G. Adler: Der verwaltete Mensch. Studien zur Deportation der Juden aus Deutschland, Tübingen 1974, S. 166, 183 u.ö. Vgl. auch Hans-Dieter Schmid: „Finanztod". Die Zusammenarbeit von Gestapo und Finanzverwaltung bei der Ausplünderung der Juden in Deutschland, in: Gerhard Paul/Klaus-Michael Mallmann (Hrsg.): Die Gestapo im Zweiten Weltkrieg. ‚Heimatfront' und besetztes Europa, Darmstadt 2000, S. 141-154.

Versteigerung zugunsten des Reichs, bei Immobilien konnte es gelegentlich auch Verwaltung im Auftrag des Reiches bedeuten.

Der ganze Vorgang war dabei von einem peniblen Bürokratismus geprägt, der angesichts der auf die Vernichtung der Gesamtheit der deutschen Juden ausgerichteten Realität wohl nur als bürokratische Verschleierung, vielleicht auch als eine Art bürokratische Fassade für das Nichtwissen bzw. das Nichtwissenwollen der Realität zu begreifen ist. Die „Tortenheberliste" mit ihrer Zuordnung der abgenommenen Gegenstände zu einzelnen Personen ist ein Beispiel für diesen Bürokratismus, durch den inmitten des größten Unrechts der Anschein von Rechtsförmigkeit und verwaltungsmäßiger Ordnung aufrechterhalten wurde. Zu dieser bürokratischen Fassade gehörte es, dass von der Vermögensverwertungsstelle des Oberfinanzpräsidenten für jedes Opfer – auch die Kinder – eine eigene Akte angelegt wurde, wenn die geringsten Vermögenswerte, und sei es auch nur ein Schulsparbuch, vorhanden waren. Die Liste zeigt aber zugleich auch Spuren der Willkür und der Gewaltsamkeit der Beraubung, wenn über 100 Wertgegenstände, also etwa die Hälfte, nicht mehr einem Besitzer zuzuordnen waren. Da sich unter den namentlich aufgeführten Personen keine einzige aus dem Regierungsbezirk Hildesheim befindet, ist die nahe liegende Erklärung dafür, dass man es offenbar versäumt hatte, den Hildesheimer Gestapobeamten, die die Durchsuchung der Koffer und die Leibesvisitation in der Hildesheimer Sammelstelle in der Reithalle der Polizeischule Hildesheim vornahmen,[6] entsprechende Anweisungen zu geben.

Bemerkenswert ist an der Liste außerdem, dass bei ihr die 1938 eingeführten Zwangsvornamen „Sara" und „Israel" weggelassen wurden, während sie in allen erhaltenen Deportationslisten penibel verzeichnet sind.[7] Der Grund könnte darin liegen, dass diese Liste von der Gestapo selbst angefertigt wurde, die sich dabei souverän über die Vorschriften hinwegsetzte, während die

---

6   Rundschreiben der Staatspolizeileitstelle Hannover (Anm. 1). Vgl. auch Herbert Reyer, Die Deportation der Hildesheimer Juden in den Jahren 1942 und 1945. Mit bislang unveröffentlichten Aufnahmen aus einem Amateurfilm und weiteren Bilddokumenten vom März 1942. In: Hildesheimer Jahrbuch 74 (2002), S. 149-215.
7   NLA-HStAH, Hann. 210, Acc. 160/98, Nr. 17.

Deportationslisten von der Verwaltung der Synagogengemeinde geschrieben wurden, die zu dieser Zeit bereits zur Zweigstelle Hannover der Reichsvereinigung geworden war, die ihrerseits von der Gestapo als „Aufsichtsbehörde" kontrolliert wurde. Im Falle des Warschau-Transports wissen wir sogar, wer die Transportlisten getippt hat – worauf noch zurückzukommen sein wird. In den frühen Morgenstunden des 2. April traf der Zug in Warschau ein. Da das Ghetto bereits überfüllt war, wurden die Deportierten in einem Durchgangslager außerhalb des Ghettos untergebracht. Der Ghettoälteste Adam Czerniaków notierte in seinem Tagebuch: „Gegen Morgen wurden etwa 1000 Deportierte aus Hannover, Gelsenkirchen usw. hergeschafft. Sie wurden im Spital in der Leszno-Str. 109 untergebracht. Morgens um 10 war ich Zeuge der Essensausgabe. Die Deportierten haben nur kleine Gepäckstücke mitgebracht. [...] Alte Leute, viele Frauen, kleine Kinder."[8] Über ihr weiteres Schicksal kann man nur Vermutungen anstellen – detaillierte Untersuchungen gibt es darüber nicht. Die weitaus meisten von ihnen werden bei den Aktionen zur Räumung des Warschauer Ghettos in das Vernichtungslager Treblinka gebracht und dort ermordet worden sein, viele werden auch den unmenschlichen Bedingungen im Ghetto selbst zum Opfer gefallen oder beim Ghettoaufstand im Frühjahr 1943 zu Tode gekommen sein. Genauer nachzeichnen lassen sich nur Einzelschicksale.

4. Ein Brief aus dem Warschauer Ghetto

Eines der bewegendsten Schicksale, die mit dem hannoverschen Warschau-Transport verbunden sind, ist das der Lieselotte Rosenbaum. Die Einzelheiten wissen wir aus einem Brief, den sie am 27. April 1943, während im Warschauer Ghetto der Aufstand seinem Ende entgegenging, aus dem Ghetto an ihre verbliebene Familie – Mutter, Bruder und Schwägerin – geschrieben hat, denen es noch vor dem Krieg gelungen war, nach Südafrika auszuwandern. Den fertigen Brief muss sie einer polnischen Frau zugesteckt haben, die tatsächlich dafür sorgte, dass er nach dem Krieg die Adressaten in Südafrika erreichte. Der Brief ist eines der bewegendsten Dokumente des Holocaust,

---

8   Adam Czerniaków: Im Warschauer Ghetto. Das Tagebuch des Adam Czerniaków 1939-1945. München 1986, S. 240.

die ich kenne. Er wurde schon 1994 von Gisela Möllenhoff veröffentlicht, verbunden mit einer vorbildlichen, einfühlsamen und genauen Rekonstruktion der anrührenden Geschichte, die mit dem Brief verbunden ist.[9] Lieselotte – oder wie sie sich selbst nannte – Lilo Rosenbaum erscheint auf der „Tortenheberliste" unter der Kennziffer Nr. 890 als Charlotte Rosenbaum, der ein Paar Ohrringe abgenommen wurde. Die hohe Kennziffer – die zweitletzte der hannoverschen Deportierten – deutet darauf hin, dass sie sehr spät auf die Deportationsliste gesetzt wurde. Tatsächlich verbirgt sich dahinter eine tragische Entscheidung.

Lieselotte Rosenbaum, 1909 in Förste bei Osterode am Harz geboren, hatte die Handelsschule besucht und war Sekretärin geworden. Nach der Auswanderung von Mutter und Bruder war sie 1937 nach Hannover gekommen und hatte eine Stelle als Stenotypistin bei der jüdischen Gemeinde gefunden. Seit Kriegsbeginn wohnte sie in dem zur Zufluchtstätte für jüdische Familien gewordenen Haus von Clara Berliner, der Tochter des 1938 gestorbenen Gründers der Deutschen Grammophon, Joseph Berliner.[10] Hier lernte sie den sieben Jahre jüngeren Martin Heine kennen, der ihr – wie sie in ihrem Brief schreibt – sehr viel beigestanden und sich rührend um sie gekümmert habe – „und so sind wir befreundet und waren von da an immer zusammen."[11] Als sie Anfang September 1941 im Rahmen der „Aktion Lauterbacher", einer von Gauleiter Hartmann Lauterbacher initiierten gewaltsamen Zusammenlegung der jüdischen Bürger Hannovers in wenigen „Judenhäusern" innerhalb einiger Tage, in das „Judenhaus" Körnerstraße 24 umziehen musste, zog sie mit der Familie Martin Heines zusammen.[12] Nach dem Riga-Transport mussten sie erneut umziehen,

---

9 Gisela Möllenhoff: „Versucht bitte alles, um zu erfahren, was aus mir geworden ist." Der Brief von Lieselotte Rosenbaum aus dem Warschauer Ghetto, in: Arno Herzig u.a. (Hrsg.): Verdrängung und Vernichtung der Juden in Westfalen, Münster 1994, S. 156-168. Auf dieser Darstellung beruht der folgende Text, soweit nicht anders vermerkt.
10 Vgl. Peter Schulz, Beiträge zur Geschichte der Juden in Hannover, Hannover 1998, S. 154.
11 Zit nach Möllenhoff (Anm. 9), S. 160.
12 Zu den hannoverschen Judenhäusern und der Aktion Lauterbacher vgl. Buchholz (Anm. 1) sowie Rüdiger Fleiter: Stadtverwaltung im Dritten Reich. Verfolgungspolitik auf kommunaler Ebene am Beispiel Hannovers, Hannover 2006, S. 216-247.

da die Körnerstraße 24 von Juden geräumt wurde. Da sowohl Lilo Rosenbaum als auch der Vater von Martin Heine bei der Bezirksstelle Hannover der Reichsvereinigung beschäftigt waren, wurden sie in das Judenhaus Bergstraße 8 eingewiesen, das umgebaute Gebäude der alten Synagoge der hannoverschen Gemeinde, in dessen Vorderhaus sich das Büro der Reichsvereinigung befand. Geschäftsführerin der Bezirksstelle, und damit Vorgesetzte Lilo Rosenbaums, war die aus Hamburg stammende Fürsorgerin Minnie Ascher.

Auf ihre Beschäftigung bei der Reichsvereinigung führte es Lilo Rosenbaum zurück, dass sie nicht – wie die meisten Bewohner der Körnerstraße 24[13] – schon mit dem Riga-Transport deportiert worden waren. Danach lebte sie in ständiger Angst vor dem nächsten Transport. Am 25. März 1942 war es dann so weit: Die Vorbereitungen für den Warschau-Transport begannen. In ihrem Brief schildert sie ihre Situation: „Wir hatten im Büro immer sehr viel Arbeit mit den Transporten, da wir die Organisation von der Gestapo übertragen bekommen hatten. Ich sass die ganze Woche bis nachts um 4 Uhr und schrieb Listen, immer mit der dunklen Ahnung, dass ich doch noch mitginge. Wenn ich selbst auch gesichert war, so war doch für Martin die Situation sehr schwer. Er hatte zwar auch noch keine Aufforderung bekommen, aber durch meine Arbeit im Büro wusste ich, wie knapp die Zahl war und 1000 Menschen mussten zusammenkommen für einen Transport, also wurde alles zusammengekratzt und ich zitterte für ihn. Wir hatten uns versprochen, wenn einer gehen muss, geht der andere freiwillig mit, denn wir wollten zusammen bleiben. Es band uns eine tiefe aufrichtige Freundschaft. Martin ist zwar jünger als ich und das war auch ein Grund, warum ich mich nicht binden wollte, da ich fürchtete, später eine Enttäuschung zu erleben. Aber wir sind durch so viele dunkle Stunden gemeinsam gegangen, dass uns dieses Band immer fester zusammenknüpfte."[14] Schließlich verlobten sie sich öffentlich.

Am 25. März kamen als erste die Juden aus Hannover in das Sammellager Ahlem, in dem Lilo Rosenbaum Dienst hatte. Am 27. und 28. März wurden die jüdischen Bewohner des Regierungsbezirks Hildesheim und der Landkreise des Regierungsbezirks Hannover eingeliefert. Am Sonntag,

---

13 Vgl. Buchholz (Anm. 1), S. 163.
14 Zit nach Möllenhoff (Anm. 9), S. 161.

dem 29. März, spitzte sich für Lilo Rosenbaum die Situation zu. In ihren eigenen Worten: „Ich hatte sowohl meiner Chefin wie auch dem Vorsteher der Gemeinde[15] gesagt, falls Martin mitmüsste, ginge ich freiwillig mit. Sie wollten mich jedoch nicht gehen lassen, da sie mich wirklich alle sehr lieb hatten. Am Sonntag nachmittag um 5 Uhr kam Frl. Ascher zu mir und sagte mir, dass Martin nun doch noch mitmüsste. Ich sollte zum Kommissar[16] kommen, möchte ihr aber den Gefallen tun und doch bleiben. Mit dem Kommissar hatte ich dann eine Aussprache von 2 Stunden, denn nachdem meine Chefin und auch der Vorstand behaupteten, mich nicht entbehren zu können, wollte er mich nicht weglassen und ich musste ihn sehr darum bitten. Schliesslich hatte ich also auch die Genehmigung der Gestapo. Ich kann Euch die Szene nicht so schildern, es war herzzerreissend, dass ich schon nicht mehr konnte. Auf der einen Seite meine weinende Chefin und unser Vorstand, der ganz verzweifelt war, auf der anderen Seite mein Wort und meine Liebe zu Martin. Ich ging und ich sage auch heute, wo ich noch nicht weiss, ob ich Martin jemals lebend wieder sehe, ob ich nicht in den nächsten Wochen selbst schon irgendwo gestorben oder erschossen bin, ich ginge noch mal mit ihm, denn ich habe ihn so gern, dass ich es nicht sagen will."[17]

So wurden beide nacheinander als Zweit- und Drittletzte auf die hannoversche Transportliste gesetzt, stehen auch nacheinander auf der „Tortenheberliste". Der Transport – das Warten im strömenden Regen und die anschließende Fahrt in den durchnässten Kleidern – führten bei Lilo Rosenbaum zu einer starken Erkältung, die sich zu einem Blasenkatarrh und schließlich zu einer Nierenbeckenentzündung mit starkem Fieber entwickelte. Trotzdem war sie zunächst glücklich: „Wie glücklich waren wir trotz allem, denn wir waren ja zusammen und einer konnte dem anderen ein Halt sein. Martin sorgte für mich, denn ich war sehr erkältet und wir waren

---

15 Letzter Vorsteher der hannoverschen Synagogengemeinde und damit zugleich auch der Bezirksstelle Hannover der Reichsvereinigung war der Rechtsanwalt Dr. Max Schleisner.
16 Kriminalkommissar Wilhelm Karg, Leiter der Exekutivabteilung der Gestapoleitstelle Hannover und Stellvertreter des Gestapochefs Rudolf Batz.
17 Zit. nach Möllenhoff (Anm. 9), S. 161.

zufrieden im Bewusstsein, dass da ein Mensch ist, der einen liebt."[18] Das Glück währte jedoch nicht lange: „Als wir gerade 8 Tage da waren, hiess es, dass 160 Männer im Alter zwischen 16 bis 37 Jahren von unserem Transport fortmüssten nach Treblinka. Wir wussten damals noch nicht, was Treblinka ist, trotzdem war es uns schrecklich, denn es hiess Trennung. Wir beschlossen, trotzdem wir noch nicht genau wussten, ob Martin zu diesen 160 Männern gehören würde, uns noch sofort trauen zu lassen und da eine gesetzliche standesamtliche Trauung ja nicht mehr möglich war, doch wenigstens eine kirchliche. Auch das brachte schon Schwierigkeiten genug mit sich, denn das Lager, in dem wir untergebracht waren, lag ausserhalb des Ghettos und wir hatten keinerlei Verbindung und konnten auch nicht raus, da es arisches Viertel war. Abends um 10 Uhr wurden wir dann von Herrn Kantor Spier aus Hildesheim, einem Teilnehmer unseres Transportes,[19] der mich schon von der Reichsvereinigung her kannte, getraut. Es war so primitiv, wie nur möglich. Der Becher, aus dem wir zusammen tranken, war von einer Thermosflasche und statt des Weines gab es Wasser. Aber um uns standen die Menschen und sahen, dass wir uns einander gelobten bis in den Tod. Dann gingen wir in unser „Brautgemach", das wir mit 57 Menschen zusammen teilten und unser Hochzeitsbett war eine Holzpritsche mit einer Wolldecke drüber zum Zudecken. Da es April war, war es noch sehr kalt und wir mussten uns mit unseren Mänteln zudecken, um nicht zu sehr zu frieren. Ach, Ihr Lieben, wie anders habe ich mir einmal den Tag meiner Hochzeit gedacht und das erste Jahr meiner Ehe! Am andern Morgen um 9 Uhr, es war der 10. April, zog Martin mit all den andern

---

18 Ebd., S. 162.
19 Der Lehrer und Kantor Hermann Spier hatte nach der Auswanderung des letzten Hildesheimer Landrabbiners im Jahr 1938 die Leitung der Hildesheimer Gemeinde übernommen. Er gehörte mit seiner Frau Henriette zu den 62 Hildesheimer Opfern des Warschau-Transports. Vgl. Reyer (Anm. 6). Nach dem Gedenkblatt seiner ältesten Tochter in The Central Database of Shoah Victims' Names der Gedenkstätte Yad Vashem stammt das letzte Lebenszeichen ihres Vaters vom 12. Juni 1943 aus Treblinka (http://www.yadvashem. org/wps/PA_1_0_CH/sample/IdeaApi/html/zoom_image.jsp). Er gehörte also wohl, wie Martin Heine, zu den 160 Männern des Warschau-Transports, die am 10. April 1942 nach Treblinka abtransportiert wurden, und wie Heine hat er Treblinka offenbar nicht überlebt.

fort und ich glaubte, dass ich ihn in 2 bis 3 Monaten wieder sehen würde. Damals glaubten wir noch alles, was man uns sagte. Das haben wir freilich in diesem Jahr sehr gründlich verlernt. Er ging und ich habe bis heute nichts mehr von ihm gehört."[20]

Lilo Rosenbaum bekam eine Woche später eine Stelle im Büro der Danziger Firma Schultz & Co., die im Ghetto einen Betrieb für Pelzverarbeitung unterhielt. Dieser Arbeitsplatz war ein gewisser Schutz gegen die Deportationen nach Treblinka, die am 22. Juli 1942 begannen.[21] Kurz zuvor hatte sie in das Ghetto umziehen müssen, wo sie nicht einmal mehr eine Pritsche hatte, sondern auf der Erde schlafen musste. Als eines Tages alle, die keine Arbeit hatten, auch ihre Schlafnachbarin, weggeholt worden waren, schlief sie drei Wochen lang im Büro auf einem Tisch. Trotzdem stand sie am 14. August schon auf dem berüchtigten „Umschlagplatz", von dem die Transporte nach Treblinka abfuhren, wurde aber noch einmal gerettet – möglicherweise durch den Prokuristen der Firma Schultz & Co.[22] So überstand sie auch die Deportationswelle im Januar 1943.

Anfang Februar 1943 wurde die Verlegung des Betriebs von Schultz & Co. nach Trawniki in der Nähe von Lublin beschlossen. Der Ghettoaufstand verhinderte zunächst den Umzug. Daher forderte der Firmeninhaber am 27. April polnische Arbeitskräfte an, um den Umzug zu beschleunigen. Am gleichen Tag schrieb Lilo Rosenbaum den Brief an ihre Familie, da sie erfahren hatte, dass sie im Arbeitslager Trawniki nicht mehr schreiben dürften, und steckte ihn wahrscheinlich einer der angeforderten polnischen Frauen zu. Am 2. Mai verließ das Büropersonal das brennende Ghetto,

---

20 Zit nach Möllenhoff (Anm. 9), S. 162. Martin Heine kam vermutlich in das Ende 1941 eingerichtete Arbeitslager Treblinka (I), dessen Häftlinge das zwei km entfernte Vernichtungslager Treblinka (II) mit aufbauten. Vgl. Manfred Buba: Treblinka. Ein Vernichtungslager im Rahmen der „Aktion Reinhard", 2. Aufl. Göttingen 1995, S. 3 ff. Treblinka hat Martin Heine offenbar nicht überlebt, spätere Lebenszeichen gibt es nicht.

21 Vgl. Art. Warschau in: Enzyklopädie des Holocaust, Bd. III, 2. Aufl. München/ Zürich 1998, S. 1541.

22 Möllenhoff (Anm. 9), S. 166. Zur Firma Schultz vgl. Helge Grabitz/Wolfgang Scheffler: Letzte Spuren. Ghetto Warschau, SS-Arbeitslager Trawniki, Aktion Erntefest. Fotos und Dokumente über Opfer des Endlösungswahns im Spiegel historischer Ereignisse, 2. Aufl. Berlin 1993, insbes. die Fotodokumentation S. 31-150.

darunter mit großer Sicherheit auch Lilo Rosenbaum. In Trawniki arbeitete sie weiter im Büro. Zum letzten Mal erscheint ihr Name auf einer Anwesenheitsliste des Büropersonals für den 3. November 1943. Die Liste kam nicht mehr zum Einsatz, denn am frühen Morgen des 3. November wurde das Arbeitslager Trawniki im Rahmen der „Aktion Erntefest" geräumt, seine 6000 Bewohner zu vorbereiteten Massengräbern in der Nähe getrieben und dort erschossen.[23]

An ihre Familie hatte Lilo Rosenbaum geschrieben: „Wenn Euch der Brief erreichen sollte, versucht bitte alles, um zu erfahren, was aus mir geworden ist."

---

23 Ebd., S. 167 f.

Bodo von Borries

„Moabiter Sonette" und „Großer Gesang".

Notwendige Erinnerung und fällige Korrektur

1. Ein Beispiel der „Moabiter Sonette"

XLVI UNTERGANG

Wie hört man leicht von fremden Untergängen,
wie trägt man schwer des eignen Volkes Fall!
Vom Fremden ist's ein ferner Widerhall,
im Eignen ist's ein lautes Todesdrängen.

Ein Todesdrängen, aus dem Haß geboren,
in Rachetrotz und Übermut gezeugt -
nun wird vertilgt, gebrochen und gebeugt,
und auch das Beste geht im Sturz verloren.

Daß dieses Volk die Siege nicht ertrug -
die Mühlen Gottes haben schnell gemahlen.
Wie furchtbar muß es nun den Rausch bezahlen.

Es war so hart, als es die andern schlug,
so taub für seiner Opfer Todesklagen -
Wie mag es nun das Opfer-Sein ertragen ...

Das ist ein klassisches Sonett, wie es seit dem Barock und bis zu Rilke in der deutschen Lyrik als besonders strenge Form romanischen Ursprungs vielfach vorkommt. Zugleich ist es, ohne dass der sehr persönliche Charakter verloren ginge, ein zutiefst politischer Text. Man kann gleich erkennen, dass er kurz vor oder kurz nach 1945 geschrieben worden ist, und zwar von einem Deutschen, der sich mit seiner Nation voll identifiziert („*des eignen Volkes Fall*"), aber auch intensiv selbstkritisch verfährt („*es war so hart, als es die andern schlug*"). Dabei wird das „*Opfer-Sein*" als notwendige Folge des früheren Schlagens anderer „*Opfer*" angesehen und anerkannt, als verdiente Nemesis für frühere Hybris: „*Gottes Mühlen haben schnell gemahlen*". Vielen Deutschen nach 1945 hätte eine ernsthafte Auseinandersetzung mit solchen Texten gutgetan; denn Ursache und Wirkung werden hier überzeugend benannt. Und die geäußerte Skepsis, ob das deutsche Volk sein *„Opfer-Sein"* moralisch, intellektuell und politisch einigermaßen fruchtbar verarbeiten werde, hat nur allzu sehr Recht behalten: Selbstmitleid statt Selbstprüfung.

2. Der Autor Albrecht Haushofer

Da der Text – bzw. der Zyklus, aus dem er stammt – heute kaum noch jemand bekannt sein dürfte, sind knappe Informationen zu Werk und Biografie zu liefern. Es handelt sich um das 46. Stück aus einem Zyklus von 80 Gedichten, der „Moabiter Sonette" heißt. Der Autor, Prof. Dr. Albrecht Haushofer (1903-1945), saß, wegen seiner Mitwisserschaft um den 20. Juli 1944, seit Dezember 1944 im Untersuchungsgefängnis Moabit. Dort verarbeitete er sein Leid, seine Angst, seine Schuld, auch die zugleich erhoffte und drohende Kriegsniederlage,[1] durch Niederschrift seiner Gedanken in extrem strenger und künstlerisch gebundener Form.[2] Zu einem Verfahren vor dem Volksgerichtshof kam es nicht mehr. Aber am 24.4.1945, kurz nach Mitternacht – also während der Schlacht um die Reichshauptstadt –, wurde Haushofer mit einigen Häftlingsgenossen von SS-Leuten aus dem Gefängnis zu einem Trümmergelände an der Prinz-Albrecht-Straße gebracht und dort mit Schüssen ermordet. Wochen darauf wurde – dank der Hinweise eines schwerverletzten Überlebenden – die Leiche gefunden, die in der erstarrten Hand noch immer das zusammengefaltete blutbefleckte Manuskript der 80 Sonette umklammert hielt.

---

1   Die Entstehung im Einzelnen lässt sich nicht gut rekonstruieren. Ein einziges Gedicht (L. Nemesis) ist – durch die Anspielung auf den Tod Roland Freislers bei einem Bombenangriff – auf den 3.2.1945 zu datieren. Da kaum beliebig viel Papier verfügbar gewesen sein dürfte, ist die Reihenfolge vermutlich chronologisch. Die Texte werden wohl alle 1945 niedergeschrieben worden sein, zumal Haushofer erst am 7.12.1944 verhaftet wurde.

2   Das hat nichts mit überflüssigen Bildungssplittern und krampfhaftem Ästhetizismus zu tun. Haushofer brauchte die klare und schwierige Form, um sich im Chaos des kollektiven wie persönlichen Untergangs an etwas Sicherem festhalten zu können. Schönheit ist auch Moral, Sprachzucht ist auch Denkstrenge. Formanforderungen hindern nicht, sondern ermöglichen den Ausdruck.

Verständlicherweise wurde der Text, wenn auch um ein Gedicht gekürzt/ zensiert, relativ rasch veröffentlicht. Später gelegentlich und in bescheidenen Auflagen nachgedruckt, ist die „Quelle" inzwischen weitgehend vom Markt verschwunden.[3] Sie war wohl im Ausland (Drucke Stockholm 1946, Zürich 1948), auch in Übersetzungen, stets bekannter als in Deutschland.

Was da als klassische Dichtung, als künstlerisch vollendeter Zyklus wie Platens „Venezianische Sonette" von 1824 oder Rilkes „Sonette an Orpheus" von 1922, auftritt, was als vielfach überarbeitet und geschliffen erscheinen mag, ist zugleich eine Art aktuelles *Tagebuch eines Todgeweihten*, der täglich auf abschließendes Urteil und Hinrichtung, aber auch auf erneutes Verhör und Folter warten bzw. gefasst sein muss. Schon die technische Situation (Papier, Bleistift, Wachen, Kontrollen) dürfte ein mehrfaches Nachbessern ausgeschlossen haben. Die Gedichte wurden offenbar in chronologischer Reihenfolge ganz im Kopf hergestellt und entsprangen dem grübelnden Geist fertig, in vollendeter Gestalt – und das, obwohl sie die tiefsten Selbstzweifel und schwierigsten Selbstklärungen berührten.

Inwiefern ist das Sonett (bzw. der Zyklus) eine noch heute atemberaubende Quelle? Natürlich erfahren wir nichts über Regierungsinterna und auch keinerlei Einzelheiten über den Widerstand. Niemand durfte gefährdet werden; die Gestapo hätte die Texte ja jeden Tag finden können. Auch ist der Gefangene weitgehend von allen äußeren Nachrichten abgeschnitten; allenfalls Luftangriffe und z.B. den Bombentod Freislers bekommt er mit und flicht sie ein. Gerade das Alltagsleben gegen Kriegsende kann man in tausend anderen Quellen besser fassen. Und doch leisten die Texte etwas, was ganz selten ist: Haushofer zieht sachlich ernst und künstlerisch streng die Summe seines Lebens, seiner persönlichen und politischen Existenz und damit seines Landes. Hier geht es, ganz individuell und zugleich ganz typisch, um Mentalitätsgeschichte.[4]

---

3   Neben den westdeutschen Drucken, z.B. bei Blanvalet (1946 u.ö.) und als dtv-Taschenbuch (1976), gab es zeitweise auch eine DDR-Edition beim Union-Verlag (1974). Neu erwerbbar ist nur noch die Ausgabe bei Langewiesche-Brandt (1999 u.ö.).

4   Dabei sind die rein privaten Themen, wie Todesangst, Glaube, Liebe, Selbstmordgedanken, zwar für den Text wichtig und teilweise sehr bewegend (vielleicht schlicht die schönsten Teile); aber sie können hier weitgehend ausgeklammert werden, wo es um eine politische Durcharbeitung geht.

Haushofer steht zwischen den Fronten und Gruppen. Er kommt von einer Seite aus großbäuerlichem Hintergrund, von der anderen aus akademisch-bildungsbürgerlichem. Der Vater Karl Haushofer – ehemals Weltkriegsgeneral – ist Geografieprofessor und als Vertreter der „Geopolitik" Vorläufer und Begleiter der Nazis (nach 1945 hat er sich zusammen mit seiner Frau Martha, geb. Mayer-Doss, das Leben genommen). Diese Frau, Albrechts Mutter, ist Halbjüdin (weswegen der Sohn Haushofer nach 1933 nicht ohne Probleme wissenschaftlich weiterarbeiten konnte). Intellektuelle Hochbegabung und künstlerische Sensibilität – aber auch Einsamkeit, Arroganz, Isoliertheit und nagender Selbstzweifel – werden früh sichtbar. Da der junge Mann sich für das Studienfach Geographie entscheidet, lernt er später die Welt – auch außerhalb Europas in Südamerika und Ostasien – kennen. So kommt es zur seltenen Kombination eines Geistes, der ganz von europäischer Rationalität, auch naturwissenschaftlicher Klarheit, europäischer Dichtung, Musik und Kunst erfüllt ist und sich doch einfühlend auch in anderen Kulturerdteilen, besonders China, Tibet, Japan, Indien, Persien, Ägypten auskennt, ja zuhause fühlt.

Man darf aber nicht glauben, Haushofer sei nur ein Büchermensch oder nur ein Kunstmensch gewesen. In anderen Gedichten geht er von Reiseerfahrungen, Wanderungen, Familie, Geselligkeit, Freundschaft, Liebe aus und durchdenkt jeweils mentalen Gewinn und Verlust, gestalterisches Gelingen und Versagen, moralische Leistungen und Defizite. Thematisiert werden auch Sport (Olympiade 1936), Städte und Landschaften – und immer wieder Geschichte. Freilich: Viele wichtige Dinge des privaten und öffentlichen Lebens erwähnt Haushofer niemals; dazu gehören körperliche Arbeit, Sozialismus/Kapitalismus, Wirtschaft, Werbung, Massenkonsum, Demokratie und Diktatur, Parlament und Wahlen – und vor allem „Judentum". Auch eine gewisse Technikferne ist unverkennbar: Maschinen sind seelenlose Mechanik eines tendenziell zerstörerischen Massenzeitalters „ *Was in Jahrhunderten gewachsen war,/ vernichtet nun in Stunden jäh die Kraft/ gewissenlos mißbrauchter Wissenschaft.*" (XII) Da gibt es viel Anklänge an „konservative", ja restaurative „Kritik der Moderne". Das bezeichnet eine von Haushofers Grenzen bei seiner selbstkritischen Analyse und Synthese im Angesicht des Todes.

Politisch dachte die Familie Haushofer – wie viele im akademischen Milieu in und nach der Kaiserzeit – monarchistisch und deutsch-national, wenn nicht alldeutsch-völkisch. Vor einem ganz offenen Überlaufen zum Nationalsozialismus wurde sie allerdings durch die jüdische Herkunft der Mutter bewahrt. Andererseits bestand eine enge Bekanntschaft – eigentlich Freundschaft – des Vaters mit Rudolf Heß, dem „Stellvertreter des Führers" (natürlich wird in allen Gedichten 1945 davon überhaupt nichts erwähnt!). Dadurch geriet Albrecht Haushofer – gleichsam als „Schutzjude" – in eine *merkwürdig ambivalente* Stellung zum Nationalsozialismus.

Einerseits hat Heß, ein jüngerer Kriegskamerad des Vaters, bis zum Englandflug 1941[5] offenbar seine Hand schützend über Haushofer gehalten, so dass dieser seine akademische Karriere fortsetzen und sogar außenpolitisch – nicht im, aber neben dem Auswärtigen Amt – gutachterlich tätig sein konnte. Außerdem konnte er lehren, schreiben, edieren, reisen, dichten (vor 1933 Lyrik in Hofmannsthal'schem Stil, danach mehrere symbolistisch-historische Theaterstücke) und eben auch planen, raten, verhandeln, kundschaften, zudem Intrigen spinnen und Widerstand leisten. An einer prinzipiellen NS-Feindschaft seit 1933 braucht man nicht zu zweifeln. Aber es ist jene besondere bildungsbürgerlich-konservative Variante, die nicht den Nationalismus beklagt, sondern seine dümmlich-vulgäre Übersteigerung zum Chauvinismus, nicht den Expansionswunsch, sondern sein voraussagbares Scheitern (wegen Überspannung), nicht die autoritäre Diktatur, sondern die totalitären Massenverbrechen. Noch über den Anschluss Österreichs 1938 – aber nicht dessen Form – war Haushofer z.B. ausgesprochen zufrieden, obwohl er doch angeblich von Anfang an sah, dass alles nur in der Katastrophe enden konnte.

Haushofer kann uns heute vermutlich kein *Vorbild* sein, er eignet sich vielleicht nicht einmal als *Held*. Aufregend, bewegend ist es zu untersuchen und zu unterscheiden, was Haushofer an seelischer und kognitiver Durcharbeitung des NS schon als Zeitgenosse und zutiefst selbstkritisch zu leisten vermag *und was nicht*. Es geht nicht um einen *Heiligen*, eine *Ikone*, sondern um eine *Persönlichkeit*, einen *Charakter*. Bewunderung und Kopfschütteln

---

5 In dieses Abenteuer war der Sohn Haushofer zweifellos eingebunden, wahrscheinlich war er zwar dagegen, hat dann aber doch Kontakte hergestellt und Aufträge von Heß zugleich für Kontakte des Widerstands genutzt (was fast ein Doppel-Agententum bedeutet). Nach der Festnahme von Heß in Schottland wurde Albrecht Haushofer verhaftet und acht Wochen eingesperrt.

lösen sich ab; das zwingt zum Nachdenken. Gerade wer sich nach Handlungsspielräumen fragt, gerade wer insgeheim wissen und prüfen will, wie er selbst sich vielleicht 1933/45 verhalten hätte, gerade wer seine Identität sucht, braucht solche Texte zur Abarbeitung: *Tua res agitur*: Da hat einer versucht, innerhalb seiner Voraussetzungen Verantwortung zu übernehmen, mit seinen Chancen ein menschenwürdiges Leben zu leben, unter seinen Bedingungen einen eigenen Tod zu sterben.

3. Schuld und Familie

XXXIX · SCHULD

Ich trage leicht an dem, was das Gericht
mir Schuld benennen wird: an Plan und Sorgen.
Verbrecher wär' ich, hätt' ich für das Morgen
des Volkes nicht geplant aus eigner Pflicht.

Doch schuldig bin ich anders als ihr denkt,
ich mußte früher meine Pflicht erkennen,
ich mußte schärfer Unheil Unheil nennen -
mein Urteil hab ich viel zu lang gelenkt ...

Ich klage mich in meinem Herzen an:
ich habe mein Gewissen lang betrogen,
ich hab mich selbst und andere belogen -

ich kannte früh des Jammers ganze Bahn -
ich hab gewarnt – nicht hart genug und klar!
und heute weiß ich, was ich schuldig war ...

Dieser Text bedarf kaum eines Kommentars. Da unterschreibt ein Bedrohter in Lebensgefahr sein eigenes Todesurteil. Wenn dieses Gedicht gefunden worden wäre, hätte es unter damaligen Bedingungen den „Hochverrat" sicher zureichend bewiesen. Zugleich wird mit dieser Formulierung kein anderer gefährdet. Dennoch bleibt die Aussage unvollständig, vielleicht sogar verschleiernd. Denn Haushofer beklagt/bereut seine Halbherzigkeit im Widerstand, nicht seine Ambivalenz in der Identifikation, die zeitweilig auch bestanden haben muss. Wer ununterbrochen Gutachten für Rudolf Heß mit Ratschlägen für eine Mäßigung der Außenpolitik fertigt, glaubt oder hofft wenigstens in absurdem Selbstbetrug, den Tiger reiten zu können, statt von ihm gefressen zu werden. Haushofers Stellung zum Nationalsozialismus muss zeitweilig ambivalent gewesen sein, ambivalenter als er sich selbst gegenüber zugeben will.[6] Vermutlich hat ihm sein Nationalismus, seine Hoffnung auf nationalen Wiederaufstieg, im Sinne der damals verbreiteten „Zähmungsillusion" da einen Streich gespielt.[7]

Eine zweite Unwägbarkeit kommt hinzu. Das Gedicht „XXXIX · Schuld" folgt unmittelbar auf „XXXVIII · Der Vater". Darin wird zunächst die alte Märchengeschichte aus „Tausendundeine Nacht" vom „bösen Geist in der Flasche" erzählt und dann auf Karl Haushofer angewandt: *„Mein Vater hat das Siegel aufgebrochen./ Den Hauch des Bösen hat er nicht gesehn./ Den Dämon ließ er in die Welt entwehn."* Das kann in seiner überraschenden Schärfe wohl nur so verstanden werden, dass der Haushofer'schen „Geopolitik" eine geradezu entscheidende Auslöserfunktion für die Katastrophe des Nationalsozialismus zugeschrieben wird. Wenn man weiß, wie solche Gedanken schon seit Ratzel in der Geographie entwickelt wurden und bei Vater Haushofer allenfalls besonders klar stehen, dann ist das eine arge Überschätzung. Diese dürfte kaum aus Eitelkeit geboren sein, sondern aus Grübelei. Wird hier der Vater eben jener eigenen Schuld bezichtigt, die der Sohn noch im Gedicht „Schuld" nicht anzusprechen wagt, die er vor sich selbst verbirgt, nämlich einer Art wirklicher, wenn auch halbherziger Unterstützung von NS-Zielen?

Das ist umso wahrscheinlicher, als Haushofer offensichtlich eine Art „Umverteilung" der familiären Schuld und Zukunftschance ausübt. Den Bruder — Heinz Haushofer — versucht er taktisch zu entlasten; im Gedicht

---

6   Neben der Hochschuldozentur, später Universitätsprofessur für Geografie hat Haushofer jahrelang – in Heß' Auftrag – in der Dienststelle Ribbentrop, d.h. neben dem Auswärtigen Amt, gearbeitet. 1938 ausgeschieden, kehrte er 1939 auf ausdrücklichen Wunsch Ribbentrops noch einmal zurück und war – wie erwähnt – 1940/41 in Heß' Englandpläne eingeweiht.

7   Das deutlichste Beispiel ist natürlich der in mehreren Auflagen herausgekommene, von Giselher Wirsing (später in der Bundesrepublik jahrzehntelang anerkannter „demokratischer" Journalist!), aber eben auch von Albrecht Haushofer und anderen, edierte Atlas „Der Krieg 1939/40 in Karten"; München (Knorr und Hirth) 1940.

„XXXVII · Der Bruder" sagt er ausdrücklich: *„Mein Bruder sitzt im gleichen Bau gefangen,/ doch ohne Plan und Anteil an der Schuld."* Für den Bruder erhofft er nämlich die Rückkehr zu Acker, Frau und Kindern.[8] Da wird auch deutlich, dass trotz tiefer Skepsis niemals absolute Hoffnungslosigkeit einkehrt. Zwar ist 1945 das Ende für *„tausend Jahre hoher Blütezeit/ und dreißig Jahre mörderischer Streit"*, aber eine Erneuerung der Erde wird erwartet: *„Ihm blühe neu der Zeiten junger Flieder"*. Wieder eine andere Rolle übernimmt die Mutter (XXX · Mutter, XXXI · Der Schwanenring): Ihre adlige Herkunft (von Doss, rittermäßiger Reichsadel von 1740) wird erwähnt, nicht ihre jüdische. Vermutlich beim Eintritt in den Widerstand hat er ihr den Siegel-ring zurückgegeben, denn mit einer Fortsetzung von Albrechts Linie ist nicht mehr zu rechnen. Sie selbst soll den Ring bei ihrem Tode weitergeben: *„Er siegle weiter. Komm ich nicht zurück,/ so steck ihn – gehst du selbst ins andre Land -/ dem tüchtigsten der Neffen an die Hand"*.

4. System- und Zeitanalyse

XIV · DIE TIGER-AFFEN

In China hieß ein Weiser schon vor Zeiten
den Tiger-Affen das erhabne Tier
(- als homo sapiens benennt man's hier -)
der Name wäre gut, ihn auszubreiten.

Dem Affen gleich im Spielen seiner Triebe,
dem Tiger gleich an mörderischer Kraft,
so hat der Mensch Gewalt an sich gerafft,
und wird zum Teufel, mangelt ihm die Liebe.

So wachsen Mord und Brand und Quälerei,
mit stolzem Wissen immer neu verbunden,
von Menschen ganz allein wird so geschunden.

Und ließ ein Göttlicher sich heut herbei,
sie nur zu mahnen, stürb' er morgen schon
ans Kreuz genagelt, unter Spott und Hohn.

---

8   Man hat durchaus den Eindruck, dass er bei dieser Stelle geradezu gehofft hat, die Gestapo werde sie zu lesen bekommen.

Bei einer politischen Systemanalyse kann Haushofer nicht gerade als hellsichtig bezeichnet werden. Eine eigentliche Kritik des Nationalsozialismus sucht man vergebens. Er untersucht die sozialpsychologische und kulturelle Lage, die Existenz- und Entscheidungsbedingungen von Menschen.[9] Dabei greift Haushofer ganz weit zurück, nämlich bis ins Alte China. Die Einsicht eignet sich zum Auswendiglernen des Zitats: *„Dem Affen gleich im Spielen seiner Triebe,/ dem Tiger gleich an mörderischer Kraft,/ so hat der Mensch Gewalt an sich gerafft,/ und wird zum Teufel, mangelt ihm die Liebe."* Das ist einer jener ungeheuerlichen, aber erhellenden Sätze, an denen man sich – nicht nur historisch – orientieren kann: Die Hölle brauchen wir nicht im Jenseits, die schaffen wir uns hier selbst gegenseitig.

Solche Sätze sind bei Haushofer aus der Geschichte gewonnen, die in dieser Version von Philosophie, Kunst und Literatur nicht zu trennen ist. Er kennt tausend klassische Entscheidungssituationen (mit fast anekdotischem Charakter und jeweils mit parabelhafter Eindeutigkeit und Eindringlichkeit), die er übertragen kann: Das Verbrennen von Büchern gab es schon im alten China und Ägypten, das massenhafte Niedermetzeln von Menschen im Albigenserkrieg und Mongolensturm. Liegt im Heranziehen historischliterarischer Parallelen wirklich eine Erleichterung oder eher eine Verschärfung der Depression, weil das Wesen des Menschen sich niemals ändert? Haushofer gewinnt offenbar Weltweisheit und Menschenkenntnis daraus, im Sinne „exemplarischer Sinnbildung": Die Regeln bleiben, nur die Fälle wechseln: Hitler statt Dschingis Chan, Gaskammer und Krematorium statt Schädelpyramiden.[10]

Doch wird der „genetische" Aspekt nicht wirklich verkannt und ausgelassen (wenngleich es Haushofer nicht leicht fällt, ihn genau zu beschreiben): *„So wachsen Mord und Brand und Quälerei,/mit stolzem Wissen immer neu verbunden (...)"*.

---

9 Insgeheim steht für die Schlusswendung Dostojewskijs „Großinquisitor" aus den „Brüdern Karamasow" von 1879/80 Pate, der – mit bestem Gewissen – den zurückgekehrten Christus als Ketzer verbrennen lässt: um des Glückes der Massen willen.

10 Ebenso steht es verständlicherweise mit den Untergängen, die Haushofer besonders interessieren: Früher Babylon usw., heute Berlin (XLVIII · Das Erbe); früher – so kann man weiterspinnen – blieb nur Gilgamesch, heute bleiben nur Goethe und die anderen „großen Toten" (XLVII).

Wachstum ist hier vermutlich nicht organologisch gemeint, sondern wirklich als Prozess der Beschleunigung und Intensivierung in der Moderne; und auch das *„stolze Wissen"* ist kumulativ und – in Form moderner Wissenschaft – radikal gesellschaftsbestimmend verstanden. Die Regeln ändern sich durchaus; sie verschlimmern sich: *„So preisen wir vergangne Barbarei./ In unsrer Zeit sind alle Schädel gleich./ An Masse sind wir ja so schädelreich!"* (VII) Der elitäre Klang dabei mag heute stören. Wir finden ja – wenigstens normativ – tatsächlich, dass Edith Stein, Anne Frank und Felix Nussbaum keinen höheren Wert haben als alle die anonymen Mordopfer. Aber leider hat Haushofer mit seiner Bemerkung, die statt *Fortschritt* sogar *Rückschritt* feststellt, so unrecht nicht.

Natürlich sind die herangezogenen Exempla nicht zufällig; stattdessen sind sie sogar stark durch biografische Erfahrung und persönliche Parallelen bestimmt. Nicht umsonst werden Sokrates, Kardinal Balue, Boethius und Thomas Morus angeführt, die allesamt im Kerker gesessen haben und meist dann auch wegen „Hochverrats" hingerichtet worden sind. Genau dieses Schicksal erwartet auch Haushofer.[11] Er hat sich – wie seine Vorbilder (außer Sokrates) – politisch eingemischt, hat mitgemacht (auch sich die Finger schmutzig gemacht), nicht um wichtig oder mächtig zu sein, sondern um mitzusteuern, mitzugestalten („Schlimmeres zu verhindern").

5. Missbrauchte und ausgelassene Geschichte

LIII · MYTHOS

Die Kampfgesänge voll von Blut und Wunden,
an denen tote Zeit so freudig schuf
der Goten letztes Ringen am Vesuv,
der Todestrotz der schuldigen Burgunden –

wie düster glühn die dunklen Mythen auf,
darin so gnadenlos die Rache gärt.
Wenn man mit ihrem Geist die Jugend nährt,
wie furchtbar endet solcher Jugend Lauf!

---

11   Natürlich gibt es auch Unterbrechungen durch positivere Geschichtsbeispiele der List und des Entkommens. Aber das bedeutet nur eine geringe Aufhellung.

Vor tausend Jahren war's ein echter Klang,
wenn Teja Narses einen Feigling schalt,
wenn Hagen Tronjes Trotz als Treue galt.

Die Zeiten sind vorbei, da Volker sang!
Der Heldenkampf in Etzels Hunnensaal
ist heute nur mehr Mord und Todesqual.

Für den gebildeten Dichter ist die Nutzung der Geschichte selbstverständlich. Diese Erzählungen bilden seine quasi-natürliche Lebenswelt und einen sicheren, wertvollen Kulturbesitz. Da muss nicht mühsam etwas Äußeres und Äußerliches herangezogen werden; im Guten wie im Bösen ist der Erfahrungsvorrat der Weltkulturen dem Autor immer schon vertraut. Das aber, der affirmative Charakter des „kulturellen Kapitals" im Sinne von Bourdieu, könnte unkritisch machen. Genau das geschieht bei Haushofer nicht. Er bewahrt sich einen kühlen Blick auch für den *„Nachteil der Historie für das Leben"*. Geschichte ist auch Ideologie, kann Hetze (Volksverhetzung und Nachbarnverhetzung) werden. Haushofer kriegt – und das ist damals selten – überhaupt die negative Sozialisationswirkung von Historie in den Blick und beginnt sie zu bewerten. Und da kommen besonders zwei Lieblingswerke der Deutschen ins Gerede: Felix Dahns *„Ein Kampf um Rom"* und das *„Nibelungenlied"*. Bei nüchterner Betrachtung ist es kaum glaublich, dass beide nach 1945 ihren Siegeszug noch einmal wiederholt haben.[12] Haushofer sah schon 1945 klar: *„wie düster glühn die dunklen Mythen auf,/ darin so gnadenlos die Rache gärt./ Wenn man mit ihrem Geist die Jugend nährt,/ wie furchtbar endet solcher Jugend Lauf!"* Verführung durch Historie, Verführung durch Ästhetik – darüber hätte Haushofer nach 1945 fruchtbar nachdenken können; wir selbst haben es viel zu wenig getan.

Es bleibt das schwer verständliche und schwer hinnehmbare Faktum, dass Haushofer weder Juden noch ihre Ermordung erwähnt. Dass er nicht davon

---

12 Ich weiß, wovon ich rede, da ich in den Fünfzigern historische Romane gelesen und in den Sechzigern ältere Germanistik studiert habe. Die Elogen auf das – unverdaulich gewordene – Machwerk „Nibelungenlied" waren schon damals unerträglich; sie lassen sich z.B. in de Boor/Newalds „Geschichte der deutschen Literatur" (Bd. 2, 1953 u.ö., S. 156 ff.) nachlesen.

wusste, kann man ausschließen. In Briefen an seine Mutter, die Halbjüdin, berichtet er ausdrücklich davon. Er wusste von den Mordaktionen wie von der Tatsache, dass bald darauf andere Gruppen drankommen würden.[13] Dennoch schweigt er dazu in seinem persönlichen Lebensfazit. Das ist ebenso befremdlich wie verständlich. Er wird vermutlich sich selbst so sehr als „deutsch" und „assimiliert" empfunden haben, dass ihn das spezifisch „Jüdische" einfach nicht mehr interessierte, weil er sich damit in keiner Weise identifizieren konnte.[14] Dabei gab es doch vielfach ein hoch kultiviertes und engagiertes „deutsches Judentum", d.h. „jüdische Deutsche" (und bis 1933 dachten nur relativ wenige an ein künftiges „Israel"). Haushofer konnte sich nicht vorstellen, dazuzuzählen.

Wenn man erst einmal begriffen hat, dass es Rassen nicht gibt, sondern nur Sprachen, Religionen, Kulturen, Traditionen, dann hat man das Recht, seine Identität unter Verzicht auf bestimmte Herkunftslinien zu bestimmen (Historie wird niemals nur ererbt, sondern immer auch adoptiert!). Anders gesagt: Die Juden dürfen für Haushofer in der großen Kategorie der Opfer verschwinden, die er bedauert und denen zu helfen er bereit ist, aber sie gehören für ihn wohl trotz seiner Herkunft nicht zu seiner „Wir-Gruppe". Die NS-Verbrechen (alle!) dürfen und müssen also weiter Verbrechen genannt werden, aber die anti-jüdischen Untaten betreffen den Autor nicht beson-ders. Die Außerordentlichkeit des „Holocaust" wird Haushofer nicht bewusst, jedenfalls von ihm nicht analysiert/ausgedrückt. Dabei ist er sich über die herausragende Größenordnung und Scheußlichkeit der Nazi-Verbrechen durchaus im Klaren. Allerdings betont er stets mehr die Konsequenz einer Vergeltung, d.h. den sicheren Untergang des Abendlandes, als das Leid der durch die NS-Verbrechen direkt betroffenen Opfer. Das klingt heute ein wenig ärgerlich, denn darin nimmt Haushofer ein Stück des deutschen Selbstmitleids nach 1945 durchaus schon vorweg.

---

13 Die Briefzitate, z.B. in Ursula Laack-Michels Nachwort zum dtv-Taschenbuch (1976, 104, 108), beweisen das zweifelsfrei. Von ihr gibt es auch eine umfas-sende monografische Untersuchung (Stuttgart 1974).

14 Auch unter den historischen Exempeln, die Haushofer in seinen Sonetten heranzieht, befindet sich kein einziges aus dem Alten Testament oder aus der jüdischen Geschichte des Mittelalters und der Neuzeit. Das kann kein Zufall sein.

6. Täter oder Opfer?

IX · DIE WÄCHTER

Die Wächter, die man unsrer Haft gestellt,
sind brave Burschen. Bäuerliches Blut.
Herausgerissen aus der Dörfer Hut
in eine fremde, nicht verstandne Welt.

Sie sprechen kaum. Nur ihre Augen fragen
zuweilen stumm, als ob sie wissen wollten,
was ihre Herzen nie erfahren sollten,
die schwer an ihrer Heimat Schicksal tragen.

Sie kommen aus den östlichen Bereichen
der Donau, die der Krieg schon ausgezehrt.
Ihr Stamm ist tot. Ihr Hab und Gut verheert.

Noch warten sie vielleicht auf Lebenszeichen.
Sie dienen still. Gefangen – sind auch sie.
Ob sie's begreifen? Morgen? Später? Nie?

Meist beschäftigt sich der „Tote auf Urlaub", als den Haushofer sich ansehen muss, mit sich selbst und schwankt zwischen Angst und Hoffnung, Resignation und Abgeklärtheit, Agnostizismus[15] und Unsterblichkeitsgewissheit[16]. Der Dichter nimmt aber auch Spatzen, Arzt, Wetter, Mithäftlinge und Wärter wahr. Das zitierte Gedicht auf diese ist ein herausragendes Zeugnis von Analyse und Empathie; es findet sich keinerlei Hass und Aggression: *„Sie dienen still. Gefangen – sind auch sie."* Der Wissenschaftler hat sich gut informiert und kombiniert; er kennt jetzt sehr genau die mentale Lage der zwangsrekrutierten SS-Leute aus volksdeutschen Sprachinseln im Osten (Banat, Batschka, Siebenbürgen), die Unwirklichkeit ihres augenblicklichen entfernten und entwurzelten Lebens in einem zeitlosen Raum, da sie mit

---

15 V · An der Schwelle: „Was andre hält an Glauben, Wünschen, Hoffen,/ ist mir erloschen. Wie ein Schattenspiel/ scheint mir das Leben, sinnlos ohne Ziel.// Was hält mich noch – die Schwelle steht mir offen./ Es ist uns nicht erlaubt, uns fortzustehlen,/ mag uns ein Gott, mag uns ein Teufel quälen."
16 II · Nächtliche Botschaft: „So wenig in den stoffgebundnen Reichen/ seit Schöpfertum im Weltenkreis begann,/ ein Körnchen Staub verloren gehen kann,/ so wenig darf ein Seelenhaus entweichen."

dem Vordringen der Roten Armee Land, Heimat und Familie längst verloren haben, ohne es sicher zu wissen.

Was für eine Zukunft kann es gerade für sie noch geben? Haushofer weiß sehr wohl, dass große Bevölkerungen (deutsche Sprachgemeinschaft) auch nach selbstverschuldeten und katastrophalen Niederlagen nicht einfach physisch aussterben (kleine Sprachinseln aber sehr wohl!). Das Leben geht weiter, aber die Kultur stirbt; darin steckt mehr von Spenglers „Untergang des Abendlandes" (1923), als bisher gesehen wurde. Man ahnt, dass Haushofer, hätte er überlebt, seine Prognosen durch die deutsche Nachkriegsgesellschaft vielfach bestätigt gesehen hätte. Die amerikanisierte, werbungsgesteuerte Konsumgesellschaft des Wirtschaftswunders hätte er für ein kulturloses, heimatloses, umhergetriebenes Proletariat der Großstädte gehalten.

Das ist vielleicht nicht so wichtig. Aber die skeptische Voraussage, dass die Analyse für die „Deutschen", die von Tätern zu Opfern geworden sind, vermutlich allzu schwer sein könnte, dass sie daher auf die Dauer unterlassen werden könnte, hat sich ebenfalls bewahrheitet: *„Sie sprechen kaum. Nur ihre Augen fragen/ (...) Ihr Stamm ist tot. Ihr Hab und Gut verheert. (...)/ Ob sie's begreifen? Morgen? Später? Nie?"* Im Angesicht des eigenen Todes diese bange Frage an das Schicksal der Wärter zu richten, zeigt wissenschaftliche Einsicht und menschliche Größe.

7. „Großer Gesang" als notwendige Ergänzung

Man kann mühsam erklären, warum Haushofer sich in den „Moabiter Sonetten" mit der Auslöschung des europäischen Judentums nicht befasst, hinnehmen kann man es nicht. Es bleibt ein Skandalon. Wo gibt es ein dichterisches Zeugnis von Rang zum Holocaust selbst, das als „existentiell anrührende Quelle" neben Haushofer zu stellen wäre? Dabei können nicht dichterische Auseinandersetzungen im Rückblick gemeint sein wie Nelly Sachs' *„In den Wohnungen des Todes"* (1947) oder Paul Celans *„Todesfuge"* (1952). Es geht um die Gleichzeitigkeit von Erlebnis und Verarbeitung, um künstlerische Erfassung aus unmöglicher Distanz, nämlich einer Situation der unmittelbaren eigenen Todeserwartung. Offenbar eignen sich solche Texte, falls es sie gibt, nicht so zur Instrumentalisierung in „zeremoniellem

Gedenken" und „ritualisierter Trauer", wie das – unbeschadet aller menschlichen und künstlerischen Größe – mit Nelly Sachs und Paul Celan längst geschehen ist. Albrecht Haushofer ist seit 1946 in Minderheiten immer präsent gewesen, ohne je die breite Öffentlichkeit zu erreichen. Das Pendant aus Sicht eines todgeweihten, dann ermordeten Juden blieb volle 50 Jahre lang (fast)[17] gänzlich unbekannt: Es handelt sich um Jizchak Katzenelsons „Großer Gesang vom ausgerotteten jüdischen Volk", den Wolf Biermann, selbst Sohn eines im KZ ermordeten jüdischen Kommunisten, aus dem jiddischen Original erst 1994 ins Deutsche übersetzt hat (Taschenbuchausgabe 1996).[18] Das war kein Medienereignis; eine größere öffentliche Reaktion ist nicht bekannt geworden. Obwohl der „Holocaust" nun wirklich um 1995 in der deutschen Geschichtskultur allgegenwärtig war, bestand und besteht offenbar doch eine massive Berührungsangst.

Jizchak Katzenelson (1886- 1. Mai 1944) war – bis 1942 – ein eher mäßiger Kinderdichter, ganz ähnlich wie auch Haushofer vor 1944 literarisch nicht herausragt. Dann war der Widerstandsbewegung im Warschauer Getto klar, dass von den Nazis der systematische Völkermord geplant war. Wie sie das Ringelblum-Archiv sammeln ließ, so beschloss sie auch, ein Augenzeuge des Getto-Aufstands 1943 solle eine dokumentarische Dichtung gestalten. Deshalb musste Katzenelson, der ausgesucht wurde, wenigstens vorläufig gerettet werden. Für die Übersiedlung Einzelner in den „arisch"-polnischen Teil der Stadt Warschau – mit gefälschtem honduranischen Pass – gab es damals Wege. Der Text des „*Großen Gesanges vom ausgerotteten jüdischen Volk*" wurde von Oktober 1943 bis Januar 1944 in Frankreich geschrieben und in zwei Exemplaren aus dem KZ-Sonderlager Vittel (Vogesen) geschmuggelt („Kofferversion") bzw. in ihm vergraben („Flaschenversion"), beide Fassungen sind erhalten. Auftrags-

---

17 Genau genommen gab es frühzeitig eine Nachdichtung von Hermann Adler beim Schweizer Kleinverlag Oprecht (1951), die sogar einmalig im deutschen Spezialverlag Hentrich wiederaufgelegt wurde (1992). Aber das blieb weitgehend unbekannt. Die zusätzlichen Aufzeichnungen aus Vittel wurden erst 1999 gedruckt.
18 Soweit ersichtlich, ist gegenwärtig nur noch die Hardcover-Ausgabe (1994) im Buchhandel erhältlich.

gemäß spielt der jüdische Widerstand, der im Warschauer Gettoaufstand („Vierzehnter Gesang") gipfelt, eine besondere Rolle. Katzenelson entging der Ermordung nicht, er kam in einen der letzten Deportationszüge aus Frankreich nach Auschwitz. Die Lage ist also ziemlich parallel zu der Haushofers: Dokumentation und Rechenschaft noch während der Katastrophe selbst.[19]

> Fünfzehnter Gesang
> NACH ALL DEM
>
> (...)
>
> 2
> Warum? O fragt mich nicht und frage
>   niemand noch: Warum?
> Denn jeder weiß Bescheid, vom nettesten
>   bis hin zum ärgsten Goj
> Der arge Pole half den Deutschen und
>   der nicht so üble schaute bloß
> Mit einem Auge hin, und mit dem andern
>   tat er so, als ob er schlief
> Laß sein, 's wird keiner Rechenschaft
>   einfordern, keiner fragt
> Und forscht: Wie konnte das geschehn!
>   Schluß mit der falschen Scheu
> Wir sind nun einmal Freiwild. Jeder darf uns.
>   Wir sind vogelfrei
> Für die modernen Menschenfresser sind wir
>   nichts als Corned beef

---

19 Auch aus moralischen Gründen muss man sich aber stets die Reihenfolge, den genauen Zeitablauf, bewusst halten. Katzenelson, der letzte überlebende Dichter-Chronist des Mordes am polnischen Judentum, war schon fast ein Vierteljahr tot (1. Mai 1944), als Haushofers Freunde konsequent den Stopp des Massenmords versuchten (20. Juli 1944); die Niederschrift des „Großen Gesangs" war etwa ein Jahr fertig, als die der „Moabiter Sonette" begann.

3

Unter den Polen fischten sie sich
            alle Freiheitskämpfer raus
Nur solche. Freilich, der Verdacht genügt,
            zum Sterben braucht es nur
Daß einer treu zu seinem Volke steht.
            Noch hemmungsloser hat
Man Russen umgebracht, ob Dorf,
            ob Stadt, in jedem Falle reicht
Das Wörtchen: Partisan!
            Bei uns jedoch wurd alles weggerafft
Die Kinder aus der Wiege, Babys
            riß man aus der Mutter raus
Wer lebend in Treblinka ankam, ward
            mit dummen Sprüchen eingelullt
Man hat die Opfer für 'nen
            reibungslosen Tod geschickt geeicht

4

Es hieß: „Ihr zieht euch aus,
            legt eure Kleider ordentlich da hin
Die Schuhe bindet ihr zusamm' in Paarn.
            Laßt hier, was ihr besitzt
Ihr werdet alles wieder brauchen,
            die Klamotten, eure Schuh
Ihr kommt zurück und findet eure Kleider,
            wenn ihr sorgsam packt
Wo kommt ihr alle her? Von Warschau?
            Kommt ihr grad aus Prag?
Geht in die Dusche, nehmt ein Bad.
            Aus Saloniki? Oh la la, Paris!"
Und Tausend stopft man in den
            Riesenwaschraum rein. Tür zu
– bis sie erstickt sind,
            warten schon die Nächsten splitternackt (...)

Wie kann man diesen Text, diese Quelle, angemessen abbilden und interpretieren? Was hier zitiert wird, sind Teile aus dem ersten Drittel des
letzten Gesanges, gerade ein Fünfundsiebzigstel (reichlich ein Prozent) der

Dichtung.20 Kommentare erübrigen sich weitgehend. Die Ungeheuerlichkeit, die Beispiellosigkeit wird ganz deutlich gemacht. Das sind keine Exzesstaten, keine Verlegenheitslösungen, keine Kollateralschäden, keine bedauerlichen Begleitumstände großer Neugestaltungen („ *Wo gehobelt wird, fallen Späne* "). Es handelt sich vielmehr um wohl überlegten, perfekt organisierten und perfide ausgestalteten Total-Massenmord.21 Das gehört zwar in den Rahmen der anderen NS-Massenverbrechen, z.b. gegen Polen und Russen bei Nationsunterdrückung und Partisanenbekämpfung; aber es ist doch noch einmal etwas anderes. Es hat eine apokalyptische und religiöse Dimension, nicht nur für einen frommen Juden.22

Von Geheimhaltung und Verborgenheit keine Spur. Die Taten – wenn auch nicht ihre Vollendung in Gaskammer und Krematorium – finden in aller Öffentlichkeit statt. Wenn die Verfolgten selbst – jedenfalls ihre analytisch verfahrende Elite – so gut informiert sind, können auch Tat-Helfer und Tat-Beobachter nicht schimmerlos gewesen sein. Sie schauten bestenfalls mit einem Auge weg (wie das Katzenelson ganz deutlich sagt). Das unmittelbar gleichzeitige Zeugnis der Beteiligten macht die spätere und stereotype kollektive Behauptung vom völligen *Nicht-Wissen* absolut unglaubwürdig, selbst wenn man schwierige Nachrichtenlage und weite Entfernung (z.B. von Auschwitz und Treblinka zu Dörfern oder Kleinstädten „im Reich") in Rechnung stellt.

---

20 Bei Katzenelson liegt – wie bei Haushofer – eine fast peinlich strenge Formgestaltung vor. Es handelt sich um einen Zyklus im engsten Sinne mit fünfzehn Gesängen von je fünfzehn Strophen mit je acht gereimten Langzeilen. Nur die Versform selbst ist etwas freier: Die Zeilen werden im Ganzen vom Beginn zum Schluss hin immer länger.

21 Schon in der nächsten Strophe findet sich die Zahlenangabe („fast sieben Millionen") und der Einschluss der ungeborenen Kinder („in Mamas Bauch").

22 Für mich wird an einem solchen Text ganz deutlich, dass der „Holocaust" nicht entweder beispiellos-unvergleichlich oder strukturell-vergleichbar ist, sondern – je nach Kontext – beides. Natürlich gibt es andere unsäglich grausame und organisierte Massenverbrechen vor, neben und nach dem Holocaust. Natürlich müssen sie in vergleichender Genozidforschung bearbeitet, d.h. auch auf Ursachen und Verlaufsmuster, „Rechtfertigungen" und Eskalationstechniken untersucht werden. Natürlich hat internationale Genozidprävention die Aufgabe, ihre „Wiederholung" zu verhindern. Das ist die eine Seite; da ist der Holocaust ein – besonders verheerender – Fall unter nur allzu vielen anderen. Aber die andere Seite wird durch Einmaligkeit, Beispiellosigkeit, Sinnwidrigkeit, absoluten Nihilismus dieses besonderen Falles bezeichnet, der außerdem „unser deutscher Fall" ist.

Muss man sich eigentlich wundern, dass Katzenelson zwischen „Deutschen" und „Nazis" nicht unterscheidet? Für ihn, der gut Deutsch sprach und Heine übersetzte, sind sie alle Mörder, von Kindheit an. Das wird Lesern – auch heute – nicht gefallen, muss aber ausgehalten werden.

8. Gedichte angesichts Auschwitz

Hoffentlich ist es klar geworden, warum es sich bei Albrecht Haushofers „Moabiter Sonetten" um eine bewegende und lohnende Quelle handelt. Da geht es um eine authentische individuelle Verarbeitung der NS-Massenverbrechen und der deutschen Totalniederlage – noch während eben dieser Prozess sich vollzog. Da gibt es – bei einem anerkannten Widerstandsmann mit ambivalenter Vergangenheit – zwar verblüffende Lücken, aber noch keine nachträglichen Umdeutungen und verlogenen Ausflüchte. Da thematisiert zugleich ein Intellektueller und Künstler intensiv die Wirkung und Nutzung von Historie im Leben, wie das in der Literatur selten geschieht. Das alles würde vielleicht noch nicht genügen: Da stellt sich jemand in einer voraussehbar – und tatsächlich – tödlichen Krise der Aufgabe, über die Summe seiner Existenz, seine ausbalancierte Identität, seine verantwortete Biografie – in der Geschichtskatastrophe – Rechenschaft abzulegen, um danach aufrechten Ganges abtreten zu können. Mehr kann man nicht verlangen, mehr selbst nicht erreichen.

Hier hält jemand der Ausweglosigkeit, seiner Verstrickung und dem wahrscheinlichen Tode stand – und er tut dies in anspruchsvoller künstlerischer Weise. Das hat mich – mit großen Unterbrechungen, aber immer wieder intensiv – ein Leben lang begleitet.[23] Die bedeutsamen Ausblendungen bei Haushofer habe ich – natürlich – erst viel später, teilweise nach Jahrzehnten, langsam und schrittweise entdeckt und schmerzlich als seine Grenzen

---

23 Die eigene biografische Beziehung soll durchaus nicht verschwiegen werden. Zufällig lässt sich die Erstbegegnung ziemlich genau datieren: Das Buch ist mir – über einen älteren, inzwischen verstorbenen Bruder – schon früh, spätestens in der 10. Klasse (Jahreswechsel 1957/58) und in einer Phase tiefer Familientrauer, in die Hände gefallen. Da ich gerade erstmals die moralisch-politisch-nationale Katastrophe des Nationalsozialismus zu entdecken begann, hat es mich sogleich mächtig beeindruckt, ja beeinflusst.

wahrgenommen.[24] Diese Lücken müssen mit anderen Quellen ausgefüllt werden, wobei Katzenelsons „Großer Gesang" eine herausragende Rolle spielen kann. Persönlich glaube ich, dass Geschichte nur so, in unmittelbarer mentaler Auseinandersetzung, fruchtbar gemacht (man zögert beim Wort „gelernt") werden kann.

---

24 Eine solche Geschichtsdurcharbeitung anhand authentischer literarischer Zeugnisse – teilweise vorbildlicher Art – hat gewiss immer auch ihre Probleme; aber es gibt keine bessere Alternative (Romane kommen ebenfalls in Frage, sind aber unterlegen). Man kann das am Parallelfall „Tagebuch der Anne Frank" gut zeigen. Natürlich bestand da immer das Risiko einer Verharmlosung (sieben Menschen im Versteck statt Millionen in der Gaskammer) und Verkitschung („Ich glaube an das Gute im Menschen"). Aber anders konnten eben Millionen von Deutschen, die um 1955 über Buch, Theaterstück und Film weinten, den Zugang noch nicht nehmen und ertragen.

Cornelia Brink

Lesende Frau
Fotografie und Erinnerung

Vor ein paar Jahren, als ich häufiger Bilder von lesenden Frauen geschenkt bekam – Spiegelung und Verfremdung der eigenen Tätigkeit im Bild an der Wand –, ist mir das ungewöhnliche Foto einer lesenden Frau mit Kuh in die Hände geraten (Abb. 1).

Abb.: „Lesende Frau mit Kuh", Fotograf unbekannt, um 1950, 7,4 x 10,3 cm, Privatbesitz

Das Foto, schwarz-weiß in leichtem Sepiaton, zeigt in Seitenansicht eine Frau unbestimmbaren Alters. Sie trägt ein dunkles, wadenlanges Kleid, schwarze Strümpfe und Schuhe. Mit der rechten Hand führt sie eine grasende, schwarz-weiß gefleckte Kuh am Strick, in der linken hält sie ein Buch, vielleicht auch eine gefaltete Broschüre oder Zeitung. Ganz in die Lektüre versunken scheint die Frau ihre Umwelt, auch den Fotografen, nicht wahrzunehmen. Das Foto gibt kaum Hinweise auf die Zeit seiner Entstehung. Die Kleidung der Frau, ihre Frisur mit dem Knoten am Hinterkopf waren auf dem Land Anfang des 20. Jahrhunderts ebenso üblich wie noch weit in die Nachkriegszeit des Zweiten Weltkriegs hinein. An Masten oberirdisch geführte Stromkabel durchzogen seit der Jahrhundertwende viele deutsche Regionen. Welchem Zweck eine zweite Gruppe von Masten mit einer Biegung am oberen Ende diente, gibt das Foto nicht zu erkennen. Frau, Kuh, Masten befinden sich in einer ländlichen Gegend mit Weideland, Bäumen und Hecken rechts und links einer unbefestigten Straße. Erst eine Vergrößerung des Fotos am Computer-Bildschirm lässt am linken Bildrand und im Mittelgrund undeutlich Häuser erkennen. Die Bildkomposition wirkt gelungen: Die Masten – der rechte erhebt sich exakt parallel zur Bildkante – gliedern die Aufnahme in der Horizontalen, Frau und Kuh in der Vertikalen. Die Straße bringt Dynamik in den Bildaufbau. Quer zur horizontalen und vertikalen Gliederung laufend, führt sie links im Hintergrund und rechts im Vordergrund aus dem Foto heraus.

Die Materialität des Abzugs könnte genauere Hinweise auf die Entstehungszeit geben. Das Foto, 7,4 x 10,3 cm groß, ist mit einem schmalen weißen Rahmen versehen wie es bis in die 1960er Jahre üblich war. Für eine frühere Datierung spricht der Sepiaton. Das Foto hat einen kleinen braunen Flecken. Vielleicht hantierte, wer den Abzug gemacht hat, unprofessionell mit der Entwicklerflüssigkeit? Am unteren Bildrand ist das Foto eingerissen; außerdem hat es deutliche Knickspuren und auf der Rückseite einen Fingerabdruck. Nur: Wer könnte den heute identifizieren? Was sollte die Identifizierung belegen? Das Foto wird durch viele Hände gegangen sein. Auf der Rückseite des Fotopapiers finden sich auch Buchstaben: fa Brovira und an anderer Stelle ein großes A. Agfa Brovira, wie es vollständig heißt, war ein gebräuchliches Bromsilber-Fotopapier, das bereits in den 20er Jahren verwendet wurde.

Ich habe die Fotografie in einem jener Schuhkartons gefunden, von denen in der Geschichte der Knipserfotografie oft die Rede ist. Zwischen mehreren Dutzend anderer Fotos, darunter Bilder junger Leute, die feiern, Familienfotos, mehrere Abzüge des Porträts eines jungen Mannes in Wehrmachtsuniform, hat gerade dieses meine Neugier geweckt: Lesen und Hüten passten in meinen Augen so wenig zusammen. Zudem fotografieren Knipser selten Männer oder Frauen bei ihrer Arbeit.[1] Die Besitzer des Kartons kenne ich, so konnte ich sie um weitere Auskünfte bitten. Was ich erfahre, verwirrt zunächst mehr, als dass es mir hilft, Antworten auf quellenkritische Fragen zu bekommen: Was ist zu sehen? Was soll es bedeuten? In welchen Zusammenhang lässt es sich bringen?[2]

Sicher ist immerhin, wer da abgebildet ist. Elisabeth Prior wurde am 11. März 1897 geboren. 1933 heiratete die 36-Jährige einen Witwer mit drei kleinen Kindern, einem Jungen und zwei Mädchen, dessen erste Frau ein Jahr zuvor im Kindbett gestorben war. Mit ihm bekommt sie ein Jahr später einen Sohn, den zweiten eineinhalb Jahre danach. Am 8. April 1969 ist sie gestorben. Als ich die Söhne telefonisch nach dem Foto frage, wissen sie sofort, wovon die Rede ist, ohne das Bild in Händen zu haben.

Das abgebildete Stück Land befindet sich gegenüber dem Elternhaus, am Rand einer Kleinstadt, berichtet der jüngere Sohn. Der Vater, Heizer bei der Elektrizitäts- und Straßenbahn AG, hatte das Haus 1928 bauen lassen. Er betrieb, wie viele Nachbarn auch, noch Jahre nach dem Zweiten Weltkrieg im Nebenerwerb eine kleine Landwirtschaft. Die Familie besaß die Kuh, zwei Schweine und einige Hühner. Weil das eigene Land nicht reichte, um die Kuh zu versorgen, musste sie auf städtischem Besitz, der nicht eingezäunt war, grasen. Für den Winter wurde Heu von öffentlichen Wiesen gekauft, die einige Kilometer entfernt lagen. Die Familie mähte das Gras selbst, ein Nachbar mit Pferd und Leiterwagen half, es herbeizuschaffen. Vom jüngeren Sohn erfahre ich auch, dass die Masten jenseits der Straße die Oberleitung der Straßenbahn tragen, die den Wohnort mit einer dreißig Kilometer entfernten Stadt verbunden hat. Dass diese Straßenbahn einige Jahre lang ein Stück weit ein Mittelgebirge überquerte, erinnert er als besondere technische Leistung. Wirtschaftsgeschichtlich reichte ihre Be-

---

1 Timm Starl: Knipser. Die Bildgeschichte der privaten Fotografie in Deutschland und Österreich von 1880 bis 1980, München 1995 (Katalog zur gleichnamigen Ausstellung im Münchener Stadtmuseum), S. 144. Dieser Text ist zum ersten Mal erschienen in: Fotogeschichte Heft 98, 2005, 25. Jg.
2 Vgl. Ronald Berg: Die Photographie als alltagshistorische Quelle, in: Berliner Geschichtswerkstatt (Hrsg.): Alltagskultur, Subjektivität und Geschichte. Zur Theorie und Praxis von Alltagsgeschichte, Münster 1994, S. 187-198, S. 195.

deutung sogar über die Region hinaus. Die lokale Straßenbahn AG betrieb zwischen 1886 und 1963 auf über 80 Kilometern Länge zeitweise eines der ausgedehntesten Überlandstraßenbahnnetze Deutschlands. Die Linie 2, die halbstündlich die Frau mit der Kuh aus ihrer Lektüre hätte aufmerken lassen können, fuhr seit 1911. Ihr Betrieb wurde Ende der 50er/Anfang der 60er Jahre eingestellt. Von da an fuhr man mit dem Bus in die Stadt.

Gelegentlich unternahm die Familie mit den Freifahrkarten des Vaters einen Ausflug mit der Straßenbahn. Der Vater war jeden Tag damit zur Arbeit gefahren. An die Arbeitsstelle erinnert sich der ältere Sohn noch lebhaft, der dem Vater hatte zuschauen dürfen, wie er Kohlen schaufelte, deren Verbrennung der Stromerzeugung diente. Deutlich weniger Interesse weckt hingegen die beschaulicher anmutende Tätigkeit der Mutter. Dass sie beim Kühehüten las, verwundert keinen der Söhne. Er selbst, erzählt der jüngere, habe während dieser Arbeit, die überhaupt auch Aufgabe der Kinder gewesen sei, Bücher von Karl May gelesen. Kühe hüten und Lesen war etwas Alltägliches, eine Straßenbahnfahrt, die Arbeit eines Heizers das Besondere. Er könnte der Fotograf sein, überlegt der jüngere Sohn am Ende unseres Gesprächs, aber sicher ist er sich nicht. Die Kameras, an die er sich erinnert, eine Agfa Silette für 98 und eine Contaflex für 750 Mark, hatte er in den 1950er Jahren gekauft. Auf jeden Fall sei das Foto nach dem Krieg entstanden. Auch die Straße sei erst danach befestigt worden; Anfang der 1950er Jahre vermutet der Ältere. Das Foto stamme aus den frühen Nachkriegsjahren, er sei der Fotograf, hatte auch er mir versichert. Er habe das Bild mit einer Agfa-Box aufgenommen, die acht bis neun Mark gekostet habe. Das wäre nicht unwahrscheinlich. In Timm Starls Buch „Knipser" finde ich den Hinweis, die Agfa-Boxkamera habe 1949 um 9,90 DM gekostet. „Kinderleicht geht's mit der Agfa-Box", heißt es auf dem Titelblatt einer Anleitungsbroschüre jener Jahre, das einen Schüler zeigt.[3]

Eine der Schwiegertöchter hat das Foto aufbewahrt. Sie war Ende der 50er Jahre ins Haus gekommen und hatte es zusammen mit den anderen Aufnahmen aus der Familie ihres Mannes nach dem Tod der Schwiegermutter in den Schuhkarton gelegt. Im Laufe der Jahre mischten sich Fotos ihrer

---

3   Starl (Anm. 1), S. 128.

eigenen Herkunftsfamilie darunter. Sie erinnert das Foto an ihre Kindheit auf einem kleinen Bauernhof. Immer wieder versuche ich sie – wie zuvor schon die Söhne – mit meinen Fragen zurückzuholen zu dem, was ich auf dem Foto sehe. Als ich auch von ihr wissen möchte, ob es nicht ungewöhnlich sei, dass eine Frau lese, während sie eine Kuh hütet, ist sie erstaunt: Das sei doch ganz selbstverständlich, sie habe beim Hüten gelesen oder gestrickt. Was hätte man bei dieser Arbeit sonst tun sollen?

Mein Interesse am Foto der lesenden Frau mit Kuh bringt weitere Knipserbilder aus dem Besitz der von mir Befragten zum Vorschein. Eines zeigt einen etwa zehnjährigen Jungen, festtäglich gekleidet in kurzer Hose mit weißem Hemd und weißen Kniestrümpfen, die blonden Haare ordentlich gescheitelt. In der linken Hand zwei Federballschläger, legt er den rechten Arm stolz auf den Rücken einer Kuh. Ein zweites Foto zeigt denselben Jungen mit drei jungen Frauen in Sommerkleidern, die sich für den Fotografen auf einer Wiese in Positur gesetzt haben. Im Hintergrund grasen zwei Kühe. Diese Fotos bieten eine Interpretation für das Foto der lesenden Frau an. Eine Kuh war, vor allem in den Kriegs- und Nachkriegsjahren, auch ein Statussymbol. Eine Familie, die eine Kuh besaß, war zumindest mit wichtigen Grundnahrungsmitteln versorgt. Vielleicht ging es dem Fotografen darum, das zu dokumentieren – so, wie er zehn Jahre später das eigene Auto fotografiert hätte.

Meine Fragen nach dem Foto, das den Familienmitgliedern so präsent ist, haben viele Erinnerungen wachgerufen. In den Geschichten, die beim Betrachten entstehen, überlagern sich die Zeitschichten. Der jüngere Sohn trägt seine Erinnerungen an die Fotoapparate, die er sich in den 50er Jahren kaufen konnte, an das Foto. Der Ältere erzählt von der Arbeit des Vaters. Die Schwiegertochter versetzt es in die Zeit der eigenen Kindheit an einem anderen Ort. „Erinnerung, erinnerte Vergangenheit", schreibt der Wiener Volkskundler Konrad Köstlin, „ist nicht die Wahrheit über die Vergangenheit. [...] Das Gedächtnis, unsere Erinnerung ist kein Depot, keine Ablage, kein Archiv. Erinnerung ist ein Prozess, der ständig neu erfunden wird."[4] Gedächtnisbilder stehen windschief zur fotografischen Wiedergabe.

---

4   Zitiert nach Jutta Buchner-Fuhs: Die Fotobefragung – eine kulturwissenschaftliche Interviewmethode?, in: Zeitschrift für Volkskunde 1997, 93. Jg., S. 189-216, S. 193.

„Die Photographie", verstehe ich nun Siegfried Kracauer genauer, „erfasst das Gegebene als ein räumliches (oder zeitliches) Kontinuum, die Gedächtnisbilder bewahren es, insofern es etwas meint." Das Gemeinte geht im nur räumlichen Zusammenhang so wenig auf wie im nur zeitlichen. Von der Fotografie her erscheinen die Gedächtnisbilder daher als Fragment, „als Fragment aber, weil die Photographie den Sinn nicht einbegreift, auf den sie bezogen sind und auf den hingerichtet sie aufhören, Fragment zu sein." Die Fotografie wiederum erscheint von den Gedächtnisbildern als „ein Gemenge, das sich zum Teil aus Abfällen zusammensetzt."[5]

Alle, die ich frage, erzählen gern. Das Bild erweist sich als Brücke in andere Erinnerungen und Leben, deren Vergangenheit und Gegenwart. Aber die Fragen der Historikerin, auch das wird deutlich, sind nicht notwendig die Fragen derjenigen, die ich um Auskunft gebeten habe. Ihnen ist nicht wichtig, „was die Bilder zeigen und wie sie es tun und von wem sie stammen, sondern an welche Gegebenheiten sie erinnern. [...] Ausschnitt, Perspektive, Farbigkeit, Abzugsformat usw. sind unerhebliche, zumindest nachrangige Größen."[6] Das Foto hat ebenso viel mit dem zu tun, was zu sehen ist, wie mit dem, der sieht. „Das Photographieren ist ein Akt in der Zeit, bei dem etwas aus seiner Zeit herausgerissen und in eine andere Art von Dauer überführt wird", schreibt Wim Wenders. „So wie wir im Moment des Photographierens verschwinden wollten hinaus in die Welt und hinein in die Dinge, so springen Welt und Dinge jetzt aus dem Photo heraus und herein in jeden Betrachter und wollen dort weiterwirken. ‚DORT' erst entstehen die Geschichten, dort im Auge des Betrachters."[7]

Die Geschichten, die sich – angeregt durch das Foto – erzählen lassen, produzieren nicht nur Erinnerungen, sie weisen auch auf das, was nicht erinnert wird: Wie konnte die Frau die Zeit zum Hüten finden? Gab es in der siebenköpfigen Familie nicht so viel anderes zu tun, dass sie diese Arbeit den Kindern hätte überlassen müssen? Und dann die Fragen, die ganz vom Sujet des Fotos wegführen, das sie doch erst angestoßen hat: eine 36-Jährige, die

---

5   Siegfried Kracauer: Die Photographie, in: ders., Das Ornament der Masse. Essays, Frankfurt/M. 1977, S. 21-39, S. 25.
6   Starl (Anm. 1), S. 23 f.
7   Zitiert nach: Bucher-Fuhs (Anm. 4), S. 189.

wohl kaum noch erwarten konnte, einen Mann zu finden (vielleicht aber auch keinen gesucht hat), heiratet 1933 einen Witwer mit drei kleinen Kindern. Was hat sie erwartet von dieser Ehe? Was hat sie gefunden? Mit solchen Fragen beginnt sich das Foto aufzulösen.

Das Foto gehört motivgeschichtlich zu jenen älteren Marienszenen, welche die Verbindung von Lektüre und häuslicher Handarbeit, von Nähen, Spinnen und Stricken zeigen, „die das Leben der Frau – im Unterschied zum Studium des Gelehrten – an ihre häuslichen Pflichten zurückbindet."[8] Diese Bilder, so vermute ich, wird der Fotograf beim Knipsen kaum vor Augen gehabt haben – wenn er sie überhaupt kannte. Mein Blick hatte die kuhhütende, lesende Frau zunächst in die Reihe von Bildern lesender Frauen eingereiht, die ich aus der Kunstgeschichte kenne. Auf Gemälden und Grafiken des 19. und 20. Jahrhunderts findet man sie in die Lektüre versunken, „hingegossen" auf Sofas und Sesseln; sie halten ein Buch, einen Brief in der Hand, während sie im Garten spazieren, an einer Balkonbrüstung lehnen, am Swimmingpool, manchmal auch an einem kleinen Tisch sitzen. Auf den mir bekannten Bildern hält keine Frau einen Bleistift in der Hand, um sich Notizen zum Gelesenen zu machen oder gar eine Textpassage anzustreichen. Solche Frauen begegnen mir heute bei meiner Arbeit; sie lesen anders, anderes, an anderen Orten. Aus beiden Reihen wird die Frau mit der Kuh stets herausfallen. Deshalb konnte, was im Alltag der von mir Befragten etwas Selbstverständliches, Vertrautes war, meine Aufmerksamkeit erregen.

Aber vielleicht hat das Hüten der Kuh doch etwas mit dem Lesen gemeinsam? Beide Tätigkeiten erlauben es, der Welt um einen herum mit ihren Ansprüchen und Zumutungen für eine kurze Zeit zu entkommen. Möglicherweise fasziniert das Foto, weil das Kuhhüten und -führen verbunden mit dem Lesen so unendlich kontemplativ wirken. Kuh und Frau geben ein Bild der Ruhe und der Selbstvergessenheit. Sie scheren sich so gar nicht um das, was um sie herum geschieht – und damit auch nicht um die, die ihr Bild heute betrachten.

---

8   Vgl. Jutta Assel, Georg Jäger: Zur Ikonographie des Lesens. Darstellungen von Leser(inne)n und des Lesens im Bild, in: Bodo Franzmann u.a. (Hrsg.): Handbuch Lesen, München 1999, S. 638-673, S. 647.

Hans-Georg Merz

Nationale Euphorie – nicht ohne Disharmonien:

Zu den Reaktionen auf das „Wunder von Bern" 1954 *

Fußball – „die schönste Nebensache der Welt": Seitdem diese eine immer größere soziale, politische, kulturelle und ökonomische Relevanz gewann, bemächtigten sich, nach Jahrzehnten weitgehender Abstinenz, auch die Wissenschaften – z.B. die Kultur- und Medienwissenschaften, die Politikwissenschaft, die Geschichtswissenschaft – verstärkt dieser Thematik und überhaupt des Handlungsfelds Sport.[1] Dass in besonderer Weise das „Wunder von Bern" 1954, Deutschlands erstmaliger Gewinn der Fußballweltmeisterschaft, in den Mittelpunkt der Aufmerksamkeit und des Interesses zuerst der Journalistik, dann allmählich auch der Wissenschaft geriet, verwundert nicht. Wie dieses für die große Mehrheit der Bevölkerung offensichtlich so unerwartete wie erfreuliche „Großereignis" in einem Land, das erst auf dem Weg zur politischen Stabilität war und noch schwere Kriegsfolgelasten zu tragen hatte, „verarbeitet" wurde, die Antwort darauf versprach a u c h Auskunft und

---

* Herrn Rudi Michel, dem ehemaligen Sportchef des Südwestfunks, danke ich für vielfältige Informationen und für seine schon öfters gewährte freundliche Unterstützung sehr herzlich.

1 Peter Lösche: Sport und Politik(wissenschaft): Das dreidimensionale Verhältnis von Sport und politischem System der Bundesrepublik Deutschland, in: Zentrum für Europa- und Nordamerika-Studien (Hrsg.): Fußballwelten, zum Verhältnis von Sport, Politik, Ökonomie und Gesellschaft, Redaktion: Peter Lösche/Undine Ruge/Klaus Stolz, Opladen 2002, S. 45 ff.; Wichard Woyke: Olympische Spiele und Fußballweltmeisterschaften – Mega Events und ihre Bedeutung für die Politik, in: Politische Bildung, Jg. 38, 2005/4, S.8 ff.; Dietmar Hüser: Moderner Sport und Geschichte als Wissenschaft – Zur politischen, gesellschaftlichen und wirtschaftlichen Verflechtung eines massenkulturellen Phänomens seit der zweiten Hälfte des 19. Jahrhunderts, in: Neue Politische Literatur, Jg. 51, 2006, S.223 ff.

Erkenntnis über den „Zustand", die Werteorientierung, den Realitätssinn der bundesrepublikanischen Gesellschaft in den 50er Jahren des 20. Jahrhunderts, rund zehn Jahre nach dem Ende des Zweiten Weltkriegs und dem „Untergang" des „Dritten Reichs".

Die wichtigsten Fakten sind rasch erzählt: Nach einer beträchtlichen Leistungssteigerung von Spiel zu Spiel erreichte das Team des Bundestrainers Sepp Herberger das Finale am 4. Juli 1954 in Bern, das mit einem überraschenden 3:2-Sieg gegen den haushohen Favoriten, die mehr als vier Jahre ungeschlagene ungarische Nationalmannschaft, endete. Für Ungarn, die Spieler, die Bevölkerung, letztlich auch für das kommunistische, stalinistische Regime erwies sich diese Niederlage als Desaster. So klagte der enttäuschte ungarische Weltklassestürmer Zoltan Czibor: „Es gibt keine Gerechtigkeit für Ungarn, wir verlieren am Ende immer, wir schaffen es nie."[2] In dieser vorherrschenden Gefühlslage von Frustration und Trauer kam es vor allem in Budapest zu „inoffiziellen" Demonstrationen und zu Gewalttätigkeiten, die vor dem Hintergrund des Volksaufstands zwei Jahre später von der Partei- und Staatsführung eigentlich hätten als Menetekel für die Legitimation des Herrschaftssystems gedeutet werden können.[3]

Ganz anders natürlich die Stimmung in Deutschland, wo gleichsam ein Ausnahmezustand der Freude herrschte und „auch die Menschen im Osten mit einem (gesamt-)deutschen Patriotismus und mit der Genugtuung, zumindest auf sportlicher Ebene wieder internationale Anerkennung gefunden zu haben", sich mit Herbergers Elf identifizierten.[4] In der Bundesrepublik glich die Rückkehr der Weltmeistermannschaft einem Triumphzug, Hunderttausende säumten die Bahnstrecken, Tausende jubelten den „Helden von Bern" in den Bahnhöfen zu, überreichten ihnen zahlreiche (in der Regel nicht allzu teure, aber „ehrliche") Geschenke oder versuchten, angesichts des Massenandrangs meist vergeblich, Autogramme zu ergattern. Alles in allem handelte es sich

---

2   Zit. nach: Sebastian Dehnhardt: Das Wunder von Bern, Die wahre Geschichte, hrsg. von Guido Knopp, München 2004, S. 139.
3   Peter Kasza: 1954 – Fußball spielt Geschichte. Das Wunder von Bern, Bonn 2004, S.135ff.
4   Christian Becker/Wolfgang Buss: Das „Wunder von Bern" und die DDR, in : Deutschland Archiv, Jg. 37, 2004, S.396.

um eine friedliche Selbstmobilisierung vieler Sportfreunde und solcher Personen, die eher national bewegt an den Straßen standen oder sich auf die Plätze der Städte begaben. Ausführlich dokumentierten und kommentierten die Medien, vornehmlich die Zeitungen, die WM, schilderten die freundlich-euphorischen Reaktionen der „Massen", verzichteten aber durchaus verantwortungsbewusst darauf, auf dem Klavier problematischer Emotionen laut zu spielen. Auf diesem Wege erfuhren die deutschen Leser indessen auch von anderen Urteilen, von Unverständnis und sogar Besorgnis, die in Teilen der ausländischen Presse verbreitet wurden und als Aufforderung zu verstehen waren, keine falschen Schlüsse aus dem sportlichen Erfolg zu ziehen.[5]

Berichtet wurde ferner über einige „Merkwürdigkeiten" auf der deutschen Seite selbst, vor allem in der „Nachspielzeit" des Finales. Diese hatten offensichtlich etwas mit Unsicherheiten des nationalen Selbstverständnisses und bisweilen wenig zeitgemäßen Denk- und Verhaltensmustern zu tun – mit der Folge, dass Bundespräsident Theodor Heuss sich veranlasst sah, Maßstäbe der angemessenen Würdigung sportlicher Höchstleistungen sowie des „richtigen" Feierns zu formulieren und auf diese Weise zugleich die politische Urteilsbildung zu fördern.

Zwei Wochen nach dem Endspielsieg ehrte das Staatsoberhaupt die Mannschaft mit der Verleihung des von ihm gestifteten Silbernen Lorbeerblattes. Die Veranstaltung fand im Berliner Olympiastadion, „in dieser alten und in dieser kommenden Hauptstadt Deutschlands" statt. Anwesend waren mehr als 80 000 Zuschauer, „Berliner und Bewohner der Sowjetzone", die eine Rede des wenige Tage zuvor wiedergewählten Bundespräsidenten zu hören bekamen, welche der festlichen Stimmung gerecht wurde, ohne auf kritische Töne zu verzichten. Der öffentlichen Aufmerksamkeit entsprechend erreichten danach zahlreiche Zuschriften das Bonner Präsidialamt. Zu diesen gehörten die beiden Briefe, die nachfolgend präsentiert werden.

---

5   Rudi Michel: Deutschland ist Weltmeister! Meine Erinnerungen an das *Wunder von Bern,* unter Mitarbeit von Harro Schweizer, München 2004, S. 121 ff.; Christian Jessen/Volker Stahl/Erik Eggers/Johann-Günther Schlüper: Fußballweltmeisterschaft 1954, Schweiz, Das Wunder von Bern, Kassel 2003, S. 134.

Text 1: Lob für den Bundespräsidenten –
mit falschem Zungenschlag

Brief von Dr. rer. pol. Hans Zinner, Schulrat a.D., an Heuss

                                          Nürnberg, – 24. Juli 1954
An den
Bundespräsidenten
Herrn Dr. Theodor Heuß
Bonn.

Hochverehrter Herr Bundespräsident!

Daß Sie in Berlin bei der Verleihung des Silberlorbeers an die Weltmeis-
ter-Elf treffende, vortreffliche Worte fanden um den anmaßenden Herrn
Fußballpräsidenten in die Schranken zu verweisen – und daß Sie den
80 000 Teilnehmern an dem großen Sportfest endlich einmal den Text
ihrer „neuen" Nationalhymne Wort für Wort beibrachten, hat ein hallendes
und frohes Echo im ganzen demokratischen Deutschland gefunden.

Sie sind ein ausgezeichneter Pädagoge, Herr Bundespräsident, der sich sogar
um die von Sportfexen gehetzte deutsche Sprache annimmt, die 14
Tage lang aus dem sprachlichen Überschwang und den pathetischen
Salti mortali nicht mehr herausfanden.

Hochverehrter Herr Bundespräsident, dieser Herr Dr. Peco Bauwens
steht aber an der Spitze einer nach Millionen zählenden Anhängerschaft
von Fußball- und Sportbegeisterten. Es ist unerträglich in dieser wichtigen
Position einen grollenden unbelehrbaren Nationalsozialisten zu wissen. Man
verschaffe diesem Unbelehrbaren ein lukratives Pöstchen, wo er dann
seine Dr.-Josef-Goebbels-Weisheiten in kleinem Kreise, also ungefährlich,
an den Mann bringen kann. Die deutsche Jugend ist uns zu schade als
Betätigungsfeld für einen braunen Experimentatoren.

An seiner Stelle muß ein tüchtiger und wissender sportlicher Aktivist stehen, dem die harmonische körperliche Entwicklung und Ertüchtigung der
gesamten deutschen Jugend, aber auch ihre demokratische Betreuung
eine Herzensangelegenheit ist: 80 000 Zuschauer gegen 22 Sportler ist
ein ungesundes, ans untergehende Rom gemahnendes Verhältnis. Die
80 000 Torschreier sollen Fußballspieler werden. Deutschland braucht
eine körperlich gestählte Jugend, die ihre junge körperliche und frische
geistige Kraft nicht für Krieg und Untergang einsetzt, sondern für Parkstädte,
Autobahnen, Talsperren, für Beethoven, Richard Strauß, Hindemith, für

biologische Düngung, Reformernährung und gift- und rauschfreie Gesundung, für Paul Gauguin, Emil Nolde, Oskar Kokoschka, für die neue Architektur des Einfamilienhauses, des Industriepalastes, des Domes, für Wiechert Ernst, Gide André, Theodor Plivier, für Jean Giraudoux, Kesten Hermann, Döblin, Alfred, für das kommende Lustspiel, für das kommende große Schauspiel, für das kommende deutsche Klangspiel, für den erst noch zu schaffenden sozialistischen demokratischen deutschen Staat, geeint und frei.

Die große deutsche Turn- und Sportbewegung darf kein Tummelplatz für verdrängte Nationalismen – siehe Bern! – und ein Schmollwinkel für politisch Schwachsinnige werden.

Hochverehrter Herr Bundespräsident, bitte suchen Sie der deutschen Turn- und Sportbewegung einen neuen

jungen (zwischen 35 und 70),

gutgewachsenen (auch geistig)

und gesunden (auch politisch)

Bundessportleiter aus.

Die demokratischen Deutschen verbeugen sich in großer Dankbarkeit und Verehrung vor Ihnen.

Dr. Hans Zinner.

Quelle: Stiftung Bundespräsident-Theodor-Heuss-Haus, Bundespräsidialamt, Amtszeit Heuss, B 122, 148 (= Bundesarchiv Koblenz). – Handschriftlicher Brief, Unterstreichungen im Original.

Mancher prominenten Persönlichkeit dürfte der ehemalige Schulrat aus Nürnberg nicht unbekannt gewesen sein. So versandte er z.B. im Sommer 1955 einen „Brief" an den Bayerischen Rundfunk, in dem dieser als „Wahrheitsfanatiker in Geld- und Währungsfragen" bezeichnet wurde, an nicht weniger als 125 Institutionen und Einzelpersonen. Andere Themen seiner Verlautbarungen waren die Sozialreform als „innenpolitisches Thema Nr.1" und die „Krise im bayerischen Schulwesen". Auch die – wohl nur kurzzeitige – Herausgabe von Zeitschriften wie „Das Weltgewissen" lassen auf einen beträchtlichen Geltungsdrang des Pädagogen schließen.[6]

---

6 Die Informationen über Hans Zinner verdanke ich einer freundlichen Mitteilung von Herrn Christoph Neidiger, Stadtarchiv Nürnberg.

Vor allem zwei Punkte in der Rede des Bundespräsidenten im Berliner Olympiastadion fanden die Billigung, das Lob des Briefschreibers.[7] Heuss gab seiner und seiner Landsleute Freude über den Turniergewinn deutlichen Ausdruck, wollte aber daraus kein „Politikum" gemacht sehen. Dass der hauptsächliche Adressat dieser Bemerkung der DFB-Präsident Peco (Peter Joseph) Bauwens war, dürfte den meisten Zuhörern sogleich klar gewesen sein. Dieser hatte am 6. Juli 1954 bei einem offiziellen Empfang für die Nationalmannschaft im Münchner Löwenbräukeller eine augenscheinlich so missglückte Rede gehalten, dass die Rundfunkübertragung vorzeitig abgebrochen wurde. In der Presse wiedergegebene Sentenzen – u.a. über Wotan als Unterstützer der Spieler, diese als „Repräsentanten besten Deutschtums im Ausland", auch das „Führerprinzip" kam vor – mussten bestenfalls als missverständlich, eher aber als verfehlt gelten.[8] Es ist überliefert, dass die Aussagen des Funktionärs auch Bundestrainer Herberger und die Nationalspieler unangenehm berührten.[9]

In einer kurzen Bemerkung korrigierte Heuss den redseligen DFB-Präsidenten: „Der gute Bauwens ..., der meint offenbar: Gutes Kicken ist schon gute Politik. Das kann, muss aber nicht so sein – schön, wenn es das ist." Und über die Mikrophone war noch ein weiterer Satz des Präsidenten zu vernehmen:

„Nicht wahr, lieber Bauwens, Sie nehmen mir das nicht übel?"[10] Nach eigenem Eingeständnis konnte Heuss sehr wohl heftige Reaktionen zeigen: „...wenn die Leute ungezogen werden, kriegen sie von mir prompt eines auf

7   Stiftung Bundespräsident-Theodor-Heuss-Haus (hinfort SBTH), Bundespräsidialamt, Amtszeit Heuss, B 122/148 (= Bundesarchiv Koblenz, hinfort BArch): Ansprache von Bundespräsident Th. Heuss bei der Siegerehrung der deutschen Fußball-Weltmeistermannschaft am 18. Juli 1954 im Berliner Olympiastadion. – Zur Persönlichkeit des ersten Bundespräsidenten allgemein: Thomas Hertfelder: Theodor Heuss (1884 – 1963), in: Thorsten Oppelland (Hrsg.): Deutsche Politiker 1949 – 1969, Band I, 17 biographische Skizzen aus Ost und West, Darmstadt 1999, S. 35 ff.; Hermann Rudolph: Theodor Heuss, 1884 – 1963, in: Lothar Gall (Hrsg.): Die großen Deutschen unserer Epoche, Berlin 1995, S. 96 ff.
8   Dehnhardt (wie Anm. 2), S. 26; Jessen u.a. (wie Anm. 5), S. 135 ff.
9   Michel (wie Anm. 5), S. 125.
10 Rheinische Post, 19.7.1954: Silberlorbeer für die National-Elf.

die Finger".[11] Gewalttätig wurde er natürlich auch im Fall Bauwens nicht, aber der sprachlich knappe Rüffel zeigte ohne Zweifel Wirkung.

Ebenfalls eine klare Linie bezog Bundespräsident Heuss in der für den symbolischen Gehalt der Politik in der Frühzeit der Bundesrepublik wichtigen Frage der Nationalhymne – wiederum zum Gefallen des Briefschreibers aus Nürnberg. Für Heuss war dies ein durchaus brisantes Thema, favorisierte er doch anfänglich, kontrovers zur Auffassung von Bundeskanzler Konrad Adenauer, die Einführung eines neuen Hymnentextes.

Augenscheinlich war es wenige Jahre nach Kriegsende nicht leicht, das „richtige" Lied zu intonieren bzw. überhaupt die Nationalhymne – „richtig" – zu platzieren. So einigten sich z.B. im Jahre 1952 die Fußballverbände Frankreichs und Deutschlands darauf, bei ihrem ersten Nachkriegsländerspiel auf Nationalhymnen zu verzichten.[12] Seltsames geschah in Bern, vor dem Finale und danach. Fritz Walter zufolge informierte ein Vertreter des Schweizerischen Fußballverbandes die deutsche Mannschaft vor dem Anpfiff über die vorgesehenen musikalischen Modalitäten: „Vor dem Spiel werden die ungarische und die deutsche Nationalhymne gespielt. Nach dem Spiel nur noch die deutsche". Die Folge: Überraschung bei den deutschen Spielern, eine gewisse Ratlosigkeit, aber auch die optimistische Überlegung, vielleicht einen Fingerzeig hinsichtlich des Spielausgangs bekommen zu haben.[13] Nach dem Abpfiff stimmten die deutschen „Schlachtenbummler" zur Feier des Sieges das Deutschlandlied an, und an Stelle der offiziell gültigen dritten die als überholt eingestufte erste Strophe. Gewiss mochte es nachvollziehbare Erklärungen für dieses Verhalten geben, wie unverdächtige Zeitgenossen und Zeitzeugen bemerkten. Der Sportjournalist Harry Valerien sah darin einen Nachklang der schulischen Erziehung in Deutschland, und ähnlich

---

11 Zit. nach: Ulrich Baumgärtner: Reden nach Hitler, Präsidiale Rhetorik angesichts der nationalsozialistischen Vergangenheit in: Eberhard Jäckel/Horst Möller/ Hermann Rudolph (Hrsg.): Von Heuss bis Herzog, Die Bundespräsidenten im politischen System der Bundesrepublik, Stuttgart 1999, S. 152.

12 Alfred Wahl: Fußball und Nation in Frankreich und Deutschland, in: Etienne François/Hannes Siegrist/Jakob Vogel (Hrsg): Nation und Emotion, Deutschland und Frankreich im Vergleich, 19. und 20. Jahrhundert, Göttingen 1995, S. 345.

13 Fritz Walter: 3:2, Die Spiele zur Weltmeisterschaft, München 1954, S. 151 f.

meinte der Kabarettist Dieter Hildebrandt, da die „erlaubte" dritte Strophe in der Bevölkerung weitgehend unbekannt gewesen sei: „Was hätten sie (die Zuschauer) denn sonst singen sollen?"[14]

Der Bundespräsident jedenfalls bemühte sich, das offenkundige Wissensdefizit rasch und wirksam zu beheben. Zum Abschluss der Siegerehrung im Berliner Olympiastadion, am Ende „dieser wunderbaren Kundgebung", dabei eingedenk der „Zerrissenheit unseres Vaterlandes", sprach Heuss den Text der dritten Strophe der Hymne vor, damit eine Verwechslung aus Unkenntnis nicht mehr vorkommen konnte. Die Trias von „Einigkeit und Recht und Freiheit" musste den Anwesenden spätestens seit diesem Zeitpunkt als Zielbestimmung der deutschen Politik geläufig sein. Dass Heuss sich so als ein „ausgezeichneter Pädagoge" erwiesen hatte, mag eine – besonders in diesem Fall – zutreffende Charakterisierung sein.

So sehr der ehemalige Schulrat mit dem Staatsoberhaupt zufrieden war, so wenig galt dies umgekehrt. Die Antwort aus dem Präsidialamt verlor kein Wort über Zinners als Alternative zur sportlichen Passivität der Mehrheitsbevölkerung skizziertes so ambitioniertes wie letztlich abstruses Kultur- und Lebensstilkonzept, das in seinen einzelnen Elementen Widersprüchliches zu vereinbaren suchte und offensichtlich auf irgendeine „Harmonie" von Körper und Geist vornehmlich bei der Jugend zielte. In der Tat kam hier eine auf Bildungsdünkel fußende Vorstellungswelt zum Vorschein, die zu diskutieren wenig Gewinn versprach, zumal sie von den Interessen und Erwartungen der damaligen „Fans" meilenweit entfernt war. Ausdrücklich lehnte der Bundespräsident den Vorschlag ab, einen – nach eigentümlichen Kriterien auszuwählenden – „Bundessportleiter" zu ernennen: „Dieses Verfahren des amtlich bestimmten Sport-‚Führers' hat es in der Nazizeit gegeben." Und bei aller Kritik an dem DFB-Präsidenten erkannte Heuss keine Parallele mit dem NS-Propagandaminister Joseph Goebbels: „Wir nehmen auch an, dass Herr Dr. Bauwens den Überschwang, dem er sich überlassen

---

14 Dehnhardt (wie Anm. 2), S. 137; Jessen u.a. (wie Anm. 5), S. 134 f. – Dass Zuschauer aus Deutschland die erste Strophe des Deutschlandliedes „gegrölt" hätten (so Peter Reichel: Schwarz – Rot – Gold, Kleine Geschichte deutscher Nationalsymbole nach 1945, Bonn 2005, S. 43), ist durch die Quellen nicht belegt. Dieser Behauptung widerspricht auch unmissverständlich Michel (wie Anm. 5), S. 110.

hat, in Zukunft korrigieren wird, nachdem er die öffentliche Einschränkung durch den Bundespräsidenten erhalten hat."[15] Erstaunlich ist jedoch, dass des Briefschreibers unverblümte Erklärung Bauwens zum „Nationalsozialisten" mit Stillschweigen übergangen wurde.

Text 2: Kritik am Bundespräsidenten und dessen Widerspruch gegen eine „Verschiebung der Werte"

Brief von Charlotte Buchholz an Heuss

Persönlich

Frankfurt/M., 20.7.1954

An den
Herrn Bundespräsidenten Theodor Heuss
B o n n am Rhein

Sehr geehrter Herr Bundespräsident!

Lassen Sie uns unseren Sport, wir lassen Ihnen Ihre Politik! Bitte überlegen Sie einmal, wenn Sie 30 oder 40 Jahre jünger wären, ob bei einem so grossen Ereignis, wie es für uns alle diese Fußball-Weltmeisterschaft war, nicht eventuell auch mit Ihnen das Temperament durchgegangen wäre, und Sie hätten in Ihrer Riesenbegeisterung von einem ‚Fußballgott' gesprochen. Muss man um so etwas noch in aller Öffentlichkeit, wie am Sonntag im Olympia-Stadion, eine so grosse Brühe machen? War die Reportage des Herrn Herbert Zimmermann nicht wunderbar? Kann es da nicht passieren, dass auch mit ihm der Gaul einmal durchging und er sich in seiner Begeisterung steigerte, muss das gleich so tragisch genommen werden? Sind Sie nicht stolz darauf, ein Volk vor sich zu haben, dass (!) zu solch einer Begeisterung noch fähig ist? Warum dürfen wir Deutsche keinen Nationalstolz haben, der bei jedem andern Volk eine Selbstverständlichkeit ist. War der Triumphzug unserer Weltmeister nicht ein Erlebnis für uns alle? Wie weh tut es dann, wenn man ‚von oben' dann gleich eine kalte Dusche bekommt und das Gefühl nicht los wird, überhaupt nicht verstanden zu werden.

Können Sie und Ihre Herren es denn nicht verstehen, was es für uns Deut-

---

15 SBTH, Bundespräsidialamt, Amtszeit Heuss, B 122, 148 (=BArch): Persönlicher Referent des Bundespräsidenten (Hans Bott), 29.7.1954, an Schulrat a.D. Dr. Zinner.

sche bedeutet, auch mal wieder mit dabei zu sein und gerade auf einem so schönen sportlichen Gebiet, einmal auch die Weltmeisterschaft im Fußball zu erringen, was bisher noch nie gelang? Müssen wir nicht unendlich froh und glücklich und stolz sein, schon ‚um den andern' zu beweisen, dass wir noch da sind. Es ist doch noch gar nicht lange her, da wurden wir noch als Verbrechernation bezeichnet, der man kein Gewehr mehr in die Hand geben darf, und nun waren wir auf einmal mit dabei, ob es den andern Herren passte oder nicht, denn diesen Sieg konnte uns niemand nehmen. Und wie scheusslich ist es dann, wenn man in bestimmten deutschen Pressekreisen und in Rundfunkkommentaren darauf hingewiesen wird, ‚dass gar kein Grund für uns vorliegen würde, so zu jubeln, denn wir sollten nicht vergessen was gewesen ist oder ob man gewillt wäre, wieder in die Fehler der Vergangenheit zurückzufallen und daraus keine Lehre gezogen hätte.'

Sehen Sie, sehr geehrter Herr Bundespräsident, das tut weh, man merkt die Absicht und ist verstimmt!...

Jedenfalls schämte ich mich seinerzeit nicht der Tränen, die mir anlässlich der Reportage die Wangen herunterliefen und beim Gesang des Deutschlandliedes ‚Deutschland, Deutschland über alles'. So erging es unendlich vielen, die mit dabei waren. Wir haben als Deutsche empfunden, das ist jedem zu verzeihen, dabei auch einmal überschwenglich zu sein, denn es gibt Situationen im Leben, die nie wiederkehren, und die soll man festhalten, so lange es geht.

Es war mir ein Bedürfnis, Ihnen diese Zeilen zu schreiben. Sie können versichert sein, dass ich kein hysterisches Frauenzimmer bin, sondern eine Berlinerin von Mitte dreissig, die ein sehr glückliches Familienleben führt und trotz vieler Enttäuschungen ihren Humor nicht verloren hat aber über viele Dinge doch den Kopf schütteln muss, denn man hat uns schon viel mitgespielt im Leben und tut es auch heute noch.

Ich wünsche Ihnen, sehr geehrter Herr Bundespräsident, alles Gute für die Zukunft und empfehle mich Ihnen

hochachtungsvoll

Charlotte Buchholz

Quelle: Stiftung Bundespräsident-Theodor-Heuss-Haus (SBTH), Bundespräsidialamt, Amtszeit Heuss, B 122, 134 (= Bundesarchiv Koblenz) – Maschinenschriftlicher Brief, mit handschriftlichem Zusatz: „Dem Herrn Bundespräsidenten vorzulegen H. 23/7" – Rechtschreibung beibehalten.

Der Brief der Berliner Fußballanhängerin aus Frankfurt, über die außer ihren eigenen Angaben keine weiteren Informationen vorliegen, ist offensichtlich von einer deutschen, nationalen, von einer – nicht im Sinne einer parteipolitischen Orientierung – „deutsch-nationalen" Warte aus geschrieben. Moniert wird des Bundespräsidenten etwas unterkühlte Art der Freude über die Weltmeisterschaft – ein Eindruck, den die Rede im Olympiastadion auf besonders begeisterte Personen machen konnte. Und die Briefschreiberin kritisierte in deutlichen Worten die Kritik des Präsidenten an dem Reporter Herbert Zimmermann, der in seiner legendären Übertragung aus Bern, einem „Highlight" der Rundfunkgeschichte, Nationaltorwart Toni Turek als „Fußballgott" bezeichnet hatte. Heuss hatte diese Formulierung nach eigenem Bekunden „gelesen", was heißt, dass er wahrscheinlich die Reportage selbst nicht gehört und daraufhin in seiner Berliner Rede dem Keeper empfohlen hatte, „ein zuverlässiger und wendiger Spieler" zu sein und zu bleiben – und nicht mehr.[16]

Dem Sportjournalisten trug seine Äußerung überhaupt viel Ärger ein. Seinem eigenen Bericht zufolge, sieben Jahre „nach Bern" veröffentlicht, erhielt er nach dem Finale 476 positive Zuschriften, „einschließlich der Geschenkpäckchen und Heiratsangebote", dazu 16 negative Briefe, wegen „Fußballgott Turek", „der mir in der Erregung entschlüpft war und den dann später bei der Ehrung im Berliner Olympia-Stadion sogar Bundespräsident Heuss humorvoll aufgriff. Womit ich gleichzeitig erfuhr, wer bei der Berner Reportage mein prominentester Zuhörer war."[17] Allerdings, ganz so „humorvoll" hat es wohl Heuss, der Nach-Leser, nicht gemeint, und noch weniger erfreut waren Repräsentanten der Kirchen, die bei dem Arbeitgeber des Katholiken Zimmermann, dem Norddeutschen Rundfunk (NDR), gegen dessen Wortwahl Protest einlegten. Auch in Zimmermanns Familie war dieses Vorkommnis Gesprächsstoff: „Anfangs war er etwas verunsichert

---

16 Dass Heuss in Fußballdingen nicht ganz sattelfest war, was ein Staatsoberhaupt auch nicht sein muss, zeigt die folgende Begebenheit: „Als Bundespräsident Theodor Heuss vor einem Länderspiel gegen Österreich in Köln die Mannschaften begrüßte, fragte er den am Ende stehenden kleinen Spieler Max Morlock: ‚Und Sie sind der Torhüter?' Die artige Antwort: ‚Ja, Herr Bundespräsident, ich bin der Schlussmann'" (zit. nach: Michel, wie Anm. 5, S.190).
17 Herbert Zimmermann: Immer am Ball!, in: Hören und Sehen, Nr. 10, 5.-11.3.1961, S. 6.

wegen der Kritik und schien besorgt, wie die Sache ausgeht, aber dann nach der Rückendeckung des NDR berichtete er eher amüsiert von den Angriffen in öffentlichen Äußerungen und auch in Briefen."[18] Dabei war der Reporter nicht der einzige „Sünder". Eine Zeitung scheute nicht die Frage: „Ist Herberger ein Gott?"[19] Die Bezeichnung des Resultats der Weltmeisterschaft als „Wunder von Bern", obwohl dieses sehr rationale Ursachen hatte, wurde geradezu zum geflügelten Wort.[20] Im Übrigen unterscheiden sich auch nach einem halben Jahrhundert die Theologen durchaus in der Beurteilung solcher Begriffe und Vorstellungen: Während einmal auf eine – zuletzt durch die Werbung forcierte – „deutliche Säkularisierung des religiösen Sprachgebrauchs" verwiesen wird, gibt es zum anderen den Ratschlag einer gewissen Gelassenheit – und dazu, „den Ball flach (zu) halten".[21]

„Sport als Religion" – für letztere als Abwertung, für den ersteren als Aufwertung hatte jedenfalls Bundespräsident Heuss missfallen.[22] Der Konflikt wäre sicher vermieden worden, hätte Zimmermann so gesprochen, wie es – post festum – ein Professor der Rhetorik formulierte: „Toni, Du bist ein phantastischer Torwart."[23] Nur, inwieweit vermag ein hochengagierter

---

18 Freundliche Mitteilung des Neffen von Herbert Zimmermann, Hans-Christian Ströbele MdB, in einem Schreiben an den Verfasser (1.6.2007).

19 Frankfurter Rundschau, zit. nach: Hans Werner Kilz: Biedermänner werden Weltklasse, Warum die Helden von Bern 1954 noch heute als Vorbilder verehrt werden, in: Süddeutsche Zeitung (Hrsg.): Die Fußball-Weltmeisterschaften, 1954, Schweiz, München 2005, S. 17.

20 Thomas Böker: Dem Wunder auf der Spur, in: Kicker Edition: 50 Jahre das Wunder von Bern, Nürnberg 2004, S. 106 f. – „Vielleicht bin ich katholisch sozialisiert", vor allem deswegen hält der langjährige SWF-Sportchef Rudi Michel die Anwendung des Wunder-Begriffs auf den Ausgang der WM 1954 für unpassend (Südwest-Fernsehen, Wortwechsel, Walter Janson im Gespräch mit Rudi Michel, 30.7.2006).

21 Stephan Langer: Den Ball flach halten, Auch wenn das Spiel begeistert – eine Ersatzreligion ist es nicht, in: Konradsblatt, Wochenzeitung für das Erzbistum Freiburg, 24, 2004, S. 20 f.; Schreiben der Presse- und Informationsstelle der Erzdiözese Freiburg (Pressesprecher Thomas Maier), 12.7.2007, an den Verfasser.

22 Zur Fragestellung allgemein Mosche Zimmermann: Die Religion des 20. Jahrhunderts: Der Sport, in: Christof Dipper/Lutz Klinkhammer/Alexander Nützenadel (Hrsg.): Europäische Sozialgeschichte, Festschrift für Wolfgang Schieder, Berlin 2000, S. 331 ff.

23 Walter Jens, in: Südwest-Fernsehen: Und immer wieder fällt das 3. Tor, 15.4.2006.

Reporter bei einer dramatischen Spielsituation seine Emotionen zu zügeln oder gar auszuschalten?

Im Grunde verfochten überdies der Bundespräsident und die fußballbegeisterte Bürgerin aus Frankfurt dasselbe Prinzip: die Trennung von Sport und Politik, freilich gleichsam seitenverkehrt: Beklagte Letztere Einmischungen und Kommentierungen seitens der Politik, so wünschte Heuss, wie im „Fall Bauwens" demonstriert, so weit wie möglich einen Verzicht der Vertreter des Sports auf politische Aussagen und Aktionen. Das Staatsoberhaupt wollte auf diese Weise, wie es in der Antwort des persönlichen Referenten mit Hinweis auf die Berliner Rede hieß, einer „Verschiebung der Werte" vorbeugen, ja, diese verhindern.[24] Gut möglich, dass diese Begründung, da ohne weitere Erläuterung präsentiert, die Adressatin in eine gewisse Ratlosigkeit versetzte. Die konkrete Zielsetzung lässt sich indessen aus Heuss' grundsätzlicher Argumentationslinie und aus dem zeithistorischen Kontext erschließen.

Nach „12 Jahre(n) in der Hölle der Geschichte", überzeugt von der (Schwierigkeit der) Aufgabe, das anschließende „Fegefeuer des Läuterungsweges" langfristig, nach der Etablierung eines liberal-demokratischen Systems, zum Erlöschen zu bringen, unternahm der Bundespräsident alle ihm von Amts wegen möglichen und sinnvollen Anstrengungen, die deutsche Bevölkerung nicht auf das Paradies – „Nein, das Paradies gibt es nur in utopischen Romanen" –, sondern auf eine neue Zeit, charakterisiert durch „die Anerkennung eines freien Menschentums", vorzubereiten: „Die Deutschen müssen bei dem Wort Demokratie ganz vorn anfangen im Buchstabieren, auch wenn sie sich heute Demokraten nennen ...".[25]

Diese Übung war in den frühen 1950er Jahren noch keineswegs überflüssig, wie eine Meinungsumfrage von Ende 1951 bewies: Für 44 % der Befragten

---

24 SBTH, Bundespräsidialamt, Amtszeit Heuss, B 122,134 (=BArch): Persönlicher Referent des Bundespräsidenten (Hans Bott), 26.7.1954, an Charlotte Buchholz; dazu auch SBTH, Bundespräsidialamt, Amtszeit Heuss, B 122,147(=BArch): Heuss, 26.7.1954, an Jürgen Steinkopff. – Dass die Veranstaltung im Olympiastadion tatsächlich eine erhebliche politische Bedeutung besaß, zeigt Thomas Raithel: Fußballweltmeisterschaft 1954, Sport – Geschichte – Mythos, München 2004, S. 96 ff.
25 Zit. nach: Hildegard Hamm-Brücher: Theodor Heuss (1884 – 1963), in: Hans Sarkowicz (Hrsg.): Sie prägten Deutschland, Portraits, München 1999, S. 35.

war das „Dritte Reich" die für Deutschland beste Epoche, unmittelbar gefolgt vom Kaiserreich (43 %), dagegen für nur 7 % die Weimarer Republik und lediglich 2 % entschieden sich für die Anfangsjahre der Bundesrepublik.[26] So war es auch wenige Jahre später noch nicht an den Haaren herbeigezogen, wenn der Bundespräsident stets von neuem die jüngste Vergangenheit ansprach, ohne jedoch letztlich schon, wie auch bemerkt und kritisch vermerkt wurde, eine tiefergreifende Ursachenforschung sowie präzise Verantwortungs- und konkrete Täterzuschreibungen vorzunehmen. Am Ende seiner „Feldzüge gegen das Vergessen" hoffte Heuss, die historische Erkenntnis der Deutschen befördert und zu einem dauerhaften Wandel ihrer politischen Kultur beigetragen zu haben. Und so verabscheute er nationalistische Phrasen, so kam ihm ein zu starkes Ausleben „nationaler" Gefühle verdächtig vor. Der kalendarische Zufall brachte es mit sich, dass der Bundespräsident sein Verständnis von einer Hierarchie der „Werte" innerhalb ganz weniger Tage aufzeigen konnte: Am 18. Juli 1954 feierte er im Olympiastadion mit den vielen Besuchern freundlich, aber nicht überschwänglich und in mancher Hinsicht auf die Bremse tretend, die Fußballweltmeister. Einen Tag später würdigte er im Auditorium Maximum der Freien Universität anlässlich des zehnten Jahrestags des Attentats gegen Hitler die Verschwörer, die „mörderischer Bosheit" ihren „reinen Willen" entgegengesetzt hatten.[27] Ohne beide „historische Daten" direkt miteinander in Beziehung zu setzen, vertrat somit Heuss letztlich die gleiche Position, wie sie zum selben Zeitpunkt der renommierte Tübinger Historiker Hans Rothfels darlegte: „In der Tat haben nicht Fußballsiege und Mercedeswagen, sondern das Handeln und Sterben der Männer des 20. Juli die ‚Ehre des Landes' wiederhergestellt".[28] Unmittelbar auf

---

26 Dominik Geppert: Die Ära Adenauer, Darmstadt 2002, S. 88.
27 Ulrich Baumgärtner: Reden nach Hitler, Theodor Heuss – Die Auseinandersetzung mit dem Nationalsozialismus, Stuttgart 2001, S. 312. – Zu Heuss' „präsidialem Programm" im Hinblick auf die Auseinandersetzung mit der Vergangenheit allgemein: Ulrich Baumgärtner: Reden nach Hitler, Präsidiale Rhetorik angesichts der nationalsozialistischen Vergangenheit (wie Anm. 13), S. 151 ff; Frieder Günther: Heuss auf Reisen, Die auswärtige Repräsentation der Bundesrepublik durch den ersten Bundespräsidenten, Stuttgart 2006, S. 42 ff.
28 Hans Rothfels: Das politische Vermächtnis des deutschen Widerstands, in: Vierteljahreshefte für Zeitgeschichte, Jg. 2, 1954, S. 333.

den Bundespräsidenten sich beziehend und diesen ausdrücklich belobigend, nahm auch ein hochrangiger ausländischer Beobachter, der französische Hohe Kommissar André François-Poncet, den „Werte"-Unterschied wahr: „... il fallait, certes, se réjouir – a-t-il dit – de la victoire des ‚Onze', mais on ne devait pas, pour autant, confondre les valeurs et présenter un exploit sportif comme un succès politique. Bien, ‚shooter' était une chose. Bien gouverner en était une autre. Plus courageusement encore, le Président Heuss a voulu donner à la célébration du 10ème anniversaire du complot du 20 juillet 1944, contre Hitler, un éclat démonstratif. Les conjurés du 20 juillet ne sont pas populaires en Allemagne. Leur action y est encore passionnément discutée, et souvent condamnée."[29] Ganz anders dagegen die Spieler der Weltmeistermannschaft, die in der Bevölkerung rasch den Ruf den Ruf von „Helden" erlangten, ohne selbst nach einem solchen Status zu streben oder sich gar über andere – auch historische – Persönlichkeiten erheben zu wollen. Möglicherweise wäre es sinnvoll gewesen, wenn Heuss bei seinem Versuch, zu einem Wandel der politischen Mentalitäten in Deutschland beizutragen, diesen Zusammenhang, der ja einen wichtigen Unterschied, nämlich zwischen dem 4. Juli und dem 20. Juli, beinhaltet, noch deutlicher benannt hätte. Manchem Urheber nationalistischer Töne, auch der Briefschreiberin aus Frankfurt, hätte dies vielleicht zusätzlich geholfen, die eigene Position zu überdenken.

Text 3: Die umstrittenen Äußerungen des DFB-Präsidenten Bauwens im Urteil des prominenten Sport-Journalisten Rudi Michel (2007)

In seinem Erinnerungsbuch über die Fußball-WM in der Schweiz schrieb im Jahre 2004 der Journalist Rudi Michel über die anfechtbare, vom Bundespräsidenten getadelte Münchner Rede des DFB-Präsidenten Peco Bauwens: „Herberger und seine Spieler waren mit diesen Elogen keinesfalls einverstanden. Die Rede war ein Fehlgriff, das sah Bauwens später wohl auch ein".[30]

---

29 Les rapports mensuels d'André François-Poncet, Haut-Commissaire français en Allemagne 1949–1955, Les débuts de la République fédérale d'Allemagne, hrsg. von Hans Manfred Bock, Band II: 1952–1955, Paris 1996, S. 1212.

30 Michel (wie Anm. 5), S. 125.

Im Frühjahr 2007 äußerte sich der frühere SWF-Sportchef ausführlicher zu diesem in der zeitgenössischen Publizistik meist heftig kritisierten und auch in der späteren Literatur negativ beurteilten Verhalten Bauwens':

> „... Ich stehe natürlich zu meiner Darstellung im Buch, dass Herberger und die Spieler mit den Elogen keinesfalls einverstanden waren. Vielleicht hätte ich schreiben sollen: mit diesen peinlichen Elogen und einer Umschreibung der Realität mit Hilfe einer überholten Wortwahl.
>
> ... Die Neuzeit-Historiker kennen sie (die Rede) nicht, aber sie verurteilen sie in erster Linie wegen einer politischen Tendenz. Ein Wissenschaftler müsste den Text präziser beurteilen und den Inhalt nicht nur auf die politische Schiene schieben. Für mich hat ein älterer Herr mit falschem Pathos peinliche Vergleiche gezogen. Ich habe den Begriff Politik jetzt bewusst vermieden. Eines kann ich ... mit Sicherheit sagen: Nach einem Drittel der Rede (es war weniger peinlich als der überwiegende Rest) hat sich das Funkhaus München wie folgt wörtlich verabschiedet: Liebe Fußballfreunde, es tut uns leid, dass wir die Übertragung von der Siegerehrung im Löwenbräukeller abbrechen müssen, aber die vorgesehene Übertragungszeit ist leider verstrichen.
>
> Für mich absolut peinlich: Wenn es ein Zeitproblem war, kann man daraus später kein Politikum machen. Wenn ,dem Funkhaus' politische Deutungen (?) missfallen haben, so wie es die Zeitgeschichtler darzustellen pflegen, hätte man das sagen und nicht hinterher bellen müssen."
>
> *Quelle: Schreiben des ehemaligen SWF-Sportchefs Rudi Michel, 8.6.2007, an den Verfasser. – Unterstreichung im Original.*

Rudi Michel und Herbert Zimmermann, Kollegen und Freunde, sind die beiden prominentesten deutschen Sportjournalisten des 20. Jahrhunderts. Michel, mit den Akteuren von 1954 gut bekannt und Ehrenspielführer Fritz Walter persönlich sehr verbunden, kommentierte im Deutschen Fernsehen zwischen 1958 und 1982 fünf WM-Endspiele für jeweils viele Millionen Zuschauer.

Ob die häufig in der Publizistik, teilweise auch in der wissenschaftlichen Literatur kolportierten Aussagen des DFB-Präsidenten Bauwens letztlich zutreffend authentisch und damit ihrer (gesamten) Tendenz nach so brisant waren, wie dies weithin vermittelt wurde, ist eine in der Tat legitime Frage.

Zwar ist der Redetext nicht etwa aus staatspolitischen Gründen bedeutsam, wohl aber besitzt er eine politisch-kulturelle Relevanz.

Bauwens hielt die Rede frei, sie war etwas wenig strukturiert, eine „Komposition" ist zwar erkennbar, aber nicht streng durchgehalten.[31] Ein „Ghost-Writer" war sicherlich nicht in irgendeiner Weise behilflich. Dazu wäre das Resultat einfach zu wenig überzeugend und keine Empfehlung für diese Profession gewesen. Sich solcher zu bedienen war in den 50er Jahren des 20. Jahrhunderts wenig üblich, wie auch das Beispiel des Bundespräsidenten zeigte, der auf den eigenhändigen Entwurf seiner Reden stolz war. Immerhin, mehrere Zeilen aus Schillers „Wilhelm Tell" wurden von Bauwens – fast – richtig zitiert, wenn auch kaum anzunehmen ist, dass die deutschen Nationalspieler, wie von diesem suggeriert, sich an den Schweizer freiheitlichen Maximen orientiert hätten.

Augenscheinlich zielten die Ausführungen des DFB-Präsidenten auf die Emotionen der Zuhörer. So ist von der „Rührung", der „Treue" der begeisterten Landsleute, auch, wie ungeniert festgestellt wurde, in den Altersheimen und Blindenheimen, die Rede. Der Bundestrainer wird „unser Vater Herberger" genannt; die Nationalspieler sind die „Jungens", die „wackeren Knaben" – ein Ausdruck, den der Redner selbst einer Erklärung bedürftig hielt – und sie waren nicht nur die „besten Diplomaten", die man sich denken konnte, sondern auch „die Repräsentanten besten Deutschtums im Ausland". Ein solches Urteil war gewiss nicht unpolitisch, so wenig wie etwa der Hinweis auf „Fußballbegeisterte", die auch „Deutsch-Begeisterte" waren. Und wenn von „Schlacken" gesprochen wurde, die, zuerst noch und verständlicherweise, am deutschen Volk hingen, und dies dank des Auftretens der Fußballspieler in der Schweiz dann nicht mehr zutraf, so war dies ein unzureichender Rekurs auf die Geschichte. Insgesamt blieb es bei Anspielungen auf die jüngste Vergangenheit, dem „Zeitgeist" entsprechend weitgehend kontext- und konturenlos. Bauwens leistete sich auch eine Erinnerung an das „Führerprinzip" „im guten Sinne des Wortes", wie er meinte. Die – ausnahmsweise – Praktizierung desselben als Begründung für eine

---

31 Bundesarchiv Koblenz B 122, 407: Rede Dr. P.J. Bauwens' am 6.7.1954, München, Löwenbräukeller.

ziemlich eigenmächtige, mit den Verbandsgremien nicht abgesprochene Ehrung seines Stellvertreters an der DFB-Spitze sollte möglicherweise humorvoll sein, war aber eher ein schlechter Scherz.[32] Geradezu leitmotivisch durchzieht das Lob der „Kameradschaft", der „geschworenen Freunde" – zu denen Bauwens auch die bei anderen Würdigungen bisweilen vergessenen Ersatzspieler zählte – die Ansprache. Nur wenige Akteure werden namentlich genannt, so z.B. der zum Ehrenspielführer erhobene Fritz Walter und Torwart Turek, zu dessen großem Können „auch der liebe alte Gott mitgeholfen" habe.

Die Feststellung, der Sportfunktionär habe keineswegs, wie öfters behauptet, eine „Sieg-Heil-Rede" gehalten, trifft zweifellos zu.[33] Wie es scheint, versuchte er vielmehr, dem Fußballvolk und damit allen Deutschen und dabei besonders der Jugend eine andere „Botschaft" zu übermitteln: Nehmt euch die Sieger von Bern zum Vorbild, erkennt, dass der von diesen gepflegte „Mannschaftsgeist" „ein Spiegelbild ist ... für die Gemeinschaft des ganzen Lebens": „Wie man ja auch nur zusammen leben kann, wenn man sich versteht, einander unterstützt und dem weniger Starken hilft und so zu einer Gemeinschaft, zu einer Kameradschaft zusammenwächst."

Michels Zurückweisung der These von der hauptsächlich „politischen Tendenz" der Rede findet in solchen Aussagen ihre Stütze. Diese zielte, „mit falschem Pathos peinliche Vergleiche" ziehend, eher in ein andere Richtung, nämlich hin zur Propagierung und Empfehlung eines Sozialmodells für die Gesamtgesellschaft, für das Herbergers Team Beispiel und Vorbild sein sollte. Dem Redner, der sich mit diesem etwas naiven Gedanken auf ein ihm weitgehend fremdes Feld begeben hatte, blieb verborgen, dass bereits in der Mitte des 20. Jahrhunderts solche Perspektiven großenteils überholt,

---

32 In der Literatur werden teilweise andere, von der Bauwens-Rede nicht bestätigte Versionen angeboten: Dehnhardt (wie Anm. 2), S. 26, behauptet, der DFB-Präsident habe „in lärmender Freude das ‚Führerprinzip' des Trainers Herberger hoch leben lassen". Nach Boris Herrmann: Bloß keine Ekstase, Wieder bewaffnet und wieder über alles?, Die Politik will das Ausland beruhigen, in: Süddeutsche Zeitung, Fußball-Weltmeisterschaften (wie Anm. 19), S. 121, habe Bauwens „den überraschenden Erfolg auf das ‚Führerprinzip'" zurückgeführt.

33 Franz-Josef Brüggemeier: Zurück auf dem Platz, Deutschland und die Fußball-Weltmeisterschaft 1954, München 2004, S. 246 ff.

weil mit den Realitäten einer dynamischen Industriegesellschaft, die sich gerade anschickte, ein vollgültiges Mitglied der internationalen Gemeinschaft zu werden, nicht vereinbar waren. Und aus dieser Sicht ist zu fragen, ob Bundespräsident Heuss im Grunde, ihm selbst eventuell nicht bewusst, nicht mehr das Medienecho auf die Bauwens-Rede als diese selbst, mit ihren nach Anlage und Inhalt durchaus problematischen Seiten, gerügt hat.[34]

Der Bayerische Rundfunk (BR) beendete die Rundfunkübertragung, als der DFB-Präsident gerade den deutschen 2:0-Sieg gegen Jugoslawien im Viertelfinale schilderte. Es folgte Tanzmusik. Der Zuhörerprotest war massiv. Mehrere tausend Anrufe beim Sender, fast 500 Briefe und über hundert Telegramme legten davon Zeugnis ab.[35] In einem „Kollektivschreiben" gaben 46 Personen, die sich zu den „zahlenden Hörern" zählten, ihrer „Erbitterung" deutlichen Ausdruck: „Als großen Fehler Ihrerseits betrachten wir, daß die Sendung während der Ansprache von Dr. Bauwens und dazu noch mitten im Satz abgeschaltet wurde und die Sprecherin sich erst nach einer halben Minute Funkstille damit bedauernd entschuldigte, die vorgesehene Sendezeit (Übertragung aus dem Löwenbräukeller) sei abgelaufen und das Programm werde mit Tanzmusik fortgesetzt. Die Durchsage wirkte bestimmt für 90 % aller Hörer wie ein Schlag ins Gesicht. Für den Präsidenten des Deutschen Fußballverbandes (!) muß es als persönliche Beleidigung angesehen werden."[36]

Michels Frage nach der – tatsächlichen – Ursache der Programmänderung, nämlich ob das Zeitargument lediglich ein vorgeschobenes war oder nicht,

---

34   Freundlicher Hinweis von Prof. Dr. Gotthard Breit (Universität Magdeburg) – Im Übrigen gab es in der Rede von Bauwens bei allen Blicken nach rückwärts zukunftsweisende Gedanken, so wenn er die Wichtigkeit von Schulsport und Breitensport betonte. Bemerkenswert erscheint weiterhin sein Wunsch, unter Berufung auf gefährliche historische Entwicklungen in Deutschland, die aktuelle große Begeisterung der Jugend „in anständige Kanäle" zu lenken. Wie berechtigt ein solches Anliegen auch gewesen sein mag: Es könnte sein, dass dem DFB-Chef die NS-Jugendpolitik als abschreckendes Beispiel vor Augen stand.
35   Wolfgang Kraushaar: Die Protest-Chronik 1949–1959, Eine illustrierte Geschichte von Bewegung, Widerstand und Utopie, Band III: 1953–1956, Hamburg 1996, S. 1006.
36   Bayerischer Rundfunk (BR), Historisches Archiv, GR /19: Karl Späth u.a, München, 7.7.1954, an den Rundfunkrat des Bayerischen Rundfunks.

klingt auch bei den Verfassern und Unterzeichnern der „Sammelbeschwer-
de" an. Offensichtlich hielten sie ein politisches Motiv nicht für maßgebend.
Vielmehr erinnerten sie „an andere (politische) Sendungen, für die auch so
manches Mal die Sendezeit abgelaufen war, die aber trotzdem auf Kosten
z.B. der Unterhaltungssendungen fortgesetzt wurden, selbst wenn durch
diese ‚oft äußerst heiteren' Kommentare und Debatten schon mehrere
Stunden des Rundfunkprogramms belegt waren." Die Festveranstaltung zu
Ehren der Weltmeister habe dagegen ein „reichhaltiges und wohl einmaliges
Unterhaltungsprogramm" geboten, dessen vollständiger Genuss jedoch der
Hörerschaft verwehrt worden sei. Dies sei umso bedauerlicher, weil den
Deutschen „vielleicht überhaupt nicht mehr" vergönnt sein werde, eine
Weltmeistermannschaft zu feiern. Das war indessen eine zu pessimistische
Prognose, denn bereits nach zwei Jahrzehnten wurde der zweite WM-Titel
errungen, unter maßgeblicher Mitwirkung von fünf Spielern des FC Bayern
München.

Natürlich kann es gut sein, dass der (zu) schnell reagierende Redakteur des
Bayerischen Rundfunks manche „Peinlichkeit" als gewichtige „politische" Aus-
sage ausgelegt hat. Der Rundfunkrat, vertreten durch seinen stellvertretenden
Vorsitzenden, teilte jedenfalls diese Einschätzung nicht.[37] Den unzufriedenen
Hörern übermittelte er die Versicherung der „Sendeleitung", „daß der einzige
Grund des Abbruchs im Ablauf der vorgesehenen Übertragungszeit gelegen
habe". Dieses Vorgehen empfand er als problematisch, ein flexibleres Verfahren
zur Verhinderung „solcher Regiefehler" hielt er für erforderlich.

Rudi Michels Darstellung stellt ein Plädoyer dafür dar, ältere Aussagen,
Behauptungen, Interpretationen nicht schon deshalb, weil sie teilweise jahrzehntelang vertreten wurden, für stichhaltig zu erachten. Die verbreiteten
Urteile über den DFB-Präsidenten sind dafür ein markantes Beispiel. Die
Forderung des prominenten Zeitzeugen und hochinformierten Journalisten, zur
historischen „Quelle" zurückzugehen, „den Text präzise (zu) beurteilen", sollte
eigentlich eine selbstverständliche sein. Dass Autoren, auch Wissenschaftler,
daran erinnert werden müssen, sollte zu denken geben.

---

37 BR, Historisches Archiv, GR/19: Max Zillibiller, stellv. Vorsitzender des Rund-
    funkrats, 12.7.1954, an Karl Späth.

Schlussbetrachtung

Die deutschen Ambitionen und Erwartungen vor dem WM-Turnier in der Schweiz dürften ziemlich genau mit dem Bonmot umschrieben sein, „eine stolz getragene Niederlage" sei auch ein Sieg (Marie von Ebner-Eschenbach). Nach dem Endspiel stellte sich rasch heraus, dass der Weltmeistertitel von 1954 mehr als nur ein sportlicher Erfolg war. Experten, Analytiker, Interpreten bemühten sich seither, den tieferen Sinn des Ereignisses zu erfassen, seine gesellschaftliche Wirkung auszuloten, die politische Bedeutung zu bestimmen und es in den historischen Kontext einzuordnen. Da wurde z.B. davon gesprochen, der Sieg von Bern habe einen wesentlichen Beitrag zu Entwicklung der „kollektiven Identität" der Deutschen geleistet und dem Gedanken der „Gemeinschaft", im Denken, Fühlen und letztlich Handeln, einen enormen Schub verliehen – eine laut Franz-Josef Brüggemeier unrealistische, da allein auf medialer Vermittlung mit kurzfristiger Wirkung beruhende Vorstellung.[38] Auch sei er zum „Sinnbild des deutschen Wirtschaftswunders" geworden und der 4. Juli sogar geeignet gewesen, an die Stelle des 17. Juni als Nationalfeiertag zu treten.[39]

Die feiernden, jubelnden Bundesbürger beschäftigten sich freilich in den Julitagen 1954 kaum mit solchen komplizierten Überlegungen und Einsichten. Für sie schien sich ein – frühes – „Sommermärchen" ereignet zu haben, trotz des am 4. Juli regnerischen, für die deutsche Spielweise jedoch vorteilhaften „Fritz-Walter-Wetters". Patriotisch ging es zu, freundlich und freudig, aber vielleicht nicht ganz so „fröhlich" wie bei der WM mehr als ein halbes Jahrhundert später im eigenen Land.[40]

Die in diesem Beitrag vorgestellten Briefe an den Bundespräsidenten sind deshalb interessant, aufschlussreich, ja spannend, weil sie, kein Bestandteil der

---

38 Franz-Josef Brüggemeier: Eine virtuelle Gemeinschaft, Deutschland und die Fußball-Weltmeisterschaft 1954, in: Geschichte und Gesellschaft, Jg. 31, 2005, S. 610 ff.

39 Florian Breitmeier: Ein Wunder, wie es im Drehbuch steht: Die WM 1954 – ein deutscher Erinnerungsfilm, in: Wolfram Pyta (Hrsg.): Der lange Weg zur Bundesliga, Zum Siegeszug des Fußballs in Deutschland, Münster 2004, S.143; Dehnhardt (wie Anm. 2), S. 206.

40 Norbert Lammert: Fröhlicher Patriotismus – Impulse eines Sommermärchens, in: Politische Studien, Jg. 58, H. 414, Juli/August 2007, S. 76 ff.

veröffentlichten Meinung, gleichsam ungefiltert und in relativer Ausführlichkeit, Bürgerargumente und Bürgereinstellungen dokumentieren. Freude, ein Gefühl der Hochstimmung ergriff, über die gewöhnlich Sportinteressierten hinaus, einen großen Teil der deutschen Bevölkerung, wobei jedoch Unsicherheiten im Verhalten – u.a. auch auf dem Felde der staatlichen Symbolik [41] – und Schwierigkeiten, die angemessenen Worte besonders in stark von Emotionalität geprägten Situationen zu finden, offenkundig waren. Dies betraf Akteure auf der öffentlichen Bühne ebenso wie die Briefschreiber, die das Staatsoberhaupt zu ihrem beinahe selbstverständlichen „Gesprächspartner" auserkoren. Heuss selbst nahm diese Aufgabe sehr ernst, er erklärte seinen eigenen Standpunkt und klärte damit zugleich über die Defizite anderer Positionen auf. Er spielte hierbei die Rolle, die ihm besonders wichtig, für sein präsidiales Amtsverständnis elementar war: die des „politischen Bildners", dem die Förderung und Stärkung des Wertebewusstseins in der Bevölkerung ein besonderes Anliegen war.[42] Dabei wurde auch im Sommer 1954 angesichts des Nebeneinanders von – vorherrschender – Euphorie und missverständlichen oder missverstandenen Worten und Taten diese Erkenntnis bestätigt: „Fußball ist immer ein Spiegelbild einer Gesellschaft" (Rudi Michel).

Und warum habe ich gerade „Bern 1954" und die Reaktionen auf das „Wunder" als Thema gewählt?

Eine ungewöhnliche Frage des Herausgebers – und der Versuch, zwei Antworten zu geben.

Die eine Begründung: Ein in der Tat wichtiges Ereignis, das, wie sich zeigte, nicht nur pure Harmonie auslöste und das immer noch vielfache Anstrengungen der Deutung und Bewertung, der Einordnung in den historischen Kontext hervorruft.

---

41 Neben dem Problem der „richtigen" Strophe der Nationalhymne spielte auch die „Flaggenfrage" eine Rolle. Als das Endspiel in Bern angepfiffen wurde, fehlte, sehr zum Ärger von Bauwens, die deutsche Fahne; hierzu und zu den Hintergründen Brüggemeier: Zurück auf dem Platz (wie Anm. 36), S. 242, 249 ff.

42 Guido Müller: Adenauer und Heuss – ein Vergleich der soziokulturellen und politischen Lebenswelten zweier bürgerlicher Politikerbiographien bis 1933, in: Geschichte im Westen, Jg. 19, 2004, S. 136 f., 143; Dirk Schindelbeck: Theodor Heuss wies die „Übertöner" in die Schranken, Die Fußballweltmeisterschaft 1954, die Politik und die Nation, in: Das Parlament, Nr. 25, 24.6.1994, S. 20.

Zum anderen ein wenig eine „biographische Assoziation": Sie betrifft meine erste – und nachwirkend – bewusste Erinnerung an eine Rundfunkübertragung überhaupt, mit „Gefühlen" nicht unähnlich denen, die Friedrich Christian Delius in seiner subtil-spannenden Erzählung „Der Sonntag, an dem ich Weltmeister wurde" beschrieben hat.

Und dann eine Erinnerung an den 5. Juli 1954, an den Tag „danach": Unsere Klasse 6a des Rotteck-Gymnasiums Freiburg i.Br. saß freudig-aufgeregt in ihrem Zimmer. Ein Mitschüler schrieb zwei Worte an die Tafel: „Deutschland Weltmeister" – doch die einzige, enttäuschende Reaktion des eintretenden, wohl völlig desinteressierten Lehrers war: „Wegwischen!" – Was niemand wusste: Der berühmte Rundfunkreporter, „die Stimme von Bern" (Erik Eggers), Herbert Zimmermann, war Schüler unseres Gymnasiums gewesen und vielleicht befanden wir uns in dem Klassenzimmer, in welchem er 1937 das Abitur abgelegt hatte. Schließlich ergab sich viele Jahre später anlässlich einer kleinen Biographie über Bundestrainer Sepp Herberger ein Kontakt mit Fritz Walter, einem „wirklichen Idol" der Jugend.

Stefan Goebel

The Bottle of Britain: Krieg, Konsum und kulturelles Gedächtnis

Abb. 1: „Noch zwei Gläser bitte": Winston Churchills V-Zeichen in einer Werbung für Spitfire Ale, Herbst 2000.

Das Plakat sticht sofort ins Auge: Premierminister Winston Churchill auf knallrotem Grund in siegeszuversichtlicher Pose. Zeige- und Mittelfinger der rechten Hand zum V-Zeichen geformt, beschwört er allerdings nicht „victory", sondern bestellt zwei Gläser Bier („Two more pints please."). Mit diesem und ähnlichen ironisch-respektlosen Plakaten wirbt seit gut zehn Jahren die englische Brauerei Shepherd Neame für ihr *Spitfire* Ale, benannt nach dem legendären Kampfflugzeug aus dem Zweiten Weltkrieg. Die Werbekampagne für die Bottle of *Britain* bedient sich ganz unverhohlen aus dem Fundus der Geschichte des Zweiten Weltkrieges und setzt dabei auf Verfremdungseffekte und Provokationen. Im Visier der scharfzüngigen Werbetexter sind dabei vor allem die Deutschen, denn *Spitfire* Ale verspricht „No nazi aftertaste", ein Wortspiel auf die Redewendung „No nasty aftertaste" („Keinen bitteren Nachgeschmack").

Die Sichtwerbung für *Spitfire* Ale prägt zeitweise das Stadtbild Londons und hat auch schon einiges Rascheln im Blätterwald der Hauptstadt-Presse

ausgelöst. Als deutscher Bewohner Londons reagiere ich auf diese Plakate
irritiert (darf man über den Zweiten Weltkrieg Witze machen, noch dazu zu
kommerziellen Zwecken?); als Historiker erkenne ich in ihnen eine Quelle
für die Erforschung des Zweiten Weltkrieges im kulturellen Gedächtnis der
Briten.

Seit einem guten Jahrzehnt beschäftigt sich die Geschichtswissenschaft
intensiv mit dem kollektiven bzw. kulturellen Gedächtnis, um die Entstehung
und Dynamik (nationaler) Identität nachzuzeichnen. Dabei ist der Begriff des
Gedächtnisses eigentlich irreführend. Die Nation besitzt kein Gedächtnis wie
das Individuum und schon gar kein homogenes Groß-Gedächtnis. Gleichwohl
hat das Erinnern eine gesellschaftliche Dimension, insbesondere da, wo Menschen öffentlich vergangener Ereignisse gedenken. Mit anderen Worten, das
kollektive Gedächtnis ist eine Metapher für gesellschaftliche Erinnerungsarbeit.
Diese muss von Individuen oder Gruppen angeregt, geleistet und organisiert
werden. Nur dort, wo es Träger der Erinnerungskultur gibt, entsteht so etwas
wie ein kollektives bzw. kulturelles Gedächtnis.[1]

Als wichtigstes Medium des kulturellen Gedächtnisses betrachten viele
Historiker Denkmäler und Monumente; die Forschungsliteratur – insbeson-
dere über Kriegerdenkmäler – füllt mittlerweile Regale.[2] In der unmittelbaren
Nachkriegszeit waren Kriegerdenkmäler Kristallisationspunkte oft traumatischer
Erinnerungen. Doch mit zunehmendem zeitlichem Abstand zum Kriegsende
rücken verstärkt neue Medien in den Vordergrund – zum Beispiel Wer-
beplakate. Hier überschneiden sich Erinnerungs- und Konsumkultur. Dem
Historiker bietet sich dabei die Möglichkeit, einen Bogen zu einem weiteren
Forschungsfeld zu schlagen, das in den letzten Jahren einen Boom erlebt
hat: zur Geschichte des Massenkonsums in der Moderne.[3] Anhand des

1 Vgl. Jay Winter/Emmanuel Sivan: Setting the Framework, in: diess. (Hrsg.):
   War and Remembrance in the Twentieth Century, Cambridge 1999, S. 6-39.
2 Zur Einführung siehe Alex King: Memorials of the Great War in Britain. The
   Symbolism and Politics of Remembrance, Oxford/New York 1998; Reinhart
   Koselleck/Michael Jeismann (Hrsg.): Der politische Totenkult. Kriegerdenkmäler
   in der Moderne, München 1994.
3 Vgl. Matthew Hilton: Consumerism in Twentieth-Century Britain. The Search
   for a Historical Movement, Cambridge 2003; John Brewer/Frank Trentmann
   (Hrsg.): Consuming Cultures, Global Perspectives. Historical Trajectories,
   Transnational Exchanges, Oxford/New York 2006.

Beispiels Spitfire Ale möchte ich in diesem Essay zeigen, wie man beide Felder verbinden kann.[4]

Abb. 2: „Erste links, dann Drittes Reich [dritte rechts]": Wegweiser zum nächsten „Pub". Werbung für Spitfire Ale, 2005/2006.

„Downed all over Kent": das *Spitfire* Ale

Shepherd Neame kann auf eine dreihundertjährige Tradition zurückblicken und reklamiert für sich, Großbritanniens älteste Brauerei zu sein. Im Jahr 1698 wurde die Brauerei in Faversham in der südenglischen Grafschaft Kent gegründet. Mitte des 18. Jahrhunderts ging sie in den Besitz von Samuel Shepherd über. Seit 1864 ist die Familie Neame beteiligt, die heute in der fünften Generation das Unternehmen führt. Hauptabnehmer der Bierproduktion von Shepherd Neame ist die hauseigene Kette von 370 zünftigen „Pubs" (teilweise mit Hotelbetrieb) im Südosten Englands. Dort werden in erster Linie Ales der Marken *Bishops Finger* und *Spitfire* serviert sowie internationale Lagerbiere, die im Auftrag ausländischer Brauereien wie Holsten, Kingfisher oder Oranjeboom in Faversham gebraut werden.[5]

---

4   Methodisch anregend ist der Sammelband von Richard Bessel/Dirk Schumann (Hrsg.): Life after Death. Approaches to a Cultural and Social History of Europe during the 1940s and 1950s, Cambridge 2003, insbesondere die Beiträge von Paul Betts, Alon Confino und Michael Wildt.
5   Vgl. Theo Barker, Shepherd Neame: A Story that's been Brewing for 300 Years, Cambridge 1998; Shepherd Neame: Three Centuries of Brewing Excellence, URL: <http://www.shepherd-neame.co.uk/company/history.html> [1.10.2007]

Trotz harter Konkurrenz hat Shepherd Neame seinen Marktanteil in den neunziger Jahren deutlich steigern können. Der Gastronomiebereich wurde um mehr als hundert Gaststätten vergrößert. Doch der eigentliche Durchbruch vom regionalen Bierbrauer zum nationalen Unternehmen gelang erst mit der Einführung von *Spitfire* Ale im Jahr 1990. Das Ale kam pünktlich zum fünfzigsten Jahrestag der Luftschlacht um England – der „Battle of Britain" – auf den Markt. Jeder Beigeschmack von Profitstreben wurde durch eine Kooperation mit der Wohltätigkeitsorganisation der britischen Luftwaffe vermieden. Für jedes verkaufte Fass *Spitfire* Ale verpflichtete sich Shepherd Neame einen Anteil von zehn Pfund dem Royal Air Force Benevolent Fund zu stiften – eine Zweckgemeinschaft, die sich über die Jahre für beide Seiten bezahlt gemacht hat.

Die Royal Air Force (RAF) war im Ersten Weltkrieg gegründet worden. Ein Jahr nach Kriegsende folgte die Einrichtung des RAF Benevolent Fund, mit dem Ziel, in Not geratene Flieger, Bodenpersonal sowie deren Angehörige und Hinterbliebene zu unterstützen. Gut siebzig Jahre nach seiner Gründung stand der RAF Benevolent Fund vor schwierigen finanziellen Herausforde-rungen. Der Schatzmeister prognostizierte ein Defizit von 35 Millionen Pfund für das kommende Jahrfünft.[6] Der Jahrestag der Luftschlacht um England gab daher Anlass zu einer Publicity-Kampagne, um das öffentliche Profil der Wohltätigkeitsorganisation zu stärken und damit das Spendenaufkommen zu erhöhen.

Am 8. Mai 1990 lief die „Reach for the Sky"-Kampagne des RAF Be-nevolent Fund an. Der populäre Fernsehmoderator und Weltkriegsveteran Raymond Baxter landete in einer Spitfire auf dem RAF-Stützpunkt Northolt, wo er nach geglückter Landung das erste Glas des neuen Ale serviert bekam. An diesem Tag war das Bier aus Kent lediglich Beiwerk der Benefizshow und Spendenkampagne des RAF Benevolent Fund gewesen. Gut zehn Jahre später hat sich *Spitfire* Ale zu einer der erfolgreichsten Biermarken Großbritanniens gemausert – und den RAF Benevolent Fund an Bekanntheit überflügelt. „Spitfire brews sky-high sales" titelte die *Financial Times* im Oktober 2002. Der Umsatz war im vorangegangenen Geschäftsjahr um 29 Prozent

---

6   Vgl. Flying Start for RAF Appeal, in: Independent, 9.5.1990, S. 9.

gestiegen, beim Flaschenbier sogar um spektakuläre 68 Prozent.[7] Mit dem Spitfire Ale hat der Brauer aus Kent den Nischenmarkt der Ales erobert. Die marktbeherrschenden multinationalen Großbrauereien produzieren dagegen in erster Linie die beliebteren Lagerbiere.

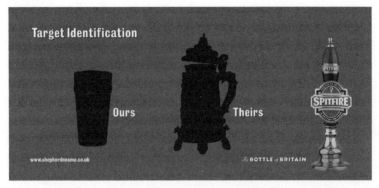

Abb. 3: „Zielbestimmung": Eine englisches „Pint"-Glas („Unseres") und ein deutscher Bierkrug („Ihres") im Stile von Erkennungskarten für Flugzeuge aus der Kriegszeit. Werbung für Spitfire Ale, Herbst 2000.

„No Fokker comes close": die Werbekampagne

In den späten neunziger Jahren erwarb das Ale aus Kent Kultstatus, und zwar nicht trotz, sondern wegen seiner Provinzialität. Die Region und ihre Geschichte sind integraler Bestandteil des Marketingkonzeptes des „Premium Kentish Ale": „Downed all over Kent, just like the Luftwaffe" („In ganz Kent hinuntergestürzt, genauso wie die Luftwaffe"), lautet einer der bekanntesten Slogans.[8] Die Werbung für *Spitfire* Ale suggeriert, dass die Luftschlacht um England ausschließlich im Luftraum über den Hopfengärten von Kent stattgefunden habe und dass allein Flugzeuge vom Typ Spitfire zum Einsatz gegen die Luftwaffe gekommen

7   David Blackwell: Spitfire Brews Sky-High Sales, in: Financial Times, 2.10.2002, S. 27.
8   Einen Überblick über die Werbeplakate gibt der Internetauftritt von Spitfire Ale, Spitfire Advertising, URL: <http://www.spitfireale.co.uk/advertising/index. htm> [1.10.2007]. Vgl. auch RPM3, Spitfire Premium Ale, URL: <http://www. rpm3.co.uk/cs_spitfire.html> [1.10.2007].

seien. Als Brauerei aus Kent wisse man um die Geschichte und fühle sich dem Gedächtnis der RAF-Piloten verpflichtet, die „für Freiheit im Himmel über Kent" gekämpft hätten („who fought for freedom in the skies over Kent").[9]

Im Internet erzählt die Brauerei ihre ganz eigene Version der Geschichte des Zweiten Weltkrieges. Für die Marketingstrategen von Shepherd Neame markiert der Sieg der Spitfire-Piloten über die deutsche Luftwaffe in der Luftschlacht um England den größten britischen Erfolg überhaupt.[10] Einige Mausklicks weiter wird dann zwar eingeräumt, dass auch Flugzeuge vom Typ Hurricane beteiligt waren, aber nicht ohne zu betonen, dass das erste Geschwader, das 100 „kills" auf seinem Konto hatte, Spitfire flog. Ein weiterer Link führt zu Webseiten mit technischen Details über die Spitfire-Modelle Mk I und Mk II – eine Fundgrube für Flugzeugnarren.

Erstaunlicherweise finden Spitfire-Flugzeuge nie Verwendung in den Plakaten, für die die *Bottle of Britain* berühmt bzw. berüchtigt ist. Das mag daran liegen, dass die Werbemacher vor allem auf sprachliche Knaller setzen, wie etwa „No Fokker comes close" aus der Kampagne vom Herbst 2000 – inzwischen ein Klassiker unter den Werbeslogans. Das Werbekonzept der Londoner Agentur RPM3 ist seit 1997 unverändert: ein markiger Spruch (manchmal mit Bild), die Abbildung eines Zapfhahns mit dem Emblem von *Spitfire* Ale, die Bildunterschrift *The Bottle of Britain*, und das auf knallrotem Grund. Neben Kalauern (wie Fokker/fucker, Bottle/battle, Nazi/nasty oder Reich/right) werden vor allem visuelle oder sprachliche Zitate bemüht, von Winston Churchills V-Zeichen bis hin zu John Cleeses „Don't mention the war".

Im Herbst 2000 starteten Shepherd Neame und RPM3 eine 250.000 Pfund teure Großkampagne, um den Höhenflug von *Spitfire* Ale weiter zu beschleunigen. Tatsächlich war – zumindest der Name – *Spitfire* Ale plötzlich in aller Munde, doch aus anderem Grunde als von Shepherd Neame erwartet. London Underground, die Betreibergesellschaft der U-Bahn, befürchtete, der derbe Humor der Brauer aus Kent stoße ihren kosmopolitischen Kunden bitter auf. Plakate wie „Target Identification" – das die Silhouetten eines

9   Spitfire Ale, The Beer, URL: <http://www.spitfireale.co.uk/spitfire_ale2.htm> [1.10.2007].
10 Vgl. Spitfire Ale: Victory over the Hop Gardens of Kent, URL: <http://www.spitfireale.co.uk/spitfire_ale.htm> [1.10.2007].

englischen „Pint"-Glases („Ours") und eines deutschen Bierkruges („Theirs") zeigte – könnten U-Bahn-Kunden brüskieren. In der Presse hieß es, deutsche Touristen hätten sich über die Plakate beschwert, was allerdings nicht stimmte. Shepherd Neame wurde auferlegt, die bereits plakatierten Poster restlos aus allen U-Bahnhöfen und Zügen zu entfernen.

Diese Pleite erwies sich letztendlich als Publicity-Coup. Die Plakate verschwanden zwar aus der U-Bahn, doch die nationale Presse nahm das Thema begierig auf und sprach sich einhellig gegen die übertriebene Political Correctness von London Underground aus.[11] Die Tageszeitung *Independent* brachte im April 2001 einen längeren Artikel einer Londoner Fachanwältin für Werberecht.[12] War London Underground berechtigt, sich als Zensor zu betätigen und als moralische Instanz aufzuspielen, fragte die Juristin. Aus vertragsrechtlicher Sicht dürfe London Underground zwar bestimmte Werbung ablehnen, allerdings habe die Entscheidung der U-Bahn-Betreiber die Redefreiheit der Werbemacher beschnitten. Überdies habe London Underground seine Kompetenzen überschritten; die Kontrolle von Werbebotschaften sei Aufgabe der Advertising Standards Authority (ASA).

Anders als der Name „Authority" vermuten lassen könnte, handelt es sich bei der ASA um keine Behörde. Sie beruht vielmehr auf einem freiwilligen Zusammenschluss der Werbebranche und folgt dem Prinzip der Selbstregulierung. Seit 1962 überwacht die ASA Werbebotschaften – mit Ausnahme von Werbespots im Rundfunk – auf der Grundlage der „British Codes of Advertising and Sales Promotion". Dieser Kodex legt fest, dass alle Werbung legal, anständig, ehrlich und wahr sein muss. Zum Gebot der Schicklichkeit („decency") heißt es in recht allgemein gehaltenen Worten: „Advertisements should contain nothing that is likely to cause serious or widespread offence. Particular care should be taken to avoid causing offence on the grounds of race, religion, sex, sexual orientation or disability."[13]

---

11 Vgl. David Sapsted: Brewery Told „Don't Mention the War" in Tub Adverts, in: Daily Telegraph, 15.12.2000, S. 15.
12 Brinsley Dresden: Is London Underground Suffering from Tunnel Vision?, in: Independent, 10.4.2001, S. 10.
13 Committee of Advertising Practice: The British Codes of Advertising and Sales Promotion, 10. Aufl., London 1999; vgl. Hilton: Consumerism in Twentieth-Century Britain, S. 200.

Hat nun die Brauerei Shepherd Neame gegen den guten Geschmack, den der Kodex zum Maßstab erhebt, verstoßen? So sahen es jedenfalls 19 Bürger aus London und umliegenden Grafschaften, die sich über den Werbefeldzug vom Herbst 2000 bei der ASA förmlich beschwerten – keine allzu große Zahl, wenn man berücksichtigt, dass viele Werbekampagnen mehrere hundert Beschwerden hervorrufen. Das Fass zum Überlaufen brachten für die Beschwerdeführer drei Plakate: „Votz zo funny about zeez posters?" parodiert den deutschen Akzent; „Have the sunbeds. We're going to the bar" spielt auf einen alten Hut der britische Boulevardpresse an, die regelmäßig von deutschen Touristen berichtet, die britischen Urlaubern die Liegestühle wegschnappen; sowie „Target Identification", das bereits oben beschrieben wurde. Diese Plakate seien rassistisch und beleidigten sowohl deutsche Besucher und Einwohner Londons als auch Briten deutscher Abstammung.[14] (Einem weiteren Plakat – „Rear gunners drink lager shandy"/„Heckschützen trinken Alsterwasser" – wurde vorgeworfen, es schüre Homophobie.)

Shepherd Neame bzw. RPM3 wiesen diese Vorwürfe energisch zurück, und die ASA schloss sich der Argumentation der Brauerei an. Die Werber verwiesen auf die Preise, mit denen die *Bottle of Britain*-Kampagne in Fachkreisen ausgezeichnet worden war, und beschrieben die Werbung als „light-hearted". Den Beschwerdeführern warfen sie dagegen Humorlosigkeit und übersteigerte Political Correctness vor; sogar deutsche Besucher könnten über die Werbung für *Spitfire* Ale lachen. Das Hauptargument der Brauer aber war, dass Humor aus dem britischen Gedächtnis des Zweiten Weltkrieges nicht wegzudenken sei: „the campaign merely reflected an aspect of British cultural history".[15] Konkret berief sich Shepherd Neame auf das Vorbild der Comedyserie *Dad's Army*.

---

14 Advertising Standards Authority: Adjudication on Shepherd Neame Ltd.,
    14.3.2001. Der Text der Entscheidung ist auf Anfrage bei der ASA erhältlich.
15 Ebd.; vgl. Paul McCann: Ale Ads Keep War Spirit, in: The Times, 14.3.2001,
    S. 14.

„Don't mention the war": der Zweite Weltkrieg im kulturellen Gedächtnis der Briten

Zwischen 1968 und 1976 strahlte die BBC zahlreiche Episoden von *Dad's Army* aus. 1971 folgte eine Filmversion. Der Humor von *Dad's Army* schlug in britischen Fernsehhaushalten wie eine Bombe ein. Während der siebziger Jahre verfolgten regelmäßig mehr als 21 Millionen Zuschauer die Comedyserie, und der Erfolg hält an. Einer Umfrage von 1993 zufolge ist *Dad's Army* die in Großbritannien beliebteste Fernsehkomödie überhaupt, und runde Jubiläen der Erstausstrahlung werden quer durch alle Medien ausgiebig gefeiert.[16]

Schauplatz der Comedy ist Walmington-on-Sea, ein fiktiver Ort an der südöstlichen Küste Englands. Die Weißen Klippen von Dover dienen immer wieder als Hintergrund für die Handlung. Am Anfang des Films blickt ein deutscher General mit einem Super-Feldstecher von Frankreich aus über den Kanal. Dort, auf den Weißen Klippen und direkt am Hang, sieht er ein Toilettenhäuschen. Die Tür geht auf und heraus tritt Sergeant Wilson von der Home Guard, der Freiwilligentruppe, von Walmington-on-Sea. Wilson fühlt sich beobachtet und starrt zurück. Der General traut seinen Augen nicht und setzt den Feldstecher erneut an, aber nun sieht er das ganze Platoon der Home Guard auf den Klippen stehen, bereit zur Verteidigung der heimatlichen Scholle: ein zusammengewürfelter Haufen von Amateuren, angeführt von Captain Mainwaring, dem Filialleiter der örtlichen Bank.

Der Kontrast zwischen dem Perfektionismus der deutschen Invasionspläne und der Improvisationsgabe der englischen Verteidiger taucht leitmotivisch immer wieder auf: die Deutschen haben ein beeindruckendes Hauptquartier mit einem riesigen Kartentisch – die Freiwilligen aus Walmington-on-Sea treffen sich im Rathaus und verlassen sich auf eine handelsübliche Straßenkarte; die Befehle des deutschen Generals werden über Funk weitergeleitet – Captain Mainwaring setzt Pfadfinder als Laufburschen ein. Auch wenn die zackigen Deutschen immer wieder aufs Korn genommen werden, so ist der eigentliche Lacher doch der aufopferungsvolle Dilettantismus von „Papas

---

16   Mark Connelly: We Can Take It! Britain and the Memory of the Second World War, Harlow 2004, S. 78-84.

Armee". In einer Szene befestigt der Dorftrottel Private Pike in Ermangelung professioneller Waffen ein Schnitzmesser an einem Besenstiel. Aber Mainwaring weist ihn zurecht: „I didn't mean to keep the brush on the end of it, you stupid boy", denn Pike hatte nicht nur den Stiel, sondern den ganzen Besen verwendet.[17]

Dad's Army ist im Grunde keine Parodie auf die Ereignisse des Zweiten Weltkrieges, sondern auf das kulturelle Gedächtnis der Briten. Ironisch gespiegelt wird eine weitverbreitete nostalgische Vorstellung von einer 1940 in die Knie gezwungenen zivilen Nation, der es durch Gemeinsinn und Improvisationsgabe gelingt, sich aufzurappeln und einen scheinbar übermächtigen militärischen Gegner zu schlagen – und dafür war die Home Guard genauso ein Symbol wie die improvisierte Evakuation des Expeditionskorps aus Dünkirchen. Der Erfolg von *Dad's Army* liegt in der Doppelstrategie der Filmemacher begründet. Der Dilettantismus und Optimismus der Home Guard (1940 ursprünglich als Local Defence Volunteers gegründet) werden einerseits der Lächerlichkeit preisgegeben und der „Mythos von 1940" damit dekonstruiert. Andererseits ist der Humor so überzogen, dass die alten Klischees letztendlich wieder bestätigt werden.[18]

Viele Dialoge und Sprüche aus *Dad's Army* – vor allem Captain Mainwarings Ausruf „Du dummer Junge" – haben inzwischen den Rang geflügelter Worte in der anglophonen Welt. Es ist daher kein Wunder, dass sie auch Eingang in das Repertoire der *Bottle of Britain*-Kampagne gefunden haben. Ein Poster zeigt einen Mann, der einen Cocktail in der Hand hält: „You stupid boy." Zitate und Klischees aus dem kulturellen Gedächtnis der Nation aufzugreifen und mit einem Schuss Selbstironie zu verfeinern, genau das ist das Rezept des Marketings von *Spitfire* Ale.

Ähnlich mehrdeutig ist auch die zweite Quelle der *Bottle of Britain*-Werbung (auf die aber in der Verhandlung vor der ASA interessanterweise gar nicht verwiesen wurde): Die Comedyserie *Fawlty Towers* (1975/79) von Komikerstar John Cleese. Kultstatus hat im britischen Fernsehen vor allem die

---

17 Jimmy Perry/David Croft, Dad's Army. Walmington Goes to War. The Complete
    Scripts of Series 1-4, London 2001, S. 41.
18 Connelly: We Can Take It, S. 82; vgl. auch Malcolm Smith: Britain and 1940.
    History, Myth and Popular Memory, London/New York 2000.

Folge „The Germans", in der Hotelbesitzer Basil Fawlty, gespielt von Cleese, eine Gruppe von Touristen aus Deutschland empfängt. Obwohl Fawlty zu Beginn die Maxime „Don't mention the war" an das Hotelpersonal ausgibt, muss er selber zwanghaft den Zweiten Weltkrieg erwähnen. Im Laufe der Episode wird Fawlty gegenüber den deutschen Gästen immer ausfallender, seine Anspielungen auf das Dritte Reich und den Krieg immer eindeutiger. Am Ende kommt es zur offenen Konfrontation zwischen Hotelbesitzer und deutschen Gästen: „Will you stop mentioning the war?", fragt einer der Deutschen. „You started it", antwortet Fawlty. „We did not start it", sagt der Mann, worauf Fawlty erwidert „Yes you did, you invaded Poland."[19]

Fawltys Ausspruch „Don't mention the war" ist inzwischen so geläufig, dass er sogar in verstümmelter Form Erkennungswert behält. „Don't mention the" zitiert ihn ein *Spitfire*-Plakat. In Interviews hat der Komiker Cleese stets betont, dass die Episode „The Germans" die Bigotterie und Weltkriegsbesessenheit einiger Briten entlarven sollte.[20] Aber hat das britische Fernsehpublikum die Pointe so verstanden? Lachen die Zuschauer tatsächlich über oder vielleicht doch mit Basil Fawlty? Aus *Fawlty Towers* hat die Werbung für *Spitfire* einige Witze direkt übernommen, aber vor allem das Stilmittel der Ambiguität. „You started it" heißt es auf einem *Spitfire*-Plakat von 2004 – ein Zitat, das auch als Anspielung auf die Auseinandersetzung mit London Underground und den Beschwerdeführern vor der ASA verstanden werden kann.

Humoristische Repräsentationen des Zweiten Weltkrieges im Graubereich zwischen Selbstironie und Xenophobie haben ihren Platz im kulturellen Gedächtnis der Briten – nicht zuletzt dank der Erinnerungsarbeit von Komikern und Werbetreibenden. Allerdings hat auch der Humor der Briten seine Grenzen, wie die Fluggesellschaft Ryanair erfahren musste. Acht Tage nach den Terroranschlägen auf London am 7. Juli 2005 schaltete der irische Billigflieger ganzseitige Annoncen unter dem Motto „London schlägt zurück" in allen großen Tageszeitungen. Die Werbung zeigte Winston Churchill in

---

19 Morris Bright/Robert Ross: Fawlty Towers. Fully Booked, London 2001, S. 160.
20 Vgl. John Ramsden: Don't Mention the War. The British and the Germans since 1890, London 2006, S. 387-388; Adam Sherwin/Ben Hoyle: Don't Mention the War, Says Cleese in World Cup Peace Bid, in: The Times, 15.5.2006, S. 5.

RAF-Uniform mit zwei Fingern zu einem V für „victory" gespreizt. In einer Sprechblase werden Churchill folgende Worte in den Mund gelegt: „We shall fly them to the beaches, we shall fly them to the hills, we shall fly them to London!".

Diese Parodie auf Churchills berühmte Worte vom Juni 1940 („we shall fight on the beaches, we shall fight in the fields and in the streets, we shall fight in the Hills; we shall never surrender") löste einen Sturm der Entrüstung aus. Über dreihundert Beschwerden gingen bei der ASA ein. Einige Menschen empörten sich, dass aus dem Terror Kapital geschlagen werde; andere sahen darin einen Affront gegen Churchill und die Toten des Zweiten Weltkrieges. Ryanair argumentierte, dass man Churchills trotzige Haltung in Erinnerung rufen wollte, eine Haltung die nach den Bombenanschlägen auf die Londoner Verkehrsbetriebe aktueller denn je sei. Überdies erziele Ryanair aus der Verkaufsaktion keinen Gewinn. Die ASA gab Ryanair mit folgender Begründung recht: „We [...] accepted that Churchill's response to the Blitz had been one of defiance and ‚business as ususal', and the reference was not disrespectful in these circumstances."[21]

Auch wenn die ASA Ryanair Recht gab, die Zeitungsanzeigen erwiesen sich als Anti-Werbung. Der irischen Fluggesellschaft fehlte das nötige Gespür für Nuancen in der britischen Erinnerungskultur. Zwar zitiert Ryanair – genauso wie Shepherd Neame, – wenn auch viel plumper – Churchills V-Zeichen, verweist dabei aber auf einen ganz anderen Erzählstrang im kulturellen Gedächtnis. Im Gegensatz zur „Battle of Britain" eignet sich der „Blitz" (so die englische Bezeichnung für die Luftangriffe auf London von September 1940 bis Mai 1941) kaum für ironisierende Brechungen. Der „Blitz" steht für die Standfestigkeit und die trotzige Haltung der gescholtenen Stadtbevölkerung und erinnert mitunter auch an traumatische Erfahrungen.

Die Gratwanderung zwischen Witz und Geschmacklosigkeit gelingt dagegen Shepherd Neame. Die *Bottle of Britain* besitzt inzwischen Kultstatus – dazu gehört nicht nur eine eigene Homepage mit Downloads der besten Werbung, sondern auch ein Fanartikel-Geschäft in Faversham, das vom Fla-

---

21 Advertising Standards Authority: Annual Report 2005, URL: <http://www.asa. org.uk/asa/annual_report> [1.10.2007]; vgl. David Ward: Ryanair Refuses to Pull "Victory" Ad, in: Guardian, 16.7.2005, S. 5.

schenöffner bis zum T-Shirt alles für den *Spitfire*-Genießer bereithält. Ob aus der Dose oder vom Fass, wer *Spitfire* trinkt, konsumiert viel mehr als nur ein bittersüßes bräunliches Getränk. Die *Bottle of Britain* ist ein Markenartikel, der überquillt mit historischen Konnotationen. Werbung ist hier das Bindeglied zwischen Konsum und kulturellem Gedächtnis. Die historische Forschung hat herausgearbeitet, dass (visuelle) Werbung nicht auf Denotationen, sondern auf Konnotationen zielt, d.h. nicht auf eine sachliche Bezeichnung von Produkten, sondern auf mitschwingende Assoziation.[22] Verbraucht werden so gesehen nicht Produkte, sondern Bedeutungen – und dafür ist Spitfire ein klassisches Beispiel.

„For Neame, the war is over" – für den Brauer aus Kent sei der Krieg nun endlich vorbei, spottete die Londoner *Times* im Oktober 2001. Die Zeitung amüsierte sich darüber, dass eine Brauerei, die mit dem germanophoben Werbesprüchen wie „German beer is pants" („Deutsches Bier ist grottenschlecht") bekannt geworden sei, in Zukunft mit den Deutschen gemeinsame Sache mache.[23] Shepherd Neame hatte von der Hamburger Holsten-Brauerei die exklusiven Rechte für die Produktion von Bier der Marke *Holsten Export* für den britischen Markt erworben. Wenn es um Marktanteile und Profite geht, ist das Brauereiwesen eben doch eine bierernste Angelegenheit.

---

22 Vgl. Stefan Haas: Die neue Welt der Bilder: Werbung und visuelle Kultur der Moderne, in: Peter Borscheid/Clemens Wischermann (Hrsg.): Bilderwelt des Alltags. Werbung in der Konsumgesellschaft des 19. und 20. Jahrhunderts, Stuttgart 1995, S. 64-77.
23 Vgl. Jon Ashworth: For Neame, the War is Over, in: The Times, 5.10.2001, S. 32.

Saskia Handro

Rufer in der Wüste?
Demoskopie in der DDR

Es war im Frühjahr 1989. Wir Lehrerstudenten im zweiten Semester der Fächer Geschichte und Germanistik an der „Karl-Marx-Universität" Leipzig standen kurz vor den ersten Prüfungen unseres Universitätsstudiums. Die Freitagsvorlesung war gerade beendet, und wir strömten alle gen Ausgang dem Wochenende entgegen. Da betraten zwei Herren den Hörsaal. Offenbar war bereits diese banale Tatsache für DDR-Sozialisierte denk- und damit merkwürdig, denn anders ist es wohl kaum zu erklären, warum ich dieses Bild heute immer noch vor Augen habe.

Ob wir an einer Umfrage zur Einstellung von DDR-Studierenden teilnehmen würden, fragten die Herren. Wir schauten uns irritiert an und mochten gleichzeitig gedacht haben: „Was wollen die mit unserer Meinung?" Die Herren stellten sich als Wissenschaftler des Zentralinstituts für Jugendforschung (ZIJ) in Leipzig vor und erläuterten, dass sie eine demoskopische Untersuchung zur Situation junger Studierender durchführen würden. Die Teilnahme sei uns freigestellt. Die Befragung erfolge anonym. Der Verweis auf den wissenschaftlichen Impetus dürfte nicht unbedingt Zweifel an dem Anliegen aus dem Weg geräumt haben. Dass es ein Zentralinstitut für Jugendforschung (ZIJ) gab, war mir gänzlich unbekannt. Der Gedanke, dass man jenseits der plakatierten Leitbilder Einstellungen Studierender empirisch und dazu auch noch anonym erheben wollte, schien möglicherweise neu. War die Situation im damaligen Wahrnehmungshorizont absurd oder nicht? Haben wir überhaupt das Anliegen als wissenschaftliches wahr- und damit ernst genommen? Warum habe ich also diesen Bogen ausgefüllt? Vielleicht hoffte ich wie die anderen, dass wir aus den Bögen etwas darüber erfahren, was „man" glaubt, wie wir denken sollten. Wahrscheinlich vertrauten wir mit dem Stift in der Hand auf unsere erfolgreiche DDR-Sozialisation, d.h. auf unser hinreichend erprobtes Frühwarnsystem, um die Grenzen des Sagbaren nicht

zu überschreiten.[1] Vielleicht waren wir auch von jugendlichem Übermut getrieben und wollten mal hier und da mit unseren Kreuzchen an den Grenzen
des Sagbaren kratzen. Oder hegten wir gar die Hoffnung, dass im Frühjahr
1989 plötzlich doch des Volkes Stimme Gehör finden sollte? Sehe ich mir
heute die Items des Fragebogens an, dann spiegeln sie – wie wollte man es
anders erwarten – in erster Linie den gesellschaftlichen Wertehorizont der
DDR.[2] „Lebensbedingungen und Wertorientierungen von Studenten 1989"
– so lautete dieses von mir erinnerte Forschungsprojekt. Das Spektrum
der Fragen war weit gespannt: Sie reichten von der weltanschaulichen und
politischen Einstellung, der Identifikation mit der DDR, der Sowjetunion und
der BRD, dem Geschichtsinteresse über das Studierverhalten und Berufs-
und Zukunftsperspektiven bis hin zu Freizeit- und Konsumverhalten oder
Einschätzungen der Lebensqualität.[3]

Diese erste Begegnung mit Meinungsforschung in der DDR hätte ich sicher
längst vergessen, wenn mir die Ergebnisse der Forschungen des Leipziger
Instituts nicht immer wieder als potentielle historische Quellen bei meinen
eigenen Untersuchungen in die Hände geraten würden.[4] Zunächst war es
die Frage nach dem Quellenwert demoskopischer Forschung in der DDR,

1 Vgl. Christa Wolf: Das haben wir nicht gelernt, in: Wochenpost 1989/Nr. 43
   und zur Debatte um dieses sozialisatorische Phänomen Petra Gruner (Hrsg.):
   „Angepasst oder mündig?" Briefe an Christa Wolf im Herbst 1989, Berlin
   1990.
2 Die Codebücher der Studien des ZIJ sind im Zentralarchiv für Empirische
   Sozialforschung der Universität Köln archiviert und online abrufbar. Damit
   stehen die Ergebnisse der quantitativen Studien für eine Reeinterpretation
   zu Verfügung. Das gilt auch für das 306 Seiten umfassende Codebuch der
   von mir angeführten Studie „Lebensbedingungen und Wertorientierungen
   von Studenten 1989" ZA-Nr. 6070, abgerufen unter: http://www.gesis.org/Da-
   tenservice/DDR_NBL/Suche/index.htm. Im Rahmen der Studie wurden 3918
   Studierende befragt und der Fragebogen umfasste 747 Variablen.
3 Vgl. Gustav-Wilhelm Bathke/Kurt Starke: Studentenforschung. Die Anfänge,
   in: Walter Friedrich/Peter Förster/Kurt Starke (Hrsg.): Das Zentralinstitut für
   Jugendforschung Leipzig 1966-1990. Geschichte, Methoden, Erkenntnisse,
   Berlin 1999, S. 225-268.
4 Vgl. dazu u.a. Saskia Handro: Muster ohne Wert? Eine Fallstudie zum
   Verhältnis von Zeitgeschichte und historischem Lernen, in: Bernd Schöne-
   mann/Marko Demantowsky (Hrsg.): Zeitgeschichte und Geschichtsdidaktik.
   Schnittmengen – Problemhorizonte – Lernpotentiale, Bochum/Freiburg 2004,
   S. 91-122.

die mich wiederholt beschäftigte. Dann stieß ich im Berliner Bundesarchiv zufällig auf eine Akte des Büros Krenz. In ihr fanden sich Expertisen des Leiters des Zentralinstituts für Jugendforschung, Prof. Dr. Walter Friedrich, die das Ende, die Wende oder die friedliche Revolution aus einer mir interessant scheinenden und wenig vertrauten Perspektive zeigten. Die Expertisen aus den Jahren 1987/88 verstanden sich als Politikberatung und basierten auf den Ergebnissen demoskopischer Untersuchungen unter DDR-Jugendlichen.

Die erste umfangreiche ZIJ-Expertise stammt aus dem Jahr 1987. Das von den Soziologen über Jahre erhobene Meinungsbild der „staatseigenen Jugend" zeigt zunehmende Dissonanzen zwischen der SED und den „Hoffnungsträgern von morgen". Diese Dissonanzen verweisen auf gesellschaftliche Krisenphänomene in den letzten Jahren der DDR. Sie streuen breit: Umwelt-, Kirchen-, Jugendpolitik, das Verhältnis zur sowjetischen Reformpolitik, Meinungsfreiheit, Selbstbestimmung, Zukunftsperspektiven.[5] Noch wird eingeräumt, dass es sich um marginale Erscheinungen handele, doch die Tendenz nicht ignoriert werden dürfe. Gleichwohl beruhigt das beiliegende Anschreiben mit vertrauten Worten: „Unsere Jugend steht in der Mehrheit zu den Zielen, Werten und Errungenschaften unserer Politik ...".[6]

Die Folgeexpertise „Zur Lage der Jugend 1988" spricht eine deutlichere Sprache: Massive Veränderungsprozesse in der Jugend, die selbst die bislang loyale Gruppe der Studierenden erreichen. Kritik an allgegenwärtiger Gängelei, Verlangen nach Selbstbestimmung, Gleichgültigkeit, Misstrauen gegenüber der SED und ihrer Informationspolitik, Verlust der ideologischen Wertorientierung, unerfüllte Konsumptions- und Reisebedürfnisse, fehlende Zukunftszuversicht sind hier messbare und sich beschleunigende Entwicklungen.[7] Nicht der realsozialistische DDR-Alltag sondern allenfalls der Sozialismus als Utopie besaß noch Anziehungskraft, die jedoch im medial vermittelten Blick nach Westen

---

5   „Zum Entwicklungsstand und zu Entwicklungsproblemen unserer Jugend 1987" mit Anschreiben von Walter Friedrich an Egon Krenz vom 28.7.1987 (BArch Büro Krenz DY30/IV2/246, Bl. 54-76).
6   Schreiben Walter Friedrich an ZK der SED, Egon Krenz vom 28.7. 1987. Ebd., Bl. 54.
7   Walter Friedrich: Expertise. Zur Lage der Jugend 1988. Juni 1988 (BArch Büro Krenz DY30/IV2/246, Bl. 88-111).

immer mehr zu schwinden drohte. Neben zaghaften Andeutungen, dass Demokratiedefizite mitverantwortlich für diese Entwicklung seien, wird ein seit Ende der 40er Jahre im SED-Diskurs streng tabuisiertes Deutungsmuster bemüht: Der Generationenkonflikt.[8] Der Generationenkonflikt als gesellschaftlichen Wandel verkündendes Gespenst, als tot geglaubtes Relikt des Kapitalismus[9] war wiedererwacht. Die beständige propagandistische Beschwörung und Inszenierung der Einheit der Generationen erschien als Farce.[10] Die dichten Steuerungsmechanismen staatlicher Jugendpolitik hatten sich als untauglich erwiesen. Schlimmer noch: Die allseits plakatierte marxistische Binsenweisheit kehrte sich gegen ihre Verkünder. Das realsozialistische Sein bestimmte das Bewusstsein der Jugend.[11]

Was im Sommer 1988 noch als generationsgebundenes Phänomen und möglicherweise umkehrbare Entwicklung interpretiert werden konnte,

---

8   Vgl. Karl Mannheim: Das Problem der Generationen, in: Kölner Vierteljahrshefte für Soziologie 7(1928), S. 157-180 u. 390-330.

9   Vgl. die Zukunftsvisionen der revolutionären Einheit der Generationen nach Kriegsende u.a. Ulrich Queck: Der Weg der Jugend, in: Einheit 2(1947)2, S. 200-211, und fast vierzig Jahre später entgegen der wahrnehmbaren Wirklichkeit der Versuch, zumindest das theoretische Fundament zu wahren, bei Werner Haltinner: Die revolutionäre Einheit der Generationen in unserer Gesellschaft, in: Einheit 41(1986)11, S. 1020-1026. Dieses Konzept findet sich auch in theoretischen Positionen der DDR-Jugendforschung und markierte die Abkehr von bürgerlichen Konzepten. Vgl. dazu: Walter Friedrich: Jugend und Jugendforschung. Zur Kritik der bürgerlichen Jugendpsychologie und Jugendsoziologie. Zu theoretischen und methodologischen Positionen der marxistisch-leninistischen Jugendforschung, Berlin 1976, besonders S. 110-113.

10 Die letzte Inszenierung sollte im Rahmen der Jubiläumsfeierlichkeiten „40-Jahre DDR" im Folgejahr mit dem Fackelzug der FDJ nur noch als Abgesang erscheinen. Zweifellos ließ sich die Geschichte der DDR auch als Geschichte eines tabuisierten oder unterdrückten Generationenkonflikts beschreiben, vgl. u.a. Dorothee Wierling: Erzieher und Erzogene. Zu Generationenprofilen in der DDR der 60er Jahre, in: Axel Schildt/Detlef Siegfried/Karl Christian Lammers (Hrsg.): Dynamische Zeiten. Die 60er Jahre in den beiden deutschen Gesellschaften, Hamburg 2000, S. 624-635.

11 Vgl. dazu auch die nach 1989 veröffentlichten Ergebnisse der Studien u.a. Walter Friedrich: Mentalitätswandlung der Jugend in der DDR, in: APuZ B16-17/1990, S. 25-37; ders./Hartmut Griese (Hrsg.): Jugend und Jugendforschung in der DDR. Gesellschaftspolitische Situationen, Sozialisation und Mentalitätsentwicklung in den achtziger Jahren, Opladen 1991, S. 117-209, Bernd Lindner: Die Generation der Unberatenen. Zum Profil der letzten DDR-Jugendgeneration, in: Berliner Debatte Initial 14(2003)2, S. 28-34.

erreichte im Dezember 1988 neue Dimensionen. Am 21.11.1988 wendet sich der Leiter des Zentralinstituts für Jugendforschung Prof. Dr. Walter Friedrich erneut an Egon Krenz, den stellvertretenden Vorsitzenden des Staatsrates der DDR, und legte eine dritte Expertise vor. Diese Expertise war nicht angefordert worden. Sie folgte möglicherweise einem individuellen Bedürfnis. Die Feder führte diesmal der Privatmensch und SED-Genosse, Walter Friedrich:

> „Lieber Egon!
> Beiliegend übergebe ich Dir eine Expertise „Einige Reflexionen über geistig-kulturelle Prozesse in der DDR". Sie ist in ihrem Kern (Abschnitt 5) ziemlich theoretisch, vielleicht auch für dich als vielbeschäftigten Politiker etwas zu weitschweifig angelegt. Doch enthält sie m.E. eine Reihe sehr relevanter politischer Probleme und Folgerungen. Ihrer Brisanz bin ich mir wohl bewusst. Eben weil ich von der Richtigkeit dieser politisch hoch bedeutsamen geistig-kulturellen Prozesse überzeugt bin, musste ich sie aufschreiben.
> Diese Expertise Dir zu übergeben, ist mir nur dank eines tiefen Vertrauensverhältnisses möglich. Ich meine aber, dass ich es unserer Partei, Dir persönlich – und meinem Gewissen schuldig bin.
> Die Zukunft wird, so glaube ich, uns recht bald zeigen, dass wir solche geistig kulturellen Prozesse viel ernster nehmen müssen.
>
> Mit sozialistischem Gruß
> Walter Friedrich"
> *(Walter Friedrich an Egon Krenz vom 21.11.1988. SAPMO DY 30/IV2/2.039/246, Bl. 169)*

Die folgende 26-seitige Expertise liest sich in der Rückschau als luzide Vorhersage der Entwicklungen im Jahre 1989. Walter Friedrich analysiert differenziert entlang empirischen Befunden der Jugendforschung Prozesse des Mentalitätswandels der DDR-Bevölkerung, rüttelt an den ideologischen Grundpfeilern des marxistischen Menschenbildes, führt angesichts der allgegenwärtigen gesellschaftlichen Krisenphänomene tradierte politische Handlungsmuster ad absurdum und weist im Sinne von „Glasnost" und „Perestroika" Wege aus der Krise, die heute allenfalls als demokratische Gehversuche erscheinen, aber letztlich große Schritte weg vom politischen System der DDR bedeutet hätten.

[...] „Wir sollten unsere sozialistische Gesellschaft mehr „auf dem Wege",
mehr in ihrer ständigen Entwicklung, mehr in ihrer Unvollkommenheit,
damit in ihrer notwendigen Veränderung und Optimierung sehen. Wir
sollten den status quo unserer Gesellschaft mehr relativieren. Das ist aus
verschiedenen Gründen notwendig. Einer davon ist der gravierende
Mentalitätswandel unserer Bevölkerung, besonders der Jugend.

Die Identifizierung der Bevölkerung mit unseren Zielen und Werten, mit der
Politik unserer Partei, kann nur erhöht werden, wenn wir zu bedeutenden
neuen Formen im Umgang (Information, Offenheit, demokratische Mitgestaltung) mit den Menschen finden. Andernfalls werden sich die Menschen in
den nächsten 1-3 Jahren weiter, und zwar in einem bedrohlichen Ausmaß
von uns entfernen. Wenn wir in unserer Leitung, Erziehung, Propaganda,
ja in unserer Politik nicht erkennen, dass der DDR-Bürger (nicht nur der
jüngere!) heute eine ganz andere Mentalität, ein ganz anderes Bewußtsein
besitzt als vor 10/20 Jahren, dann können unsere Reden, Appelle, politischen Informationen in den Medien keineswegs die erwartete Wirkung
erzielen. Die Menschen nehmen sie dann gar nicht erst zur Kenntnis,
immunisieren sich ihnen gegenüber immer mehr (haben viele Gegenar-
gumente, Alltagsbeobachtungen parat), reagieren immer aus einer Position
der Konfrontation, Enttäuschung, Opposition – oder resignieren.

Ich sage dies alles in vollem Bewußtsein meiner Verantwortung als Genosse und Direktor des ZIJ.

Diese meine Meinung und Befürchtung konkreter zu begründen, wäre
ich gern bereit."[12]

Was sich in den Expertisen 1987 zunächst als marginale Erscheinung
andeutete, dann im Sommer 1988 als latenter Generationenkonflikt[13] beschrieben wurde, entpuppte sich nur wenige Monate später als nicht mehr
kanalisierbares Massenphänomen. Massenflucht und Massenproteste des
Jahres 1989 lesen sich so als absehbare, wenngleich schleichende Folgen
eines Loyalitäts- und Legitimationsverlustes des SED-Regimes, der sich nach

---

12 Einige Reflexionen über die geistig-kulturelle Entwicklung in der DDR. SAPMO
    DY 30/IV2/2.039/246, Bl. 170-195, hier Bl. 185.
13 Vgl. zu Ausdrucksformen des Generationenkonflikts Dorothee Wierling: Die
    Jugend als innerer Feind. Konflikte in der Erziehungsdiktatur der sechziger
    Jahre, in: Hartmut Kaelble/Jürgen Kocka/Hartmut Zwahr: Sozialgeschichte
    der DDR. Stuttgart 1994, S. 404-425.

Friedrich bereits in den 70er Jahren andeutete, Ende der 80er Jahre jedoch ungeahnte Dynamik gewann.

Weder für den heutigen Leser noch für den damaligen DDR-Bürger mögen diese Entwicklungen neu erscheinen. Wer wollte die in den achtziger Jahren allgegenwärtigen Zeichen der Krise nicht wahrgenommen haben:[14] Zerfallende Altstädte, tote Fische, sterbende Wälder, marode Industrieanlagen, wieder mal leere Regale standen im krassen Gegensatz zur medialen Inszenierung und Zukunftsverheißungen der Staatsführung. Unmut über diese sichtbaren Zeichen der Stagnation, über die zähen Versuche des Machterhalts, über die enger werdenden Grenzen des Sagbaren entlud sich auf vielen Wegen[15] und immer häufiger in aktivem politischem Protest. Demokratische Basisgruppen verabschiedeten sich von ihrer Nischenexistenz und artikulierten ihren Dissens öffentlich.[16] Einen ersten Höhepunkt bildete der Protest von Bürgerrechtlern und Ausreisewilligen auf der zentralen Liebknecht-Luxemburg-Demonstration am 17. Januar 1988. Vor dem Kameraauge der Medienvertreter aus Ost und West demonstrierten sie mit dem Luxemburg-Zitat „Freiheit ist immer auch die Freiheit der Andersdenkenden" für Presse- und Meinungsfreiheit und konterkarierten damit die SED-eignen Legitimations- und Inszenierungsstrategien. Der Staat reagierte mit bekannten Mitteln: Kriminalisierung der Aktivisten, Verhaftung und Ausbürgerung. Doch Opposition, Protest und Verweigerung waren schon keine punktuellen Erscheinungen mehr. Belege ließen sich viele

---

14 Vgl. u.a. Bernd Lindner: Die demokratische Revolution in der DDR 1989/90, Bonn 1998.

15 Vgl. im Sinne einer vielschichtigen Bestandsaufnahme Lutz Niethammer: Die volkseigene Erfahrung. Eine Archäologie des Lebens in der Industrieprovinz der DDR, Berlin 1991.

16 Zu Opposition und Widerstand in der DDR in diachroner Perspektive Ehrhardt Neubert: Geschichte der Opposition in der DDR 1949-1989, Berlin 1997, Ulrike Poppe/Rainer Eckert/Ilko-Sascha Kowalczuk (Hrsg.): Zwischen Anpassung und Selbstbehauptung. Formen des Widerstandes und der Opposition in der DDR, Berlin 1995, Detlef Pollack: Politischer Protest. Politisch alternative Gruppen in der DDR, Opladen 2000 und insbesondere für den hier zu betrachtenden Zusammenhang Hagen Findeis/Detlef Pollack/Manuel Schilling: Die Entzauberung des Politischen: was ist aus den politisch alternativen Gruppen der DDR geworden? Leipzig 1994, S. 14-34. Detlef Pollack/Dieter Rink (Hrsg.): Zwischen Verweigerung und Opposition. Politischer Protest in der DDR 1970-1989, Frankfurt/M./New York 1997, Ilko-Sascha Kowalczuk (Hrsg.): Freiheit und Öffentlichkeit. Politischer Samisdat in der DDR 1985-1989, Berlin 2002.

anführen: Seien es die Protestschreiben gegen die Ausbürgerungen im Januar 1988, das wachsende Engagement dezentral agierender Umwelt-, Friedens- und Menschenrechtsgruppen in den evangelischen Kirchengemeinden, die mit ihren Veranstaltungen, Flugblättern oder auf Kirchentagen immer größere Bevölkerungsteile erreichten. Beständig stieg die Zahl der Ausreisewilligen.[17] Neonazis, Skinheads oder Punks verwiesen als Einzelphänomene auf die weitaus tiefer gehenden Risse im Gebäude der SED-Einheitsjugend. Diese innenpolitischen Krisenphänomene gewannen durch außenpolitische Entwicklungen an Dynamik. In Polen war es Solidarnosc gelungen, einer breiten Bürgerrechtsbewegung politisches Gewicht zu verleihen. Gorbatschow und die sowjetischen Reformen im Zeichen von Glasnost und Perestroika ließen nun auch bis in die Reihen der SED-Mitglieder das Denken in Alternativen überhaupt erst möglich erscheinen. Diese Hoffnungen fanden ein jähes Ende, als sich führende Vertreter der Politbüros von der bis dahin unhinterfragten politischen Maxime „Von der Sowjetunion lernen heißt siegen lernen" distanzierten. Im April 1987 lehnte der SED-Chefideologe Kurt Hager in einem Stern-Interview jeden „Tapetenwechsel"[18] im eigenen Land ab. Stattdessen beschwor die SED-Führung den noch in den 50er Jahren verpönten deutschen Sonderweg zum Sozialismus, der den ausgetretenen Pfaden zu folgen habe und nicht mit Reformensteinen gepflasterten neuen Wegen. Innenpolitisches und außenpolitisches Handeln im Jahre 1988 erschien so als Abschottung, Erstarrung und aussichtsloser Machterhalt, als wenig ambitioniertes Spiel auf der verstimmten Klaviatur von staatlicher Propaganda und Inszenierung, Zensur und Repression: Im September nimmt die SED-Führung in Berlin die Parade der Kampfgruppen ab. Im November heftet Honecker dem rumänischen Diktator Ceausescu den Karl-Marx-Orden an die Brust. Im Politbüro

---

17 Vgl. Hartmut Zwahr: Umbruch durch Ausbruch: Die DDR auf dem Höhepunkt der Staatskrise 1989. Mit Exkursen zu Ausreise und Flucht sowie einer ostdeutschen Generationenübersicht, in: Hartmut Kaelble/Jürgen Kocka/Ders.: Sozialgeschichte der DDR. Stuttgart 1994, S. 426-465.
18 Auf die Frage des Stern-Reporters, ob denn die Siegesparole nicht mehr gelte, schloss Hager nach einem längeren historischen und politischen Exkurs mit der bekannten Frage: „Würden Sie, wenn Ihr Nachbar seine Wohnung neu tapeziert, sich verpflichtet fühlen, Ihre Wohnung ebenfalls neu zu tapezieren?" Vgl. Interview mit Kurt Hager: „Jedes Land wählt seine Lösung", in: Stern Nr. 16/1987, S. 140.

denkt man angesichts wachsender Proteste laut über die Verschärfung des politischen Strafrechts nach. Am 19. November schleift man dann die letzte Bastion der Meinungs- und Pressefreiheit. Das Ministerium für Post- und Fernmeldewesen verbietet die sowjetische Zeitschrift „Sputnik".[19] Die Wirkung dieser Entscheidung mag die Initiatoren überrascht haben, denn es folgten Arbeitsniederlegungen, Eingaben und spontane Proteste ganzer Parteigruppen. Der Kreis der „üblichen Verdächtigen" war längst gesprengt, der Unmut hatte schon die Kreise der Parteiintelligenz erreicht.[20]

Ist es Zufall, dass Walter Friedrich sich am 21.11.1988, an jenem Montag an die Schreibmaschine setzt, als mit einem lapidaren Vierzeiler im SED-Zentralorgan „Neues Deutschland" das Sputnikverbot bekannt gegeben wurde? Zunächst liest sich das Schreiben eben nicht als direkte Reaktion auf das vorangegangene Ereignis. Es fehlt jeder Bezug zu konkreten politischen Entwicklungen. Beim Vergleich mit den vorangegangenen Experten kann das Novemberschreiben als möglicherweise letzter Versuch eines Wissenschaftlers und SED-Mitglieds interpretiert werden, der im Gestus der wissenschaftlichen Analyse eine gesellschaftliche Zustandsbeschreibung, eine Ursachenanalyse und ein Plädoyer für „mehr Demokratie" wagt. Es ist kein glühender Protest. An einigen Stellen scheinen die Befürchtungen des Privatmenschen auf. Das angekündigte Ende vermutet der Leser hinter der Überschrift „Einige Reflexionen über geistig-kulturelle Prozesse in der DDR" kaum. Worthülsen des öffentlichen Sprachgebrauchs, ideologische Versatzstücke verleihen dem Schreiben eine Schutzhülle, sie stellen Kommunikation mit der SED-Führung überhaupt sicher oder aber stehen für die Unfähigkeit zu kommunizieren. Man bediente sich der Sprache der Herrschenden, die Teil der eigenen Sprache geworden war, und hoffte so, sie mit vertrauten

---

19 Vgl. Mitteilung der Pressestelle des Ministeriums für Post- und Fernmeldewesen. In: Neues Deutschland vom 21.11.1988. Aufgrund der Zensur der Berichterstattung in der DDR-eigenen Presse war der „Sputnik" das letzte verbliebene Medium, durch das die DDR-Bevölkerung Informationen über den demokratischen Umgestaltungsprozess in der Sowjetunion erhalten konnte. Konkreter Anlass für das Verbot war ein kritischer Artikel über den Hitler-Stalin-Pakt von 1939 und das Schicksal deutscher Kommunisten im sowjetischen Exil.
20 Vgl. Thomas Klein/Wilfriede Otto/Peter Grieder: Visionen. Repressionen und Opposition in der SED (1949-1989), Tl. 1 Frankfurt/Oder 1996, S. 90 f.

Denk- und Argumentationsstrukturen zu erreichen.[21] In diesem Sinne könnte das Schreiben als exemplarischer Beleg für die Grenzen und vielleicht auch Möglichkeiten politischer Kommunikation gelten. Vielleicht legt es aber auch Zeugnis darüber ab, dass man verlernt oder nie gelernt hatte, Wirklichkeit in individuelle Sprachformen zu bringen.[22] Auch formal bewegt sich das Schreiben in vertrauten Bahnen, hinter denen das Individuum verschwindet und nur der Parteiarbeiter am Forschungsinstitut des Ministeriums sichtbar ist.

So fällt es dem Leser schwer, die Rolle zu bestimmen, in der Friedrich agiert: als Bürger, als Genosse oder als Wissenschaftler und Institutsleiter. Es sollen an dieser Stelle keine Tiefenbohrungen im Modus einer biografischen Fallstudie angestellt werden. Es geht um die Annäherung an Perspektiven, an zeitgenössische Sichtweisen, die über den Einzelfall hinaus Interpretationsansätze bieten. Denn betrachtet man nur aus analytischem Interesse diese drei Rollen getrennt, dann bieten sich Einsichten in Handlungsspielräume, die über den biografischen Einzelfall hinausweisen.

Der 1929 als Sohn eines Schuhmachers in Schlesien geborene Walter Friedrich erscheint als typischer Vertreter der loyalen DDR-Aufbaugeneration, deren sozialer Aufstieg aufs Engste mit der Geschichte dieses Landes verbunden ist.[23] Kindheit und Jugend waren von seiner Sozialisation in der Hitlerjugend geprägt. Die letzten Tage des Krieges erlebte er im Volkssturm.[24]

---

21 Vgl. in literarischer Perspektive das Essay von Volker Braun: Verheerende Folgen mangelnden Anscheins innerbetrieblicher Demokratie, Leipzig 1988 oder bereits früher ders.: Hinze-Kunze-Roman, Halle/Leipzig 1985.

22 Christa Wolf spricht in diesem Zusammenhang von der notwendigen Befreiung der Sprache. Vgl. Christa Wolf: Sprache der Wende. Rede auf dem Alexanderplatz, in: Dies.: Reden im Herbst, Berlin 1990, S. 119 f.

23 Vgl. aus den vielfältigen Ansätzen, die Geschichte der DDR im Rahmen einer Generationenanalyse zu deuten, u.a. Wierling (wie Anm. 10), S. 624-627 und Bernd Lindner: „Bau auf, Freie Deutsche Jugend" – und was dann? Kriterien für ein Modell der Jugendgenerationen der DDR, in: Jürgen Reulecke (Hrsg.): Generationalität und Lebensgeschichte im 20. Jahrhundert. München 2003, S. 187-215.

24 Die folgenden Aussagen stützen sich im Wesentlichen auf das Interview: Sybille Hübner-Funk: Parallele Karrieren der Jugendforschung im zweistaatlichen Deutschland. Walter Hornstein und Walter Friedrich zum 70. Geburtstag. Erschienen in Diskurs 1/2000, hier zuletzt abgerufen unter: www.dji.de. Vgl. auch: Helmut Müller-Enbergs/Jan Wielglohs/Dieter Hoffmann (Hrsg.): Wer war wer in der DDR? Ein biografisches Lexikon, Bonn 2000, S. 227 f.

Darauf folgte die Odyssee einer mehrfachen Vertreibung, bis er schließlich wie viele mit ähnlichem Schicksal 1948 in Sachsen eine Stelle als Neulehrer[25] antrat und sich damit seinen lange gehegten Berufswunsch erfüllte. Die Gründung der DDR, der Aufbau des Sozialismus symbolisierte für ihn den ersehnten Neuanfang. Anfang der 50er Jahre nutzte er seine Chance, erwarb die Hochschulreife an der Leipziger Arbeiter- und Bauernfakultät und studierte Psychologie. Die weitere Karriere verlief rasant und zugleich zeittypisch: Assistent am Pädagogischen Institut in Dresden, 1962 Dissertation. 1960/1961 studierte er in Moskau bei den international renommierten Psychologen Gallerin und Leontjew, 1964 lag bereits die Habilitation vor. 1966 übernahm er als gerade einmal 37-Jähriger die Leitung des Zentralinstituts für Jugendforschung. 1968 erfolgte dann die Ernennung zum Professor für Psychologie an der Leipziger Universität, weitere wissenschaftliche Funktionen in zentralen Forschungseinrichtungen sollten folgen. Diese sozialistische Bilderbuchkarriere eines Schuhmachersohnes ließe bei oberflächlicher Betrachtung das Schreiben an Krenz zunächst als Angst vor dem eigenen Untergang erscheinen.

Ein Blick auf die Konfliktlage des Wissenschaftlers und Leiters des Zentralinstituts für Jugendforschung lenkt die Interpretation in eine ganz andere Richtung. Man nähert sich zum einen dem Verhältnis von Wissenschaft und Politik in der DDR und wendet sich zum anderen einer terra incognita zu, der DDR-Meinungsforschung. Für Einsichten in dieses Beziehungsgefüge erweist sich das ZIJ als Musterinstitution. Denn dieser Leipziger Forschungseinrichtung war im Feld der DDR-Meinungsforschung die längste Dauer beschieden.[26] Friedrich stand dieser Forschungseinrichtung mit allen Höhen und Tiefen von 1966 bis zu ihrer Abwicklung 1990 vor und bestimmte maßgeblich deren wissenschaftliches Profil. Zentrale Aufgabe des Instituts war die Politikberatung, d.h. mit Methoden der em-

---

25 Vgl. zum Phänomen der Flüchtlings- und Vertriebenenlehrer Saskia Handro: Geschichtsunterricht und historisch-politische Sozialisation in der SBZ und DDR (1945-1961), Weinheim/Basel 2002, S. 327-359.
26 Vgl. Walter Friedrich: Geschichte des Zentralinstituts für Jugendforschung, in: Walter Friedrich/Peter Förster/Kurt Starke (Hrsg.): Das Zentralinstitut für Jugendforschung Leipzig 1966-1990. Geschichte, Methoden, Erkenntnisse, Berlin 1999, S. 13-69; ders./Hartmut Griese (wie Anm. 11), S.11-26.

pirischen Sozialforschung die Entwicklung der DDR-Jugend zu begleiten und aufgrund der Ergebnisse Strategien für die SED-Jugendpolitik zu empfehlen. Der Gedanke mag neu erscheinen, doch nach dem Mauerbau hatte Meinungsforschung in der DDR durchaus Konjunktur. 1963 erhob Kurt Hager auf dem 6. Parteitag die empirische Massenforschung in den Rang einer gesellschaftlichen Schlüsseldisziplin. In der Folgezeit könnte man fast von einem „Gründungsboom" sozialempirischer Forschungsgruppen und -institute sprechen. Man ahnt es, dokumentiert werden sollte im ZIJ das Erfolgsprojekt sozialistischer Jugenderziehung, die Formung des neuen Menschen. Eben diesem Zukunftsprojekt sahen sich nicht zuletzt aufgrund ihrer eigenen Sozialisationserfahrungen die Gründerväter verpflichtet. Zukunft schien gestaltbar und es sollte in jedem Falle eine bessere sein. Als jedoch bereits Ende der 60er Jahre der Hoffnung spendende Quell der Empirie ausblieb,[27] ja die Meinungsumfragen die geschönten Berichte der Ministerien konterkarierten und die Ergebnisse Strategien der SED-Jugendpolitik in Frage stellten, geriet das Forschungsinstitut in die Kritik. Die Vorwürfe wogen im SED-Jargon schwer: Empirismus,[28] Realitätsferne und methodische Mängel. Die Einschränkungen trafen die Funktion von Wissenschaft und Meinungsforschung im Kern: Verbot von Untersuchungen im Volksbildungsbereich, öffentliches Publikationsverbot, absolute Genehmigungspflicht für jedes Forschungsprojekt, Verbot unliebsamer Trendforschungen. Die Fragebögen der Folgestudien gingen immer erst durch die Hand des Ministeriums und wurden dort auf ideologische Konformität geprüft. Die Forschungsergebnisse, präsentiert in schmalen, wenig aussagekräftigen Berichten, landeten dann als Verschlusssache in den Stahlschränken. Fra-

---

27 Vgl. Marc Dietrich Ohse: Jugend nach dem Mauerbau. Anpassung, Protest und Eigensinn (DDR 1961-1974), Berlin 2003.

28 In einer Rede formulierte die DDR-Volksbildungsministerin Margot Honecker 1960: „Würde ein Lehrer Friedrichs Theorie zur Grundlage seiner pädagogischen Tätigkeit machen, erzöge er passive, sich prinzipienlos anpassende Menschen ... weil die veränderte revolutionäre Tätigkeit des Menschen als das wesentliche Element seiner Entwicklung von ihm ausgeklammert wird." Margot Honecker: Mit guten Leistungen zum VII. Pädagogischen Kongress? In: Pädagogik 1970/2, S. 120. Wesentlicher Gegenstand der Kritik war u.a. die Publikation Walter Friedrich: Jugend heute – theoretische Probleme, empirische Daten, pädagogische Konsequenzen, Berlin 1967.

gestellungen, die politische Brisanz versprachen, wurden ausgespart oder vorbei am Ministerium implementiert. So war nicht nur das Band zwischen Öffentlichkeit und Wissenschaft zerschnitten.[29] Forschungen des ZIJ wurden schlichtweg nicht wahrgenommen – auch nicht von der Politik. Prozesse wie diese erhellen, wie die erfolgreiche Immunisierung der Staatsführung gegenüber der Volksmeinung vonstatten ging, wie sich die SED-Führung allmählich von der Wirklichkeit entfernte, die sie erst Ende der 80er Jahre um den Preis der Selbstzerstörung einholt. Erst dann waren die Zeichen des Loyalitäts- und Legitimitätsverlusts des SED-Staates und seiner Führung nicht mehr wegzureden. Und es waren alarmierende Lageberichte aus der fernen realsozialistischen Wirklichkeit, die endlich nach wissenschaftlicher Aufklärung verlangten. Da war doch noch das Forschungsinstitut in der Leipziger Provinz ... Diese Aufwertung des bis dahin allenfalls geduldeten Instituts vermag das gespaltene Verhältnis zwischen wissenschaftlichem Enthusiasmus und zurückhaltender Prognose erklären, welches sich durch die ersten beiden Expertisen zieht. 1987 wurden das ZIJ und sein Leiter nach Jahren der Ignorierung wieder um eine Stellungnahme gebeten. Diese zweifelhafte Ehre könnte eine Gratwanderung zwischen Hoffnung auf demokratische Mitgestaltung und Selbstzerstörung des Instituts bedeutet haben. Dieser Konflikt war jedoch nach wie vor nicht in der Öffentlichkeit präsent. Die Expertisen – wie gehabt – vertrauliche Verschlusssache. Die Jugendforscher waren und blieben „Rufer in der Wüste". Das November-schreiben von Walter Friedrich an Egon Krenz könnte so als später und kaum aussichtsreicher Versuch gesehen werden, in der Parteiführung doch Reformwillige zu finden. Krenz wurde parteiintern nicht als Revolutionär, sondern als Mann der kleinen Schritte gesehen. Auch er war Vertreter der Aufbaugeneration, nur wenig jünger als Friedrich, auch ein Flüchtlingskind, das aber auf dem Weg durch die SED-Institutionen Karriere machte. Das Denken in großen Alternativen nicht gewöhnt, erschien Krenz auch in den Herbsttagen des Folgejahres für nicht wenige als tragbare Übergangsgestalt, als Gegenpart zu den „alten Männern" der SED-Führung und vielleicht auch

---

29 Vgl. Walter Friedrich: DDR-Jugendforschung – zwischen wissenschaftlichen Anspruch und politischer Bevormundung, in: Walter Friedrich/Hartmut Griese (wie Anm. 11), S. 11-26.

nur als Garant für einen Generationswechsel an der Führungsspitze, der zumindest Erhalt, aber keine grundlegenden Veränderungen versprach. Dennoch überrascht, dass sich Friedrich an die Symbolfigur für eine starre SED-Jugendpolitik wendet. Doch Krenz war der zweite Mann in der SED-Hierarchie und den Mustern der traditional orientierten SED-Herrschaft folgend der natürliche Erbe des Honecker-Amtes.

Aussagen über die Wirkungen des Friedrich-Schreibens können entlang den Quellen nicht getroffen werden. Die Entwicklungen des Folgejahres sollten seine Prognose in jeder Hinsicht bestätigen. In der Rückschau waren für das ZIJ und Friedrich die Wendejahre die produktivsten. In unzähligen dichten Studien dokumentierten sie in Leipzig den rasanten Wandel der Wertemuster der DDR-Jugend.[30] Im November 1989 – Krenz hatte die Nachfolge von Honecker als Staatsratsvorsitzender angetreten, Hans Modrow seine Regierungserklärung als Vorsitzender des Ministerrats verlesen – schien für Walter Friedrich die Utopie einer reformierten DDR greifbar. Fast auf den Tag genau ein Jahr nach dem Sputnikverbot prangert er das politisch erzwungene oder selbst gewählte wirkungslose Nischendasein der Sozialwissenschaftler in der DDR öffentlich an und entwirft im „Neuen Deutschland" seine Vision einer künftigen Jugendforschung: „Sozialwissenschaftler sind ‚Unruhestifter', nicht Beschwichtiger, sie stellen permanent den status quo in Frage, weisen über ihn hinaus, sie müssen sich als konstruktive Opposition verstehen."[31]

Immer wieder zeigt sich, dass die Rolle des SED-Genossen auf ganz widersprüchliche Weise mit den anderen Rollen verknüpft ist, und auch dies dürfte exemplarisch sein für viele Vertreter seiner Generation. Der frühe Eintritt in die FDJ, kurz darauf auch in die SED verstanden sich als weltanschauliches Bekenntnis und folgten dem politischen Verlangen, der sozialistischen Utopie in der politischen Praxis zum Durchbruch zu verhelfen. Politische Loyalität dürfte aber auch Karrierechancen eröffnet haben. Doch immer wieder

---

30 Vgl. Uta Schlegel/Peter Förster (Hrsg.): Ostdeutsche Jugendliche. Vom DDR-Bürger zum Bundesbürger, Opladen 1997.
31 Walter Friedrich: „Nicht Diener wollen wir sein, sondern Partner der Politik" Sozialwissenschaften – vor und nach der politischen Wende, in: Neues Deutschland vom 18./19. November 1989, S. 10.

erwies sich die Parteidisziplin als Gängelband seiner wissenschaftlichen Arbeit. Verantwortung eines Parteigenossen, Unverständnis über die Ignoranz der SED-Führung, aufrechte Sorge um den Untergang der Utopie – viele Motive könnten auch im November 1988 von Bedeutung gewesen sein. Kommuniziert wird auch hier noch im Sprachgestus des getreuen, wenngleich besorgten Genossen. Die sprachlichen Codes hatten eine klare Schutzfunktion, denn dem Schreiber drohte Parteiausschluss und auch Verlust seines Amtes. Friedrich dürften Rituale dieser Art wohl vertraut gewesen sein. Doch im Herbst 1988 waren Konflikte zwischen SED-Basis und Parteiführung an der Tagesordnung. MfS-Berichte sind voll von Belegen über das Unverständnis an der Parteibasis. Parteiaustritte erreichten Rekordzahlen.[32] Gleichzeitig sollten „Nörgler und Meckerer" aus den Reihen der Partei entfernt werden, Parteiausschlüsse und Parteistrafen hatten Konjunktur.[33] In dieser Perspektive markiert das Schreiben auch wesentliche Bruchstellen zwischen Parteibasis und Parteiführung am Ende der DDR.

Zwischen Selbstzerstörung und Hoffnung, zwischen Utopie und Ende, zwischen Machterhalt und Demokratisierungswillen schwanken Reformanstrengungen wie diese. Doch es gab nicht wenige „Rufer in der Wüste",[34] die den Weg durch die Instanzen suchten und Hoffnungen hegten, einer zur Farce erstarrten Utopie durch Selbstheilung wieder auf die Beine zu helfen. In diesem Sinne erscheinen die abschließenden Worte durchaus widersprüchlich: Sie lesen sich als demokratische Gehversuche, als Training des ‚aufrechten Ganges' und gleichzeitig als alternativloser Abgesang eines Soziologen, auf einen gescheiterten Großversuch, dessen Geburts- und Funktionsfehler man lange Zeit ignorierte, tolerierte und akzeptierte.

Bleibt die anfangs gestellte Frage nach dem Quellenwert demoskopischer Forschung, die eine am Feldversuch beteiligte Zeitzeugin sich in der Rückschau stellt. Die Datensätze sind erhalten. Der Datenkorpus ist beeindruckend. Die

---

32 Für besondere öffentliche Aufmerksamkeit sorgte z.B. im Herbst 1988 der Parteiaustritt des Leipziger Malers Wolfgang Mattheuer.
33 Vgl. wie Anm. 201.
34 Mit Blick auf die DDR-Intelligenz und auch auf parteiinterne Opposition ließen sich viele Beispiele dieser Art zusammentragen – sei es Stefan Heym, Christa Wolf, Volker Braun – ja, ihr Leben und Werk spiegelt diesen Konflikt noch weitaus eindrücklicher.

Forschungen konzentrierten sich auf Jugendliche, 14- bis 25-jährige Schüler, Studenten, Lehrlinge, d.h. auf eine gesellschaftliche Großgruppe, die seismografisch auf gesellschaftliche Veränderungen durch Wandel ihrer Werteinstellungen und Orientierungsbedürfnisse reagierte. Im ZIJ entstanden über 400 Studien, 216 davon wurden nach 1990 datentechnisch aufbereitet und stehen zur weiteren sekundäranalytischen Nutzung zur Verfügung.[35] Die Vielzahl der Themenfelder kann hier nur angedeutet werden. Sie reichen von Längsschnittstudien zum politischen Bewusstsein, zu Lebenseinstellungen und Wertorientierungen, zur Arbeitseinstellung, Freizeitverhalten, Sport, Touristik, Alltagsproblemen, zu Einstellungen zur Friedens- und Umweltbewegung, zur Bedeutung der Populärkultur über Untersuchungen zu deviantem Verhalten von Jugendlichen (Rechtsextremismus, Ausländerfeindlichkeit), zu Geschlechterverhältnissen bis hin zu dichten „Meinungsbarometern" aus den Jahren 1989-1990. Gerade wenn im Jubiläumsjahr 2009 die Geschichte der friedlichen Revolution und die Erfolgsgeschichte der deutschen Einheit neu geschrieben werden, lohnt sich eine Neubewertung des heuristischen Potentials der Ergebnisse sozioempirischer Befunde der DDR-Meinungsforscher. Die hypothesengeleitete Sekundäranalyse und Reinterpretation der Rohdaten ermöglicht differenziertere Erkenntnisse über langfristige Prozesse des Mentalitätswandels und Einblicke in die Dauerhaftigkeit und Veränderungen der Wert- und Orientierungsbedürfnisse der DDR-Bevölkerung möglicherweise bis heute. Der Einwand, dass die Fragen die Grenzen des DDR-eignen „Wertehimmels" nicht überschritten und die Befragten die Grenzen des Sagbaren kannten, darf – mehr oder weniger – als methodisches, systemunabhängiges Problem jeder quantitativ arbeitenden empirischen Forschung betrachtet werden. Grenzüberschreitungen sucht man in anderen Quellen, in denen sich die Zwischentöne nicht finden.

---

35 Vgl. Vorstellung der Forschungsbereiche und Übersicht über die Studien in Walter Friedrich/Peter Förster/Kurt Starke (Hrsg.): Das Zentralinstitut für Jugendforschung Leipzig 1966-1990. Geschichte, Methoden, Erkenntnisse, Berlin 1999. Zur Erreichbarkeit der Datensätze vgl. Anm. 2. Nach Auflösung des ZIJ ging der Nachlass an das bundesdeutsche Pendant, das Deutsche Jugendinstitut (DJI) in München. Dieser wird zurzeit in einer Zweigstelle der DJI in den Frankeschen Stiftungen in Halle/Saale im Keller aufbewahrt, so die letzte telefonische Auskunft im Dezember 2006.

Dorothee Wierling

Die Marktlücke

Christa Hannstein[1]

Rügen, 18. 01. 1990

Frau Beate Uhse
Gutenbergstr. 12
2 3 9 0 F l e n s b u r g (handschriftlicher Vermerk: Form-Brief) B R D

Werte Frau Uhse!

Ich erlaube mir Sie auf eine absolute Marktlücke in der DDR hinzuweisen; die gesamte Präsentation Ihres Kataloges Nr. 3.

Die Marktsituation wäre mit einem völlig ausgetrockneten Schwamm, der jeden Wassertropfen begierig aufsaugt, vergleichbar.

Zur Illustration lege ich einen Artikel der „Ostsee-Zeitung" von gestern bei.

Was halten Sie von meiner Idee, diesen Markt gemeinsam zu erobern? Ich selbst finde sie ausgezeichnet, deshalb als erstes mein "Steckbrief".

Ich bin 36 Jahre alt, verheiratet, habe eine Tochter von 15 Jahren. Habe eine kaufmännische Ausbildung und war auch in der Industrie kaufmännisch tätig.

Zur Zeit arbeite ich als Chefsekretärin beim techn. Direktor der Firma XXX. In diesem Job hatte ich viele Begegnungen mit Herren der Industrie aus der BRD. Ich habe die Herren als „feine Kerle" kennengelernt, und deshalb habe ich überhaupt den Mut zu schreiben.

Zur praktischen Seite:

Nach dem derzeitigen gesetzlichen Zustand gäbe es beim Verkauf bzw. Vertrieb des kompletten Dessous-Angebotes, des Präservativ-Sortimentes, der Vibratoren sowie ausgewählter erotischer Literatur keinerlei Probleme.

---

1   Pseudonym. Auch einige andere Details sind geändert, um Anonymität zu gewährleisten.

Da es in der DDR bis dato ohnehin kaum Videorecorder gibt, ist ein Video-Kassettenmarkt nicht bzw. nur sehr begrenzt vorhanden.

Ich schlage Ihnen für das o. g. Grundsortiment ein Joint-Venture Unternehmen in der DDR unter meiner Geschäftsführung vor. Das entsprechende Gesetz einschließlich der Regelungen zum Gewinntransfer geht im Februar abschließend in die Volkskammer. Der Verkauf würde über ein an exponierter Stelle der Insel liegendes Geschäft erfolgen, gleichzeitig erfolgt von hier auch der Vertrieb im Versandhandel. Bevor Sie im Lexikon nach der Einwohnerzahl von Rügen nachschlagen (70 000), unsere Insel wird jährlich von 1,5 Millionen Urlaubern besucht. Warum soll die nördlichste Stadt der BRD Flensburg nicht mit dem nördlichsten Kreis der DDR Rügen kooperieren, oder?

Aber all das muss man sicher persönlich besprechen. Einer Reise meinerseits nach Flensburg steht absolut nichts im Wege.

In Erwartung Ihrer Antwort verbleibe ich (als Ihre zukünftige Partnerin)

Mit freundlichen Grüßen

Christa Hannstein

P.S. Sie können mich Mo. – Fr. 7.00 – 16.00 Uhr unter 00000000 erreichen. Mein Chef hat nichts dagegen. Er ist auch nur noch ein paar Tage hier, da er sein Joint-Venture Unternehmen bereits gegründet hat.[2]

Ich stelle mir vor, wie die Briefschreiberin in ihrem Sekretariat an der Schreibmaschine sitzt und einen Brief formuliert, der, wenn erfolgreich, aus der Sekretärin mit gefährdetem Arbeitsplatz – immerhin ist der Chef schon dabei, sich aus dem Staub zu machen und im Westen sein Glück zu versuchen – eine erfolgreiche Unternehmerin macht, wie es die Frau ist, an die sie schreibt. Deshalb beginnt sie mit dem Wichtigsten: der Marktlücke, die sie durch das unterstrichene „absolut" so stark wie möglich hervorhebt. Vor ihr liegt offensichtlich der aktuelle Katalog der Firma, dessen Bilder genau die Waren zeigen, nach denen es die DDR-Bürger dürstet wie ein „völlig

---

2 Forschungsstelle für Zeitgeschichte in Hamburg, Beate-Uhse-Archiv (FZH-BUA Marketing DDR/NBL). Die folgenden Zitate aus anderen Briefen sowie die Angaben zur Vermarktung stammen ebenfalls aus diesem Ordner.

ausgetrockneter Schwamm". Weniger zur Illustration, als vielmehr zum weiteren Beweis legt sie einen heimischen Zeitungsartikel bei.

Die Vorstellung von der erotischen „Marktlücke" DDR war in diesen Wochen nach dem Mauerfall weit verbreitet. Deshalb waren schon an den ersten Tagen nach dem 9. November die DDR-Besucher Ostberlins in die Westberliner Béate-Uhse Filialen gelockt und dort mit Katalogen beschenkt worden. Deshalb fuhren noch 1989 Hunderte von Lastwagen in die DDR, um dort Werbematerial auf den Marktplätzen großer und kleiner Städte zu verteilen. Deshalb auch ermöglichte die Firma den Kauf ihrer Produkte schon vor der Währungsunion mit Mark der DDR (s.u.). Aber auch in anderen Briefen aus der DDR wird die Annahme von der „absoluten Marktlücke" bestätigt, indem die politische Repression auf die Sexualität ausgeweitet und in der Selbstdarstellung die DDR als ein prüdes, asexuelles, unwissendes Land dargestellt wird, in dem allenfalls „die Bonzen" geheime Orgien feierten, während das Volk zur Arbeit angetrieben wurde. Deshalb sei es „ein herrliches Gefühl", so ein anderer Brief, „dass nach vierzigjähriger Einengung nun auch endlich in die DDR die Freude(n) der Sex-Erlebnisse ungehindert haben Einzug halten können." Die demonstrative Betonung von Angst, Repression und Unwissenheit im Zusammenhang mit Sexualität dient in vielen Briefen zur Begründung der eigenen Bedürftigkeit, auf die Beate Uhse großzügig reagieren soll – oder, wie im Fall der „Geschäftsbriefe" – als Beweis für die „Marktlücke".

Der „Markt" muss erobert werden, und die Briefschreiberin präsentiert sich selbstbewusst als eine, mit der gemeinsame Sache zu machen sich für ihre Adressatin lohnen wird. Eine verheiratete Frau in den Dreißigern mit einer fast erwachsenen Tochter, das ist die günstige familiäre Situation; eine kaufmännische Ausbildung und Tätigkeit soll vage ihre Kenntnis der Marktregeln in der Marktwirtschaft andeuten, obwohl beides unter den Bedingungen des Staatssozialismus stattfand – von denen im gesamten Brief aber völlig abgesehen wird. Vielmehr betont sie ihre Vertrautheit mit dem Westen in Gestalt jener „Herren der Industrie aus der BRD", die sie in Anführungszeichen als „feine Kerle" bezeichnet, eine Formulierung, die sowohl auf die wechselseitige Sympathie bei diesen Begegnungen verweisen soll als auch auf ein Selbstbewusstsein, mit dem sie aus den „Herren" gleichrangige

Kameraden macht, vor denen sie keine Angst haben muss und die ihr die Angst vor dem Westen überhaupt genommen haben. Damit kommt sie „zur praktischen Seite": dabei handelt es sich vor allem um die technischen Voraussetzungen für die „Eroberung": die Rechtslage, die Marktanalyse, das „Grundsortiment". Frau Hannstein präsentiert sich hier nicht nur als kompetent durch ihren Überblick über die gesetzlichen Bestimmungen und zu erwartenden Veränderungen, sondern auch in Bezug auf die zu erwartenden Bedürfnisse und Nachfrage. Sie verbindet in diesem Briefteil also ihre persönliche und fachliche Solidität mit einer doppelten Expertise: diese ergibt sich einerseits aus ihrer Zugehörigkeit zur DDR-Gesellschaft und damit ihren Kenntnissen, die der Westdeutschen notwendig verschlossen sein müssen; zum anderen aus ihrer Offenheit und Erfahrung in Bezug auf die Regeln des westlichen Marktes, die zu erlernen sie schon Gelegenheit hatte.

Auch dieses Muster ist typisch für viele Briefe an Beate Uhse. Es gilt, die berufliche Vorbildung an die neuen Aufgaben anzupassen, in der Hoffnung, dass sich die Westdeutschen keine ganz genauen Vorstellungen von den im Staatssozialismus erworbenen Qualifikationen machen können. So will ein Briefschreiber aus Rostock von seiner „fachliche(n) Eignung" für die Geschäftsführung eines Beate-Uhse Ladens dadurch überzeugen, dass er darlegt, „daß ich 25 Jahre mit akademischer Ausbildung auf dem Gebiet der militärischen Logistik tätig war."

Familiäre Bindungen werden immer wieder betont, nicht nur im Kontext solcher „Bewerbungen", die häufig für die ganze Familie gelten, sondern auch im Kontext von Bestellungen oder Selbstbeschreibungen, die keinen solchen Zweck verfolgen als den, die Zugehörigkeiten, die den Schreiber sozial sichern, zu betonen. In einem andern Brief ist es aber das ganze, langjährig bewährte „Kollektiv", das sich anbietet: die Schreiberin hat mit ihren „männliche(n) Betreuern für ausländische Arbeitskräfte ein Heim geleitet", und weiß, dass „sich wirklich jeder mit seiner ganzen Kraft für die Lösung dienstlicher Aufgaben einsetzt." So soll es auch bleiben, wenn sie erst Filialleiterin eines Beate-Uhse-Geschäfts in der sächsischen Großstadt, aus der sie kommt, geworden ist. Anscheinend vermutet sie, dass die Erfahrung „männlicher Betreuer" in der Kontrolle „ausländischer Arbeitskräfte" sich auf die Kontrolle von Erotika-Kunden übertragen lässt. Ein anderer, männlicher

Briefschreiber verteilt im Geiste die Produktion der verschiedensten Erotika auf die ökonomisch gefährdeten Produktionsstätten seiner mittelgroßen Heimatstadt. Familie, Betrieb, Stadt: sie alle sind „Kollektive", ohne die man das Joint Venture mit dem Westen kaum wagt, weil man von ihrer Kraft und Attraktivität wirklich überzeugt ist.

Im letzten Drittel des Briefes werden noch einmal die Rahmenbedingungen wiederholt und zugespitzt. Gegen die vermutete Unkenntnis der Flensburger Unternehmerin betont Frau Hannstein die Bedeutung Rügens als Urlaubsziel und damit als ein Markt, der vor allem auf Touristen zielt, Menschen also, die Freizeit haben und auf Vergnügen aus sind, sich außerhalb des Bereichs der alltäglichen sozialen und Selbst-Kontrolle tummeln und von daher vermutlich besonders abenteuerlustig sind. Das wird allerdings nur angedeutet, ebenso wie der leichte Druck, der auf die Adressatin ausgeübt wird, wenn sie in einer rhetorischen Frage nach dem „Warum-nicht?" zur zwischenstaatlichen Kooperation aufgefordert wird. Sorgfältig wird nicht die Ost-West Beziehung, sondern die Gemeinsamkeit des Nordens ins Feld geführt. Das abschließende „oder?" lese ich durchaus kokett bis schnippisch im Sinne eines: „Oder etwa nicht?" Der Vorschlag einer persönlichen Begegnung und die Erwartung einer (positiven) Antwort kommen von der Briefschreiberin nicht als einer Bittstellerin, sondern „als Ihre(r) zukünftige(n) Partnerin".

Woher stammt dieses Selbstbewusstsein der Sekretärin aus der DDR, mit der sie sich der erfolgreichen Flensburger Unternehmerin als Geschäftspartnerin anbietet? Sicher ist es die Position der intimen Kenntnis und Zugehörigkeit zu jener Gesellschaft, in der die „Marktlücke" gefüllt werden soll, verbunden mit der Perspektive derjenigen, die als Agentin vor Ort zugleich die Position der Außenstehenden einnehmen kann. Wird sie nicht gebraucht von der Frau, die vermutlich weder die Einwohnerzahl Rügens noch die jährliche Zahl der Touristen kennt, geschweige denn, welches „Grundsortiment" von Erotika in diese Marktlücke passt?

Viele Briefschreiber präsentieren sich gegenüber Beate Uhse als „insider", als Experten für die Befindlichkeit und die Bedürfnisse ihrer Mitbürger, und damit als unverzichtbar für die Anpassung des Produktangebots und der Vermarktungsstrategien an die Eigenarten der DDR. Häufig verbirgt sich diese Selbstdarstellung hinter persönlichen Einladungen verbunden mit dem

Angebot, der Unternehmerin die Schönheiten der eigenen Heimat, die ihr fremden Städte und Landschaften als kundige Führer zu erschließen. Aus den Briefen ist aber nicht eindeutig zu erschließen, inwieweit dieses demonstrative Selbstbewusstsein die eigene Angst und Unsicherheit nur verbergen soll, oder inwieweit die Schreiber ihre Vorstellung vom westdeutschen Kapitalisten als eine soziale Rolle nur erproben, indem sie sich als mobil, risikofreudig, forsch, zupackend und selbstbewusst (be)schreiben, um dadurch als passende Partner überhaupt ins Blickfeld der Westdeutschen zu geraten.

Das Postscriptum führt mich wieder zurück in das Bild von der Brief-schreiberin am betrieblichen Schreibtisch, an dem ihr ein Telefon zur Ver-fügung steht, von dem aus die Verhandlung um das „Joint Venture" mit dem westdeutschen Erotikversand allerdings kein Geheimnis bleiben kann. Das ist aber auch keineswegs nötig, denn „mein Chef hat nichts dagegen." Offensichtlich hat sie ihre Pläne mit dem Chef bereits besprochen, so dass ein eventueller Anruf für ihn keine Überraschung darstellen würde. Sein Einverständnis bezieht sich entsprechend sowohl auf ihr generelles Vorhaben, sich als Geschäftspartnerin eines westdeutschen Unternehmens selbstständig zu machen, als auch auf die konkrete Firma und das Geschäft selbst. Das verweist auf die relative Unbekümmertheit, mit der ein so sexbezogenes Geschäft besprochen werden kann, ebenso wie auf die flachen Hierarchien im Verhältnis Chef und Sekretärin, umso mehr, als man sich angesichts der „Wende" gegenüber dem Westen ganz gleich positioniert sieht – als Ossis, die jetzt versuchen müssen, in der Unsicherheit der ökonomischen Lage und Zukunft zu sehen, wo sie bleiben – am besten in der Partnerschaft mit Wessis. Denn das Verhältnis Chef – Sekretärin ist nicht nur gleichberechtigt und solidarisch, sondern durchaus vom Verfolg der je eigenen Interessen bestimmt. Die Sekretärin wird vom Chef auch im Stich gelassen, wenn er nach „ein paar Tage(n)" im Westen verschwunden sein wird. Ihr Brief kann also auch in einer Situation von Angst und Panik geschrieben worden sein. Mit dem Chef wird sie nicht nur dessen Anforderungen los, sondern der auch seine Verpflichtungen ihr gegenüber. Im Januar 1990 gibt es nicht nur Aufbruch, sondern auch Auflösung.

Christa Hannsteins Brief machte nicht den erwünschten positiven Eindruck auf Beate Uhse. Weder erhielt sie einen Anruf in ihrem Rügener Büro noch eine schriftliche Einladung, persönlich in Flensburg vorzusprechen. Anscheinend erhielt sie überhaupt keinen auf ihre Argumente eingehenden, sondern – auf Anweisung der Adressatin – einen bloßen „Form-Brief", der sich zwar in den Akten nicht findet, den man sich aber leicht vorstellen kann: als eine freundliche, aber deutliche Absage. Auch andere formlose Anträge auf Lizenzerteilung für ein Geschäft in einem Neubauviertel am Rande Dresdens oder in einem mecklenburgischen Dorf wurden auf diese Weise abschlägig beschieden. Das lag nicht am mangelnden Interesse der Flensburger Firma an Niederlassungen in der DDR bzw. den Neuen Bundesländern (NBL). Man war auch durchaus bereit, sich des sozialen und kulturellen Kapitals einheimischer Geschäftsführer zu bedienen. Aber die Standortentscheidung richtete sich ganz nach der Einwohnerzahl und der Zentralfunktion entsprechender Großstädte. Geplant waren mindestens zwanzig Geschäfte, die Hälfte sollte schon 1991 entstehen. Zuerst realisiert wurden zwei (später drei) Geschäfte in Ostberlin, es folgte eine Niederlassung in Jena, über acht weitere wurde verhandelt, zur späteren Gründung kam es in Rostock und Schwerin, zwölf unabhängige Geschäfte erhielten eine Lizenz zum Vertrieb der Uhse-Erotik. Dabei gab es eine erhebliche Fluktuation mit insgesamt sinkender Tendenz. Gegenwärtig existieren nur noch sechs Verkaufsstellen für Beate Uhse-Produkte in Ostdeutschland.

Geschäftliche Briefe wie der von Christa Hannstein erreichten die Erotik-Versandfirma Beate Uhse in den ersten Monaten nach dem Fall der Mauer zu Hunderten, wenn nicht zu Tausenden. Sie machten vermutlich ein Fünftel der ungezählten Briefe aus, die Beate Uhse nach der „Wende" erhielt.[3] Sie bezogen sich auf das Angebot, in der heimischen Garage, Wohnung, Dorfgemeinde oder Stadt, allein, mit der Familie oder dem „Kollektiv" eine Verkaufsstelle für Beate-Uhse-Produkte einzurichten und dafür eine entsprechende Lizenz zu erhalten. Nach der Währungsunion ging die Zahl dieser Angebote bzw. Anfragen rapide zurück.

Die ersten Briefe aus der DDR nach dem Mauerfall hatten dagegen noch ganz in der Tradition der Reaktion auf Westpakete gestanden. Man

---

3   Leider wurden nicht alle eingehenden Briefe aufbewahrt oder auch nur gezählt. Die archivierten 500 Briefe stellen jedenfalls nur eine sehr kleine Auswahl dar. Sie wurden von Beate Uhse für eine eventuelle Veröffentlichung ausgesucht, zu der es aber nicht kam.

bestätigte den pünktlichen, vollständigen und unversehrten Eingang des Bestellten, bedankte sich, beschrieb die Freude beim Auspacken und Ausprobieren der Waren und formulierte leichte Kritik oder neue Anfragen. Bis zur Währungsunion verkaufte Uhse ihre Erotika zur DDR-Währung mit einer Umtausch-Rate von 1:5 bei einem Mindesteinkauf im Wert von 50 Mark. Unmittelbar nach dem Fall der Mauer waren auf dem Gebiet der DDR und in Ostberlin Hunderttausende von Katalogen verteilt und später verkauft worden.

Mit dem Abflauen der ersten Erregung über das Ende der alten DDR enthielten Briefe aus dem Jahre 1990 häufiger den Versuch, Beate Uhse ganz persönlich die eigene Lebenssituation zu beschreiben, um Rat zu fragen oder eine persönliche Bekanntschaft herzustellen. Dabei spielte das Bild der erfolgreichen Unternehmerin und ehemaligen Fliegerin eine wichtige Rolle als Vorbild für Eigeninitiative und Mut. Vor allem galt sie den Briefschreiberinnen und -schreibern als Inbegriff sexueller Emanzipation und Genussfähigkeit. In all diesen Projektionen beschrieb man sich selbst einerseits als defizitär, andererseits fühlte man sich in den eigenen Hoffnungen und Plänen bestätigt und ermutigt.[4]

Die ostdeutschen Briefe an Beate Uhse bieten sowohl eine heitere als auch eine melancholische Lektüre. Die Freimütigkeit und Begeisterung, mit der manche über ihre sexuellen Wünsche und Praktiken schreiben, ist erstaunlich, berührend, komisch und traurig zugleich. Dasselbe gilt für die Zuversicht im Hinblick auf die erste Erfahrung und Erwartung der Befreiung, bei der sich in den Briefen an Uhse Sexuelles und Politisches untrennbar verbinden. Vor allem aber stellt sich beim Lesen jene Melancholie ein, die aus dem Wissen um den weiteren Verlauf der Geschichte und um die Aussichtslosigkeit vieler damaliger Hoffnungen erwächst. Die Briefe von 1990 erlauben uns so einen Rückblick auf die DDR in der Wende in Gestalt einer Momentaufnahme des Glücks und der Angst.

---

4   Eine erste Gesamtanalyse der Briefe siehe Dorothee Wierling: Vereinigungen. Ostdeutsche Briefe an Beate Uhse, in BIOS Sonderheft 20. Jg. (2007), S. 146-154.

Autorinnen und Autoren

Borries, Bodo von (*1943), Dr. phil., Professor für Erziehungswissenschaft unter bes. Berücksichtigung der Didaktik der Geschichte an der Universität Hamburg. Veröffentlichungen u.a.: Schulbuchanalysen, alternative Unterrichtsmodelle (z.B. zur Frauen-, Kolonial- und Umweltgeschichte), empirische Studien zum Geschichtsbewusstsein Jugendlicher (qualitativ und quantitativ), Theorie und Praxis des Geschichtslernens

Brink, Cornelia (*1961), Dr. phil., stellvertretende Professorin für Neuere und Neueste Geschichte an der Universität Freiburg. Veröffentlichungen zur Fotogeschichte und -theorie, zur Erinnerungskultur und zur Gesellschaftsgeschichte der Psychiatrie im 19. und 20. Jahrhundert.

Brüggemeier, Franz Josef (*1951), Dr. phil. Dr. med., Professor für Wirtschafts- und Sozialgeschichte an der Universität Freiburg. Veröffentlichungen zur Sozial-, Wirtschafts- und Umweltgeschichte des 19. und 20. Jahrhunderts, zu Großbritannien im 20. Jahrhundert und zur Geschichte des Sports.

Chickering, Roger (*1942), Dr. phil., Professor für Geschichte am BMW Center for German and European History der Georgetown University (Washington DC). Veröffentlichungen zur deutschen und europäischen Geschichte besonders in der Ära des Ersten Weltkriegs.

Goebel, Stefan (*1973), Ph. D., Lecturer in Modern British History an der University of Kent, Canterbury und Visiting Fellow am Institute of Historical Research, London. Veröffentlichungen zur vergleichenden Geschichte der beiden Weltkriege und zur Stadtgeschichte.

Handro, Saskia (*1969), Dr. phil., Professorin für Geschichtsdidaktik an der Wilhelms-Universität Münster. Veröffentlichungen zur Geschichte des Geschichtsunterrichts, DDR-Geschichte, Geschichtskultur und Methodik des Geschichtsunterrichts.

Heuer, Christian (*1974), Lehrer an der Hebelschule Neustadt (Schwarzwald) und Lehrbeauftragter für Geschichte und ihre Didaktik an der Pädagogischen Hochschule Freiburg. Veröffentlichungen zur Didaktik der Geschichte und zur badischen Regionalgeschichte.

Hug, Wolfgang (*1931), Dr. phil., 1962-1995 Professor für Geschichte und ihre Didaktik an der Pädagogischen Hochschule Freiburg. Fachliche Schwerpunkte: Schulgeschichtsbücher, Unterrichtsforschung, Landesgeschichte, Kirchengeschichte im deutschen Südwesten.

Mayer, Ulrich (*1941), Dr. phil., Professor für Didaktik der Geschichte an der Universität Kassel; Veröffentlichungen zur Geschichte des Geschichtsunterrichts, zu didaktischen Grundfragen und zur Methodik des Geschichtsunterrichts.

Merz, Hans-Georg (*1943), Dr. phil., Akademischer Oberrat für Politikwissenschaft an der Pädagogischen Hochschule Freiburg. Veröffentlichungen zur badischen Landesgeschichte und zur Regierungspraxis in der Bundesrepublik Deutschland.

Pandel, Hans-Jürgen (* 1940), Dr. phil., Professor für Didaktik der Geschichte an der Martin-Luther-Universität Halle-Wittenberg. Veröffentlichungen zur Universitätsgeschichte, Geschichtstheorie und Didaktik der Geschichte.

Reulecke, Jürgen (*1940); Dr. phil., Professor für Zeitgeschichte an der Universität Gießen. Veröffentlichungen zur Stadt- und Urbanisierungsgeschichte, Geschichte sozialer Bewegungen und Geschichte von Jugend und Alter, bes. Generationengeschichte.

Riekenberg, Michael (*1956), Dr. phil., Professor für Vergleichende Geschichtswissenschaft und Geschichte Lateinamerikas an der Universität Leipzig. Veröffentlichungen zur Geschichte Lateinamerikas, Geschichte der Gewalt, Erinnerungskultur sowie zu historischen Vergleichen.

Schmid, Hans-Dieter (*1941), Dr. phil., Hochschuldozent für Neuere Geschichte und Didaktik der Geschichte an der Leibniz-Universität Hannover. Veröffentlichungen zum Nationalsozialismus, zur Geschichte der Juden und der Sinti und Roma sowie zur Geschichtskultur und zur Didaktik der Geschichte.

Schneider, Gerhard (*1943), Dr. phil., Professor für Neuere Geschichte und Didaktik der Geschichte an der Pädagogischen Hochschule Freiburg. Veröffentlichungen zur niedersächsischen Landesgeschichte, zur Mentalitätsgeschichte des Ersten Weltkriegs und zur Didaktik der Geschichte.

Wierling, Dorothee (*1950), Dr. phil., Professorin für Neuere Geschichte an der Universität Hamburg, stellvertretende Direktorin der Forschungsstelle für Zeitgeschichte. Veröffentlichungen zur Sozial- und Erfahrungsgeschichte.

„Man muss sprichwörtliche
Lebensregeln sinngemäß
anwenden.
Da ist es gut,
ihre Herkunft zu kennen
und von da aus ihrem Sinn
nachzugehen."

Wolfgang Hug

Wissen, wo Barthel den Most holt

Kleine Kulturgeschichte
geflügelter Worte

Der Autor schildert – und das unterscheidet diese Kulturgeschichte der geflügelten Worte von den oft zu findenden
Sammlungen – sachkundig und kenntnis-
reich Herkunft und Sinn der Sprichwörter.
Unter den mehr als 1.000 Beispielen wird
man durchaus Bekanntes finden. Der
Horizont wurde aber auch systematisch
erweitert. Es gibt viel Neues, Unbekann-
tes und Verfremdendes. Man lernt die
historische Entwicklung kennen, findet
eine Art Typologie der geflügelten Worte,
ergänzt durch ein sprachwissenschaftli-
ches Resümee. Aufbau und Gliederung
des Buches bringen so Ordnung in die
Fülle. Es wird zusammengefügt, was zu-
sammenpasst.

ISBN 978-3-94126405-2, ca. 220 S., € 19,80

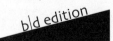

b|d edition
Adolf-Damaschke-Straße 10 | 65824 Schwalbach am Taunus | Fax: 06196 / 86060